CÓDIGO VERMELHO

ANA CRISTINA VARGAS

*Romance ditado pelo
espírito José Antônio*

© 2019 por Ana Cristina Vargas
©iStock.com/blueclue
©iStock.com/bondarillia

Coordenadora editorial: Tânia Lins
Coordenador de comunicação: Marcio Lipari
Capa e projeto gráfico: Equipe Vida & Consciência
Preparação: Janaina Calaça
Revisão: Equipe Vida & Consciência

1ª edição — 2ª impressão
2.000 exemplares — agosto 2019
Tiragem total: 3.500 exemplares

**CIP-BRASIL — CATALOGAÇÃO NA PUBLICAÇÃO
(SINDICATO NACIONAL DOS EDITORES DE LIVROS, RJ)**

A64c

    Antônio, José (Espírito)
    Código vermelho / Ana Cristina Vargas ; pelo espírito José Antônio. - 1. ed. - São Paulo : Vida & Consciência, 2019.
    288 p. ; 23 cm.

    ISBN 978-85-7722-579-8

    Romance espírita. 2. Obras psicografadas. I. Vargas, Ana Cristina. II. Título.

19-55657   CDD: 133.93
                              CDU: 133.9

Todos os direitos reservados. Nenhuma parte desta edição pode ser utilizada ou reproduzida, por qualquer forma ou meio, seja ele mecânico ou eletrônico, fotocópia, gravação etc., tampouco apropriada ou estocada em sistema de banco de dados, sem a expressa autorização da editora (Lei nº 5.988, de 14/12/1973).

Este livro adota as regras do novo acordo ortográfico (2009).

Vida & Consciência Editora e Distribuidora Ltda.
Rua Agostinho Gomes, 2.312 — São Paulo — SP — Brasil
CEP 04206-001
editora@vidaeconsciencia.com.br
www.vidaeconsciencia.com.br

ÀS VEZES, NÓS SOMOS NOSSOS PRÓPRIOS DEMÔNIOS
QUANDO NÃO QUESTIONAMOS OS FATOS SOB NOSSOS OLHOS
E ACEITAMOS CEGAMENTE A OPINIÃO GERAL.

DEDICO ESSE LIVRO AOS QUE OUSAM QUESTIONAR.

SUMÁRIO

CAPÍTULO 1 – AGONIA 7
CAPÍTULO 2 – CÓDIGO VERMELHO 10
CAPÍTULO 3 – NOVA VISITA 14
CAPÍTULO 4 – O QUE É VIVER? 23
CAPÍTULO 5 – ESPERAR 29
CAPÍTULO 6 – ESTABELECENDO RELAÇÕES 38
CAPÍTULO 7 – A JUVENTUDE 41
CAPÍTULO 8 – O TEATRO 47
CAPÍTULO 9 – SOBREVIVENDO 53
CAPÍTULO 10 – O APRENDIZADO NO SEMINÁRIO 62
CAPÍTULO 11 – NOBRE OU ESCRAVO? 67
CAPÍTULO 12 – FORÇA OU FRAQUEZA MORAL 73
CAPÍTULO 13 – A VISÃO DO PALCO 80
CAPÍTULO 14 – A ESTRADA AO PODER 86
CAPÍTULO 15 – ERGUENDO ALICERCES 93
CAPÍTULO 16 – LIDANDO COM RESULTADOS ADVERSOS ... 97

CAPÍTULO 17 – ASCENSÃO	103
CAPÍTULO 18 – REINANDO	112
CAPÍTULO 19 – QUANDO SE LIBERA A FÚRIA	117
CAPÍTULO 20 – O PACIENTE	121
CAPÍTULO 21 – TERAPIA	126
CAPÍTULO 22 – OBSERVAÇÕES	133
CAPÍTULO 23 – O PADRE	136
CAPÍTULO 24 – O PROFESSOR	147
CAPÍTULO 25 – IRENA	158
CAPÍTULO 26 – MARIA OU MULHER?	165
CAPÍTULO 27 – A VIDA OCULTA.	175
CAPÍTULO 28 – REVELAÇÃO	183
CAPÍTULO 29 – PRÊMIO	189
CAPÍTULO 30 – RUMO AO PODER	197
CAPÍTULO 31 – PODER E PAIXÃO	206
CAPÍTULO 32 – CONFISSÕES	217
CAPÍTULO 33 – PADRE PIO	224
CAPÍTULO 34 – CONFISSÕES II	233
CAPÍTULO 35 – CONFRONTAÇÕES	240
CAPÍTULO 36 – A PESSOA ATUANTE	246
CAPÍTULO 37 – A PESSOA ATUANTE NA POLÍTICA	251
CAPÍTULO 38 – "NÃO TENHAM MEDO!"	261
CAPÍTULO 39 – MEU REINADO	268
CAPÍTULO 40 – A SOLUÇÃO	273

CAPÍTULO 1
AGONIA

— Sombrio — disse a Ricardo que caminhava comigo e Georges pela larga alameda da ala mais complexa da instituição.

Ricardo ergueu levemente as sobrancelhas e deu de ombros, expressando em gestos o que pensava de minha curta observação: "Grande novidade!". Eu conhecia bem a mente afiada e irônica dele, conseguia entendê-lo facilmente.

— Resultado inevitável — disse-nos Georges. — A vida é lógica. Não tem dois pesos e duas medidas. A consciência desperta e se manifesta em todos nós, em alguns, mais cedo, noutros, mais tarde, porém, ela se manifesta sempre. Quanto maior o descompasso entre nossos pensamentos e atos e essa fonte universal, maiores são o sofrimento e a dor nesse despertar inevitável. Considero que ele está muito bem. Poderia ter criado mecanismos de fuga, de negação, de loucura, ou manter-se preso às crenças que abrigou e que resultaram no presente sob nossa observação. Poderia ser pior.

— Ah, Georges! Será que você poderia, por um momento, ser menos sensato? — pedi brincando. — Confesso que estou tocado com o que vi.

— Ah, José! Será que você poderia, por um momento, ser menos...como direi... faltam-me as palavras — riu Georges, perdendo-se na tentativa de imitar-me para depois me alfinetar: — Compadecido dos famosos.

— Diz a sabedoria popular que quanto maior a altura, maior a queda. Conheço essa verdade — lembrou Ricardo em minha defesa. — Georges, você foi preciso em sua análise. A visão da condição dele me penalizou. É uma tortura indescritível a que ele enfrenta.

Sério, com as sobrancelhas vincadas, Georges olhou para Ricardo, que sorriu, bateu-lhe amistosamente no ombro e corrigiu:

— Autotortura, eu sei. Foi força de expressão. Ele se flagela, se castiga. Espero que não seja inútil. Mas, como dizia, você está certo, Georges. Apesar de tudo, a condição dele é boa.

— É — concordei, pensativo, ainda impressionado com a agonia dele.

Inusitadamente, meu olhar recaiu sobre o molho de chaves que Ricardo prendera à sua batina. Ele ainda a usava, bem como o anel eclesiástico. Eram chaves antigas, gastas, grandes, que lembravam cobre e ferro. Pesadas. Em alguns pontos brilhantes, em outros, enferrujadas. Eram simbólicas e representavam seus muitos erros e vícios morais convertidos em chaves para abrir jaulas interiores. Experiência transformada em aprendizado, em ferramenta de trabalho pelos outros. Há esperança.

— Ficou calado, José. Por quê? Já esteve nesta ala mais vezes do que eu consigo me lembrar. Sei que ela, por vezes, é sua musa inspiradora, embora sua beleza seja paradoxal: é bruta e sensível. Algumas das histórias dos seus romances literalmente saíram daqui.

— É bela como um nervo exposto — respondi olhando para trás em direção à ala citada. — Essa visita deixou-me introspectivo. A piedade é um sentimento complexo! Ainda não o tenho puro, não me aproximo dos anjos, vocês sabem. Essa experiência mostrou-me o quanto ainda preciso purificá-lo. Coloquei-me no lugar dele. São horríveis essas ondas de vibrações emanadas das multidões sobre ele. Enlouquecedoras! Não consegui ver o mesmo que você, Georges. Nem me manter imperturbável como você, Ricardo.

— Sim, eu entendo. Em uma palavra, como descreveria o que viu? — questionou-me Georges.

— Dor — falei sem hesitar.

Sim! Era exatamente a diferença entre ele e os outros casos que conheci naquela ala e transformei em romances. Sim. Ali eu tinha confrontado a fuga, a negação, as dores, reações doentias, contudo, ele não se encaixava naquelas situações; ele sentia e vivia a dor conscientemente. Punia-se. Acreditava que precisava sofrer muito.

— Definição exatíssima: ele é a dor de uma consciência exposta — resumiu Georges. — Ele é inteligente...

— Teimoso, ardiloso e frio — completou Ricardo referindo-se ao paciente que havíamos visitado.

— Não me importo com isso agora — disse Georges a Ricardo. — Isso demanda mais tempo e sabedoria do que disponho. As leis da vida se encarregarão delas ao seu tempo. Meu trabalho é tentar resgatá-lo desse estado mental de flagelo e isolá-lo, tanto quanto for possível, dessas vibrações.

— Elas o perturbam, mas também o atraem — afirmou Ricardo. — Ele as alimenta. Por incrível que pareça, ele gosta disso! Há momentos em que se compraz em ouvi-las e parece que reassume a identidade da qual se libertou há tão pouco tempo.

Chegamos ao portão que dividia o espaço entre aquela área e os jardins da instituição. Solícitos, dois zeladores abriram-no trocando palavras amistosas com Georges.

Avançamos para a sala de trabalho de Georges na instituição. Sobre a mesa havia um extenso dossiê, e eu reconheci a assinatura de Ricardo. Sem pedir ou esperar aprovação, aproximei-me do móvel e peguei o material. O título "Código Vermelho" atraiu imediatamente meu interesse. Sabia que era sobre o novo paciente. Só podia ser.

CAPÍTULO 2
CÓDIGO VERMELHO

— Você lerá? — perguntei a Georges.
— Não, agora não. Prefiro conhecê-lo da forma como ele se apresentar a mim. Bastam-me os respingos culturais da humanidade encarnada. Não posso dizer que nada sei sobre ele, mas espero banir esses resquícios da mente. Ele não é mais a pessoa que foi. Solicitei esse trabalho a Ricardo preventivamente. Vejo melhoras nele, contudo, ainda não tem condições de enfrentar uma jornada alma adentro. Neste momento, vimos o quanto sofre. Encarar a si mesmo... talvez ainda demore.
— O diálogo com ele não é fácil — interveio Ricardo, parado em frente à grande janela com vista para o jardim.
Em um gesto muito característico, ele mantinha a mão no queixo e refletia. Percebi isso no olhar perdido no horizonte. Como nos mantivemos calados, Ricardo retomou a palavra:
— Mas ele tem consciência, lucidez e inteligência. O diálogo não é fácil, mas é produtivo. Ele padece muito. A cura da dor moral não é simples. Não é como uma dor física. Não há hipótese de conformar-se e aceitar o que não tem outra forma de ser. A dor moral empurra, obriga à mudança. Ela é intolerável. Aqueles mais inconscientes de si renegam a dor, fogem para a loucura, contudo, ele é consciente. Essa dor apunhala. A cada golpe seu, uma parte de nós se mostra. Não me surpreenderá uma melhora de disposição súbita. Após esse trabalho e por ter

acompanhado alguns anos de sua última encarnação, eu diria que ele é capaz de reações inesperadas. O grande risco à estabilidade de uma reação favorável e súbita, como imagino que possa acontecer, é a personalidade dúbia.

— Como o encontrou, Ricardo? — perguntei, enquanto folheava o dossiê e lia informações aleatoriamente.

— Ora, ora, José Antônio, no local óbvio: nos palácios da Santa Madre. Eu vivi séculos por lá e acompanhei muitas coisas, na matéria e fora dela. Foi triste a última temporada dele por lá. Vi-o fugir e regressar inúmeras vezes. Ele não encontra paz nem silêncio. Segui-o. Tem suportado anos de autotortura intensa, sem trégua, agravada pelo clamor de uma legião de fãs e fanáticos seguidores, que não sabem o que fazem nem no que creem. São irrefletidos. Multidões que aprendem com os outros alguns artigos de fé, mas que não pensam a respeito deles, não questionam. Imitam.

— Hum... entendo. Repetem rituais, alguns conceitos, crenças superficiais. Um sábio chinês diria que são criaturas confusas — comentei recordando uma lição de Confúcio. — E o nosso Código Vermelho pensa e aprende com os outros, ou não?

— No passado recente, ele pensava e muito — respondeu Ricardo. — Com os outros, aprendeu a arte da manipulação. Foi um mestre. Como sabe, aquele ambiente é propício. Cordeiros não se criam entre lobos. Agora, sofre as consequências. Enquanto encarnado, mergulhou profundamente na vivência do ego. Não deu espaço a nada mais. Resultado: foi surpreendido com a colheita de seus atos e pensamentos, que foram repercutidos entre multidões. Elas agora gritam o que foram levadas a crer, o incentivo ao comportamento irrefletido, e isso se volta contra ele.

— Mecanismo automático de justiça. Perfeito! — comentei.
— Emitimos e recebemos de retorno na exata proporção. Sábias leis da vida! Nenhum tribunal ou legislação humanos servem como comparação à ação e ao entendimento da justiça divina. Nela não há juiz, não há réu, não há vítima sem defesa. Não há punição ou absolvição, não há carcereiros ou prisioneiros. Apenas nós mesmos, ajustados ou desajustados com as leis da vida. Movimentos da consciência em busca de evolução e harmonia.

Ele é a dor personificada neste instante, contudo, ninguém o julga nem o pune. É a colheita de si mesmo que se realiza.

Calei-me. Por alguns segundos ficamos silenciosos, pensando nele e em tudo o que sua história recente continha de lições — e certamente não abrangemos todas. A cada um de nós um aspecto daquele drama chamava mais atenção e, mesmo reunindo-os, não esgotaríamos o conteúdo.

— Quando compreendemos que esse processo começa e termina em nosso íntimo, a mudança se impõe como única solução — reforçou Ricardo. — Por isso, digo que não me surpreenderá uma melhora súbita. Ele é inteligente, não suporta mais a tortura que vive. Trouxe-o porque creio que, distante dos clamores e experimentando um tempo de descanso, ele compreenderá esse processo e abraçará a necessidade de mudança interior.

Georges ouvia nossa conversa, eximindo-se de abordar qualquer questão em relação ao seu novo paciente e exercitando o que dissera que faria: o conheceria por ele mesmo.

Mas eu sou curioso demais e meu ofício é diverso. Senti uma atração irresistível por aquele homem que chorava e urrava caído no piso do quarto solitário e escuro da ala em cujas paredes do longo corredor Georges mandara pintar a provocativa frase "Quando a dor ensina". Desde que comecei a acompanhá-lo, não vi alguém lhe perguntar o porquê daqueles quadros de tamanho sofrimento humano. A resposta estava na parede.

— Já que não precisará desse material para seu trabalho, poderia emprestar-me, Georges?

Um brilho maroto iluminou os olhos escuros de Ricardo, e sua expressão dizia: "Eu sabia que não resistiria". Georges olhou-me do mesmo modo, e senti-me um menino implorando um brinquedo aos mais velhos. Ri de mim mesmo, abracei o dossiê *Código Vermelho* e disse:

— Confesso-lhe que preciso saber essa história. Poupe-me o trabalho de investigá-la novamente.

— Adianto-lhe que meu trabalho é objetivo. Há uma grande rede de pessoas e fatos que permeiam a história dele e às quais não me ative — advertiu-me Ricardo. — É incompleto.

— Ótimo! — respondi.

Georges balançou a cabeça e, sorrindo, disse:
— Leve!
Agradeci e saí sem despedir-me. Minha vontade comandava soberana e levou-me direto para minha sala de trabalho. Esquecido de tudo e todos, somente o Código Vermelho ocupava minha mente, despertando em mim reflexões. Desenhava-se meu novo trabalho.

CAPÍTULO 3
NOVA VISITA

Vi o tempo passar. Sabia dos dias e das horas, e, embora estivesse imune aos seus efeitos materiais, o dossiê de Ricardo fascinara-me. Uma vida cheia de mistérios, segredos e batalhas mentais. O homem era um soldado, um exímio estrategista. Construíra um ego duro e fora, talvez, uma *persona* e um eu real.

O trabalho de Ricardo era minucioso, preciso, mas ainda faltavam peças naquele quebra-cabeça. Eu podia enxergar a linha mestra que conduzira os fatos, podia deduzir razões, objetivos e sentimentos, contudo, isso era insuficiente. Georges optara pelo caminho inverso. Preferia que as pessoas revelassem suas razões, seus sentimentos, objetivos e pensamentos íntimos, pois eles são a causa dos acontecimentos exteriores. Conhecendo-os, é fácil prever os atos, pois eles revelam as intenções, a vontade. Sobravam-me informações, que, apesar de incompletas, eram úteis.

Agora eu conhecia a razão da tortura e dimensionava adequadamente o sofrimento atual. Não era uma forma de loucura; era real, claro, quente e intenso como a luz do sol nos trópicos. Presenciar o sofrimento dele me penalizara. Após a leitura do dossiê, eu enxergava a extensão abismal daquele padecimento e tinha o tamanho dos enganos cometidos por aquele espírito. Ele emitia aquela energia, aquelas ideias, que se propagavam conforme ele desejava, sem freios, em ondas místicas crescentes. Diz a lei que tudo que emitimos retorna a nós. Pois bem, ele enfrentava a lei do retorno. Ele criara um monstro e criara os cuidadores do monstro. Em relação a esse trabalho, reconheço que foram e continuavam sendo muito competentes. Tanto quanto ele, os cuidadores do monstro não pensavam no dia de amanhã, na vida após a morte. Sobre a lei do retorno, não queriam ser informados e lançavam-na de plano à conta dos místicos e supersticiosos. Ah, se enxergassem! Se vislumbrassem a ação dessa lei nas experiências do amigo do passado, por certo mudariam os rumos das próprias existências. Cotidiana e zelosamente, o monstro, alimentado pelos cuidadores, crescia mesmo após a morte física do criador e voltava-se contra ele, no outro lado da vida, devorando-lhe as forças e a vontade.

Romper esse ciclo era imprescindível para ele e para qualquer pessoa que desejasse libertar-se da dor, do sofrimento e ser tão feliz quanto a Terra permitia. Reinventar-se. Mudar. Conscientizar-se de que nós somos o foco emissor e gerador de tudo o que nos cerca. Sabedores disso, precisamos colocar nossos pensamentos, sentimentos e atos alinhados no rumo que desejamos e fortalecer a vontade para romper o padrão antigo, destruindo-o, rechaçando-o, não o acolhendo, pois as velhas ondas emitidas retornam a nós em algum momento, oprimindo-nos e induzindo-nos à necessidade de mudança. São as chamadas inclinações, tendências.

Levantei-me, peguei o material e saí em direção à sala de Georges. Tantas vezes já percorri esse caminho que acredito que tenha um rastro magnético ligando nossas salas.

Aproximei-me, como de costume, e a porta estava aberta. Ouvi Georges cantarolando baixinho e entrei na sala.

— Olá, Georges!

— Oh! Eis que você novamente retorna ao mundo social! Como está, José?

— Ótimo! Minha mente está reabastecida.

— Ah! Que bom! Deixe-me adivinhar! Você devorou a vida do novo interno. Posso ver o Código Vermelho escorrendo por seus olhos, mas lembre-se de que não quero saber o que leu. Fatos pouco me interessam, pois são imutáveis. O que muda é o coração e a mente do homem.

— É sobre isso que quero lhe falar, Georges. Preciso acompanhar seu trabalho com ele. A experiência dele é muito rica, mas, mesmo com todos os mistérios, segredos e duplicidades, ela não me satisfará se não puder desvendar o que intimamente gerou tudo o que li e o que vejo. É a ponte, você sabe, entre o passado glorioso e esse presente miseravelmente sofrido. Se eu simplesmente descrevesse o momento atual e o justificasse pelo que sabemos do passado, muitos interpretariam a justiça da vida como um ato de punição, como um castigo divino, não como fruto direto dele mesmo, por ele criado e colhido. Você sabe que ainda há muita dificuldade de entenderem esse mecanismo automático da justiça sediada na consciência do ser e que funciona independente de sua vontade. A culpa consome muitas pessoas, que não entendem a razão disso. Algumas não sabem nem por que se culpam, mas se culpam por tudo e por todos. Outras ainda pensam que quem errou precisa mesmo sofrer para acertar as contas com o passado, e sabemos que não é esse o caminho. Isso não pode servir de desculpa para manter a ignorância ou a preguiça.

— Ai, ai, ai, ai — gemeu Georges, fingidamente. — Já entendi, José. Você discursando assim significa grandes doses de paixão pelo trabalho que deseja fazer. Eu o conheço, contudo, não posso lhe garantir nada. Você sabe que também dependerá de ele permitir sua presença. Não sei nem quando, nem como, nem se serei capaz de atendê-lo. Diferente de você, sou um perfeito ignorante no que diz respeito a ele.

— Exagero. Só de olhar para alguém, obtemos informações a respeito dela — retruquei, sentando-me em uma poltrona.

— Aqui, nesta sala, nas alas onde estão os atendidos por nosso trabalho, aprendi e assimilei a lição de que a aparência pode ser uma ilusão. Não creio piamente no que vejo a priori, José. Lembre-se de Johannes, que você conheceu como Antônio; de Marieta, que acreditava ser Rosa Caveira; do nosso amigo Tião, que muitos ainda creem ser um escravo.[1] Para o bem e para o mal, aparências dão informações incompletas. Tudo nele pode ser uma fantasia,

---

1 Referência a personagens centrais dos romances *Loucuras da alma*, *Intensa como o mar* e *Escravo da Ilusão,* todos de autoria do espírito José Antônio.

uma criação mental. Reafirmo minha ignorância, no entanto, tem minha permissão para acompanhar o atendimento dele. Você tem o dom de não interferir, o que é uma grande virtude, meu amigo.

Senti que a satisfação me iluminou. O sorriso de Georges confirmou minha suspeita. Não tinha como, nem por que negar que a vida daquele homem incendiara meu pensamento e despertara minha ânsia de conhecê-la, analisá-la e escrevê-la.

— Quando começaremos? — perguntei ansioso por atirar-me na busca das peças que me faltavam naquele quebra-cabeça.

Sem saber, Georges arranhara uma de minhas suspeitas: tudo nele podia ser uma criação mental, contudo, era apenas suspeita. O fato é que eu não sabia o que era a verdade naquela vida, e somente ele poderia contá-la. Precisávamos dar-lhe condições, por isso indaguei:

— Qual é seu plano terapêutico com ele?

Georges riu, olhou-me divertido e respondeu:

— Para ele? Não sei ainda. Para você, podemos começar agora.

Rindo, ergui as mãos ao alto e disse:

— Eu confesso que minha ansiedade é cem por cento curiosidade. Anseio por satisfazer um desejo. É uma manifestação infantil de paixão. Que posso fazer? Ainda carrego isso comigo. É um mal grave, meu bom doutor?

— Não. Você expressou correta e coerentemente o que sente, então, há esperança para seu caso. Você lidará sozinho com a frustração de aguardar o tempo certo.

Balancei a cabeça concordando. Aquele tempo seria rico e importante para mim. Pleno de trabalho, sem frustração.

— Eu aguardarei. Avise-me da nova visita, por favor — pedi levantando-me, pois ouvira passos aproximando-se da porta. — Obrigado!

— Certo! Será avisado.

Despedi-me com um aceno e saí. No corredor, encontrei Chiara, trocamos algumas palavras, e ela me dispensou educadamente:

— Desculpe-me, mas não posso conversar agora. Preciso de Georges. Vim buscá-lo. O novo albergado piorou muito.

— Vamos — falei rápido. — Estou acompanhando o atendimento.

Georges abriu a porta da ala onde estava meu precioso caso. O som do choro aflito e a visão de Ricardo parado em frente à entrada de um quarto atingiram-me no mesmo instante. O antigo bispo do Vêneto tinha as mãos unidas em frente ao corpo e, com expressão paciente, fitava o interior do cômodo. Ele moveu a cabeça em nossa direção, abriu as mãos e deixou-as cair, desolado.

Tomando a frente, Georges avançou rapidamente e parou ao lado de Ricardo. Observando atentamente pela janela quadrada no meio da porta, ele perguntou:

— Desde quando?

— Recente, mas ele tem a sensação do infinito e da eternidade da dor — respondeu Ricardo. — Tive esperanças de que ele estivesse vencendo esse retorno, mas enganei-me. É muito forte e intenso tudo isso. É um ego insepulto atuando na sociedade, que se renova, se agrava. E ele... ainda não conseguiu encontrar a força interior para resistir a si mesmo.

— Sem mudança na manifestação da crise? — indagou Georges a Ricardo, observando atento as reações do abrigado em aflição. Seu choro desacomodava algo em meu íntimo. Aquele mito caído no solo, estremecendo em um choro alto, dizia muito sobre os valores que a sociedade humana ainda cultua. Ah, se pudessem vê-lo e ouvi-lo!

— Não. Vai entrar? — questionou Ricardo encarando Georges. — Vai tentar conversar com ele? Eu nada consegui, apesar de nossa facilidade de sintonia.

— Entrarei — respondeu Georges decidido.

Ricardo imediatamente deu acesso ao amigo.

— Sucesso! — desejou-lhe na passagem.

Georges ouviu e passou. O abrigado estava no chão, em posição fetal, encolhido no ângulo formado pela junção da parede do fundo com a lateral esquerda. O único mobiliário era um leito intacto e uma cadeira. Georges pegou a cadeira e sentou-se ao lado dele.

Em meio ao choro, com voz embargada, rouca, estrangulada pela emoção, ele repetia o pedido:

— Façam-nos parar! Façam-nos parar! Eu não suporto mais! Façam-nos parar!

Ele virava a cabeça de um lado a outro, tapava os ouvidos e o desespero recrudescia, levando-o a gritar:

— Façam-nos parar! Eu não sou santo! Não sou santo... — repetiu várias vezes, parecendo aliviar-se ao ouvir a própria voz declarando: — Eu não sou santo! — falava cada vez mais alto até romper outra vez num choro convulsivo, dolorido, de pura agonia.

Georges levantou-se da cadeira, aproximou-se dele, abaixou-se, tocou suavemente a cabeça do homem e disse:

— Não existem santos. Nem você nem qualquer ser humano são santos.

O choro deu sinais de enfraquecimento, de cansaço. Ouvi soluços e a respiração pesada dele, quando Georges insistiu:

— Não existem santos. Você não é santo, nenhum de nós é.

Enquanto o acariciava lentamente, sem importar-se com a aparente falta de percepção do assistido com seus cuidados, Georges repetia de tempos em tempos: "Não existem santos".

Percebendo-o mais calmo ou talvez exausto pela crise emocional, fez-lhe o convite:

— Gostaria de conversar comigo?

Vi-o relaxar deitado de bruços no chão, estender as pernas e soluçar, enquanto buscava recobrar um pouco de equilíbrio. Com o rosto escondido entre as mãos, ele respondeu com voz fanhosa:

— Não, eu quero silêncio. Eu preciso de silêncio. Não suporto mais pessoas chamando por mim a toda hora, clamando, gritando meu nome. Isso me enlouquece. Não consigo pensar, descansar, nada. O inferno não pode ser pior. As vozes dessa multidão ecoam na minha mente. Quero silêncio.

Georges fez uma última carícia no alto da cabeça daquela criatura torturada e ensaiava a resposta, quando ele tornou a falar:

— Ouviu isso? Começou novamente. Não! Não! Não...

Ele batia com os pés, e notei seu corpo tenso, rígido. Não demorou para que ele voltasse a chorar. Ele gritou. Parecia um uivo o som que ele emitia.

— Afaste sua mente dessas vibrações — orientou Georges, que, se lembrando de que seu paciente não compreendia o que dissera, reformulou: — Escute-me... posso ajudá-lo a silenciá-los, mas preciso de sua colaboração.

— Tudo! Dou-lhe tudo o que desejar — respondeu ele, afastando as mãos do rosto e permitindo-se olhar avaliativamente e de soslaio para Georges, revelando o rosto parcialmente. Vi um dos olhos azuis, que estava vermelho e inchado. A pele clara estava rubra. Os cabelos loiros, curtos, estavam colados à cabeça. Ele era bastante materializado. Sua fala fez-me pensar que, provavelmente, não tivesse consciência de que vivia como espírito liberto do corpo.

— O que quer? — insistiu ele ansioso com os instantes de silêncio na conversa.

— Não quero nada. Não é preciso. Aqui tenho tudo de que necessito.

A declaração teve o estranho efeito de gerar a dúvida no atendido. Claramente, ela espelhou-se na porção da face que ele nos permitia ver. Em seu olhar se via o pensamento: "Se é gratuito, não presta. Quer promover-se usando meu nome".

No mesmo instante, ele tapou os ouvidos e retornou à posição original, encolhendo-se como um feto. Entendi que a tortura íntima recomeçava. Ouvi-o sussurrar, e, apesar da voz rouca e embargada, a ordem era imperativa, autoritária, raivosa:

— Faça-os parar!

— Não tenho o poder de silenciar o mundo, muito menos de comandar sua mente, meu amigo, mas posso ajudá-lo a viver melhor. A compreender onde se encontra e as percepções que agora possui...

— Maldição! — esbravejou o homem interrompendo Georges, enquanto se contorcia entre a dor pungente, a fúria e a soberba. — Faça alguma coisa! Faça-os parar com esse clamor. Eu não aguento mais! Eu odeio isso! Céus! Como odeio isso!

— Acalme-se — pediu Georges. — Esse estado de espírito não o ajudará. Você quer deixar de ouvir esses clamores? Só há um caminho: afaste seu pensamento deles. Afaste seu pensamento do mundo onde viveu em sua última passagem pela Terra.

— Isso é impossível! Eles não me deixam esquecer por um só segundo quem eu sou e o que eles pensam que vivi.

— Bem, pensei que era você quem estava sofrendo, contudo, devo ter visto muito mal a situação. Quando entrei aqui, o vi jogado no chão, clamando, implorando por silêncio, dizendo que não é santo. Não os vi sofrendo — falou Georges. — Eu somente posso ajudá-lo, caso queira. "Eles" é um conceito indefinido para mim. Não sei quem são nem o que sentem. Não posso falar-lhes. Não estão comigo. "Eles" é algo que não existe, percebe?

— Não?! Você deve ser outro louco! O mundo está cheio deles — resmungou irado.

Georges não se deu por achado, ouviu-o e prosseguiu:

— É você e a sua verdade que importam. É com esse conjunto que precisamos trabalhar para libertá-lo dessa tortura em que vive. "Eles" não fazem parte da equação.

— Bobagem! Tudo se faz por "eles" — retrucou o paciente. — Eles são a causa de tudo! Tê-los é ter poder. É preciso! A vida não tem sentido se não for assim. Eu vivi para "eles".

Georges coçou o rosto e deduzi que ele escolhia as palavras para não estraçalhar o pouco que conquistara com o enfrentamento. Enfrentamento para o qual o paciente não demonstrava possuir estrutura interior.

— O que você define como "viver"? — questionou Georges.

Ricardo acenou a cabeça positivamente, e vi um leve sorriso de aprovação iluminar-lhe as feições másculas. Eu também admirava a habilidade de Georges de pôr o foco do problema em uma simples e objetiva pergunta: o que é viver?

O homem movimentou-se, sentou-se, escorou as costas na parede, passou as mãos no rosto e depois as esfregou no tecido branco de suas vestes. Ele respirou longamente e, com uma expressão de irônica complacência, deixando-a perceptível no tom da voz e na postura, indagou:

— Quem são vocês? Qual é o nome deste hospital psiquiátrico? Sabem desde quando estão aqui?

Com toda a soberba que carregava em si, ele avaliou-nos de alto a baixo. Imaginei e diverti-me com a ideia. O que passaria na mente dele? Um bispo em trajes clericais; eu, com minhas preferências remotas, com trajes do início do século XIX; e Georges com suas roupas de nativo centro-americano, destoando completamente dos traços gauleses. Sim, para alguém com a mentalidade dele, nós éramos o inconcebível.

CAPÍTULO 4
O QUE É VIVER?

— Quero falar com o responsável! Onde está o diretor? — insistiu ele.

Georges calmamente se sentou no piso da sala, cruzou as pernas em posição de lótus, deixou os braços repousarem sobre elas, olhou-o de frente e respondeu sereno e sério:

— Sou eu. Pode me chamar de Georges. Estou aqui para ajudá-lo, se você quiser e aceitar. Este local não tem nome, meu caro. Não gosto de rótulos.

O espanto e a irresignação no olhar do atendido aumentaram.

— Como não tem nome? Não existe um lugar sem nome! É necessária uma identificação. E não acredito que seja você o diretor deste hospital. Não parece um médico.

— Também não o acho parecido com um santo — retrucou Georges, calmo. — Suas roupas fizeram de você o que elas, teoricamente, representam?

— Todos sabem quem sou eu. Identificam-me. Reconhecem minha autoridade. É a coroação da minha carreira.

— Os outros dizem muita coisa sobre você, inclusive que é santo. Mas, há pouco, você gritava o contrário. E você, quem diz ser?

— Você sabe quem eu sou.

— Não, eu não sei — respondeu Georges. — Não o conheço. Saber seu nome e ter informações do que fez enquanto esteve encarnado não me dizem quem é você. Suas roupas também não me dizem. Você pode trocá-las. E se não forem um tipo de uniforme obrigatório, como esse que usa, o máximo que me falarão é a respeito de seu gosto pessoal e talvez acrescerão alguma informação sobre seu caráter, porém, ainda não me dirão quem é você. Tampouco essa vibração externa, enlouquecedora, que grita sua santidade e lhe presta idolatria, tudo isso me diz muito pouco, quiçá nada, a seu respeito. E você pode dizer o mesmo sobre mim. Não sabe nada a meu respeito. A aparência não me torna médico e mesmo a Medicina e sua prática não definem quem eu sou, apenas o que gosto de fazer. Nós, humanos, somos bem mais do que essas coisas, que, aliás, são bastante transitórias.

Nosso atendido observou os mínimos movimentos faciais que Georges fez enquanto falava e não tirou os olhos dele. Seus olhos azuis apertaram-se, e vi apenas o brilho frio quando ele se voltou para Ricardo e lhe estendeu a mão, ordenando:

— Ajude-me, cardeal.

Ricardo aproximou-se, deu-lhe a mão, mas ele não fez nenhum esforço, o que o levou a ordenar:

— Erga-me!

— Levante-se! — rebateu Ricardo, mantendo a mão estendida.

— Erga-me! — insistiu o atendido autoritário.

— Levante-se! — repetiu Ricardo, imperturbável.

— Obedeça-me. Você me deve obediência — asseverou o atendido, dirigindo-se a Ricardo.

— Absolutamente não. Aqui, no mundo em que vivemos agora, nada disso tem valor, meu amigo. Seus títulos o acompanharam até a sepultura, não além dela. Entendido? E você sabe onde está. Foi eu quem o trouxe para cá, lembra-se? Se estiver confuso, posso ajudá-lo. Recordo-me perfeitamente do nosso encontro na cidade eterna.

Ricardo afastou o olhar do atendido e fitou Georges à espera de aprovação para sua intervenção.

— Por favor, prossiga, Ricardo — autorizou Georges.

O atendido fechou os olhos em nítida atitude de tolerância à rebeldia daqueles que tratava como doentes. O gesto revelava que buscava arregimentar força interna para suportar-nos ou livrar-se de nós. Ele, então, decidiu erguer-se e lentamente se pôs de pé, espanando as vestes com a mão. Em seguida, foi até a porta e esforçou-se para abri-la, sem sucesso. E, antes que Ricardo dissesse algo, falou com a entonação autoritária que começava a reconhecer como característica dele:

— Estou preso, mas não devo estar obrigado a aturá-los! Por favor, saiam. Quero ficar só.

Georges aquiesceu, apontou-me a saída e convidou Ricardo a nos acompanhar.

O triunfo brilhou no olhar do nosso atendido. Segundo a percepção dele, estávamos obedecendo-o, o que o colocava no comando. Ricardo identificou essa reação, parou sob o batente da porta, fitou-o e disse tranquilamente:

— Eu sei — e passou tomando a frente de Georges, que sorriu e balançou a cabeça divertido, como se estivesse lidando com crianças birrentas.

Ouvi a porta ser fechada e contemplei o rosto dele pela pequena janela gradeada no centro da porta.

— Emblemático — resmunguei comigo mesmo.

— Sim, ele se fechou, ou melhor, continua fechado. Não crê na liberdade, somente no comando. Ainda não tem condições de ser livre. Temos que esperar.

— Sim, sim. Ele julga estar preso e ainda precisa de coisas muito materializadas. Não percebeu que a porta estava aberta e poderia ter saído. Mandou-nos sair e encerrou-se pelas próprias mãos. Como são reveladoras as atitudes humanas!

— Muito — concordou Georges com o olhar cravado nas costas de Ricardo pouco à frente. — Veja nosso amigo. Mudou muito, mas você notou como ele usou de intimidação em um rápido jogo de poder com o... santo?

— Claro! Ele não se conteve em sair da sala simplesmente, reconhecendo que não havia o que fazer e que não era o momento ainda. Ricardo deixou claro que não o estava obedecendo e desafiou-o a sair do limbo em que se encerrou. Ricardo é muito inteligente. Usou uma boa estratégia.

— Não sei se ele agiu conscientemente — respondeu-me Georges. — Talvez tenha sido um embate de egos, ainda reflexo das encarnações findas para os dois. Eram o cardeal e o santo, não espíritos conscientes. Ricardo está indo muito bem, porém, como todos, ainda tem muito a percorrer. O santo vem um pouco atrás neste momento, ao menos no que diz respeito a estar consciente na vida. A revolução da ignorância ainda não o atingiu — brincou Georges. — Vamos aguardá-la. Sem ela, meu amigo, é muito difícil ajudá-lo. Diria até impossível! Ela precisa operar antes de mim. Vou aguardá-la.

— Revolucionários! — murmurei sorrindo e recordando-me da recente exposição de Layla.

— Eu sou. Já fugi da luta, você sabe. Não é um preço baixo, nem é fácil ser revolucionário quando se trata de evolução humana.

— Estava pensando, Georges... manifestei o que me passava pela mente — esclareci. — Lembrei-me de que Layla vem falado muito de revolução do amor, e agora você falou que precisa esperar a revolução da ignorância.

— São movimentos internos e individuais da consciência em evolução, José. Eu gosto das opiniões de Layla e apreciei ouvi-la. Além do mais, ela tem pago esse preço em suas últimas existências, e sem sofrimento. Admiro-a. A revolução da ignorância precede em muito a do amor. A revolução que Layla fala está ainda a anos luz da necessidade do nosso atendido. Nele, a sábia mãe natureza ainda trabalha para realizar a revolução da ignorância. Ele precisa admitir que não é o dono da verdade, que não tem todas as respostas, questionar-se e reconhecer a existência da dúvida e da transitoriedade como benefícios. Enfim, a revolução da ignorância é o nascimento da humildade na alma humana. Assunto e processo de construção e concretização longos, muito longos. Posso estar enganado, mas não vislumbrei nem broto dela em nosso amigo. Vamos observar, e, enquanto isso, cultivo a minha: estou aprendendo sobre ele. Neste momento, observo-o e procuro sinais de humildade, pedidos reais de ajuda e desejo de aprendizado.

— Entendo. Caso contrário, será mais um procurando alívio e não ajuda.

— Exatamente, José.

— Buscam aliviar o peso da certeza, da verdade, do saber tudo, e isso é muito pesado! Tem o peso do impossível — comentei. — Gostei da expressão "revolução da ignorância". É um tema riquíssimo, Georges. É uma revolução de longo curso e que será vivida ainda por muitas encarnações pela nossa humanidade, por todos nós.

— Sim, e quanto mais profunda for nossa revolução, mais aceleraremos nossa evolução intelectual e, depois, a moral. Humildade nos predispõe ao aprendizado. Nosso orientador diz que precisamos cultivar o espírito de aprendizes, e eu entendo que é vivenciar a revolução da ignorância diante de todo desafio. Declarar "eu não sei" é libertador, e, sendo uma declaração sincera e consciente, depois dela se segue o ponto final e a mente se abre à observação e à análise do desconhecido. Estudo, aprendizagem, experimentação: crescimento.

Pensativo, Georges calou-se e depois riu. Passou o braço sobre meus ombros e falou alegremente:

— Também gostei de uma expressão que usou agora: "o peso do impossível". É o caso dessa criatura sofredora que acabamos de visitar. Ele carrega o peso do impossível na alma. A casa dividida rui. Ele vive um momento de divisão e talvez tenha sido alguém dividido enquanto esteve no corpo material. Agora, contudo, está escancarado e não há como ele esconder-se de si mesmo. Ele é torturado pela imagem criada, pela sua criatura.

— Como o médico e o monstro, como Frankenstein — citei e, recordando-me de alguns fatos narrados na pesquisa de Ricardo, prossegui: — Concordo! Ele é uma casa dividida. Sim, entendo o que diz quanto ao peso do impossível. A santidade é uma construção da cultura religiosa do Ocidente relativamente recente, e há divergência. É matéria de crença, não cabe refutação. Se for declarado santo, para milhões de pessoas tudo se transformará. Elas crerão sem perceber todo o processo jurídico, político, religioso e econômico ocorrendo bem embaixo de seus narizes. É parte de uma forma de viver mecânica, dependente de ações e decisões de terceiros, de estruturas distantes, sem liberdade.

— Liberdade! Meu caro amigo, que tema! Esse, sim, extenso. Ser livre é mais do que ir e vir ou fazer escolhas.

Olhei à frente e a certa distância vi Ricardo cercado por alguns atendidos que ele socorrera e trouxera ao grupo. Georges seguiu a direção do meu olhar, sorriu e constatou:

— O embate com o santo incomodou Ricardo. Ele buscou o trabalho com pressa, pois precisa dele para se acalmar.

— Eu o entendo. É a função terapêutica do trabalho! Às vezes, ainda faço isso — reconheci.

— Zona segura. Todos os que descobrem a sensação de serem úteis recorrem ao trabalho como terapia, e é algo altamente eficaz. Trabalhar obriga o indivíduo a pôr-se em contato com o outro, a realizar para a sociedade. Isso combate o egoísmo. A inércia o alimenta.

Chegamos à área que demarcava a ala onde estava o atendido e o setor onde ficava a sala de Georges. Notei que Chiara o aguardava perto da porta. Hora de encerrar o encontro. Despedi-me dele e retornei ao meu local de trabalho.

CAPÍTULO 5
ESPERAR

Uma grande quantidade de fatos e experiências sucedeu-se àquele encontro. A conversa com Georges esfriara meu ânimo investigativo da história do atendido, que, na falta de outro nome, passamos a chamar de Santo.
Compreendi que eu desejava mais do que o relato dos fatos; eu queria o sentimento, o pensamento por detrás daquela história, mas o estado dele não me autorizava investir na realização do meu "projeto". Era a vida dele, e, acima de qualquer interesse, isso tem meu respeito. Aguardei, e, em meio a muitas atividades, aquele trabalho ficou no fundo da minha mente e em informações armazenadas, guardado entre outros, esquecido, até que Ricardo voltou a mencioná-lo quando descansávamos e meditávamos no jardim da instituição material vinculada ao grupo.
O sol erguia-se, o orvalho cobria o gramado espalhando um aroma agradável, e os pássaros cantavam seguros e alegres. Os trabalhadores encarnados ainda não haviam chegado. O espaço era totalmente nosso, o que o tornava uma perfeita extensão do complexo espiritual onde habitamos. O movimento era pequeno, e alguns espíritos perambulavam curiosos. Percebia-se que, sem noção de onde se encontravam, outros refletiam. Alguns trabalhadores encarnados, semilibertos do sono, trabalhavam conversando e orientando alguns espíritos agrupados sob uma frondosa árvore.

Observando-os, Ricardo comentou:

— Recordo-me de como esse trabalho que realizam foi importante para mim. Eu jamais teria confiado neles sem essa aproximação, sem esse conhecimento prévio que se trava de forma tão natural.

— A vida material é um amontoado de retalhos, de fragmentos, que ligamos com um fio, o fio da realidade. Ou melhor, da nossa leitura dos fatos. Um encontro mediúnico é mais um exemplo disso, Ricardo. Ninguém confia em um desconhecido e com ele compartilha segredos que somente a Deus revelaria. Esse momento é um fragmento de uma história maior entre aqueles espíritos, assim como a própria revelação que faz é uma leitura pessoal — comentei.

— E mesmo esses recortes de nossas memórias são incompletos, inacabados, imperfeitos, tais como nós somos. Os meus foram dolorosos. Eu temi muito confrontá-los, fugi, evitei... e acho que por isso sinto tanta empatia pelo Santo. Posso estar devaneando, mas creio que consigo avaliar um pouco do que ele passa, José.

— As histórias de vocês compartilham experiências comuns — pontuei. — Embora, ao que me recordo, sejam bem diferentes. Você o tem visto ultimamente? Como está o Santo?

— Na mesma. Ainda vivendo uma enorme alternância de ânimo. Há momentos em que parece consciente e disposto à mudança, mas logo a coragem de enfrentar-se se esvai, e ele veste a velha máscara, protegendo-se de si mesmo. Eu entendo o que é viver a dualidade entre a fragilidade e a força da arrogância. É preciso matar a criatura, e isso não é fácil. Às vezes, nem sequer sabemos quando somos nós e quando é a criatura. É como usar a batina por obrigação por tanto tempo. Depois, já não sabemos vestir outra coisa! É quase uma segunda pele — respondeu Ricardo segurando e mostrando-me os panos da própria veste com um sorriso.

— Essa criação mental é tão comum, Ricardo. Viver a autenticidade tem um preço relativamente alto. Para tudo na sociedade há um texto pronto, um roteiro, um papel definido, aquilo que é o chamado "esperado que se faça". Há muitas expectativas nas pessoas, e elas as alimentam, sem se aperceberem que o caminho da felicidade é esvaziá-las e abrir-se ao conhecimento e à aceitação de si mesmo. Libertar-se desse texto decorado tão carregado de "deve ser", "tem que ser", "sempre foi assim" e de outras tantas expressões que carregam expectativas. Eu lutei muito com a criatura também.

— Você?! — exclamou Ricardo, e pude sentir a surpresa dele.

— Sim, eu. Há várias encarnações, meu trabalho tem sido público, minha arte é pública. Tenho satisfação em concebê-la, em materializá-la, mas faço isso sempre pensando no meu leitor e em ser entendido. Não crio uma identidade para eles, contudo, o inverso acontecia com certa frequência: alguns leitores criavam uma imagem de quem eu seria. Quando encarnado, me confrontei com muitas "criaturas" que tentaram dar-me como batina. Entende?

— Claro. Isso pode ser mais desgastante do que aquilo que eu vivi. Criei uma personagem, uma reputação pública para esconder meu verdadeiro eu. Você precisou lutar contra a imaginação dos outros. Um exercício e uma luta que se renovavam a cada pessoa que surgia em sua vida.

— Sim, foi. E contra uma legião sem rosto e com uma força avassaladora chamada multidão.

— Então, nós dois, somando nossas experiências, talvez consigamos chegar perto de entender o infeliz do Santo — resumiu Ricardo com um suspiro. — Mas a criatura que ele gerou e alimentou também alimentava e insuflava a multidão, que hoje grita por ele e lhe tira qualquer chance de sossego, de silêncio. Ele ousou demais! Criou um círculo vicioso, uma espiral de tortura.

— E agora não consegue libertar-se disso. Engendrou um monstro mítico e terá que mobilizar forças de herói para destruí-lo. São as guerras titânicas, Ricardo.

— Internas. Há ocasiões como agora que, distante dele, analisando a situação, posso dizer que sinceramente me compadeço e entendo o sofrimento do Santo, no entanto, há outras nas quais ele me irrita. Sinto que ele assopra a velha fogueira que consumiu minha criatura. Ainda há brasas, José. Ponho em cheque o instante em que decidi ajudá-lo e confesso que já tive ímpetos de jogá-lo novamente no lugar de onde o tirei. Ele me impõe sua luta interna, essa é a conclusão a que cheguei. Obriga-me a fortalecer minha individualidade, meu eu verdadeiro. Nem o maquiavélico político religioso que já fui, nem o ser bonzinho agora, mas simplesmente eu com minhas limitações e intenções de ajudar.

— É isso mesmo, Ricardo. É a lei. O que temos por dentro se materializa no exterior. Para não sermos afetados pela guerra titânica que acontece no interior dele, é preciso que fortaleçamos nosso eu interior e o tornemos coesos para dominarmos a situação e impormos ordem. E também precisamos analisar o fenômeno de ressonância, meu amigo. A experiência dele e a energia que o Santo exala ecoam em vivências nossas do passado. Você disse há pouco: ele assopra brasas. É isso!

— Tenho cogitado se não seria uma boa medida colocá-lo em atendimento mediúnico. O que acha, José? Ainda não falei com Georges. Sei que é a área dele, contudo, me sinto mais próximo de você nesse caso. Acredito que é pelo dossiê.

— E Georges nem sequer o olhou — lamentei em tom de brincadeira, sorrindo para Ricardo. Sabia que ele também tinha dificuldade de aceitar a negativa de Georges e o descaso com o minucioso trabalho. — Mas os argumentos dele são irrefutáveis! Precisamos nos conformar e aceitar que ele tem razão. Pensarei na sua sugestão. Você sabe que esse pedido precisa ir muito bem embasado para Georges.

— Sim, eu sei, no entanto, acredito que será bom para ele confrontar o orgulho. Parece-me que ele não consegue dimensionar o sofrimento miserável em que vive. Talvez materializado consiga confrontá-lo e encontrar força para transcender esse estágio. Afinal, ele tem um intelecto privilegiadíssimo e precisa usá-lo para não sofrer.

— Ricardo, Ricardo... isso só acontece quando há maturidade.

A curta espera encerrou-se, e as atividades nas dependências materiais tiveram seu início. Não tornamos, então, ao assunto, pois não era o momento. Posteriormente, refletindo sozinho e analisando a situação à luz do conhecimento que tinha das experiências recentes do nosso atendido ora denominado Código Vermelho, ora o Santo, concordei com a sugestão de Ricardo e sai à procura de Georges — algo nada difícil, afinal, se havia uma porta quase que permanentemente aberta era a da sala dele, o oposto da minha, que era mantida quase sempre fechada, reflexo dos trabalhos que cada um realiza. Salvo que ele esteja conduzindo um atendimento específico, todos os demais trabalhos que realiza acontecem com a porta aberta, por isso, entrei e me deparei com a sala cheia e com muitos companheiros a pedir-lhe orientação e a trazer-lhe notícias. Aproximei-me da grande parede envidraçada que dava vista ao jardim, idêntica à minha e à do nosso orientador, que, apesar de se situarem em alas diferentes da instituição, eram idênticas nesse pormenor de permitir a qualquer um de nós a observação global do que se passava na zona externa, e aguardei olhando o movimento e a paz reinante naquele espaço verde.

— José! Enfim, amigo, estou disponível para você — falou Georges de pé ao meu lado.

Absorto na contemplação, eu não notara a sala esvaziar-se, então, voltei-me para ele e sorri anunciando logo a que vinha:

— Quero discutir com você uma ideia de Ricardo para o Código Vermelho.

— O Santo? A situação dele estacionou e continua oscilando, devido ao sofrimento causado pelas rogativas de seus fãs e seguidores, que lhe enviam pensamentos, os mais despropositados, alguns com pedidos realmente pungentes. Ele não tem a menor condição de auxiliar a quem quer que seja no momento, nem a si mesmo, e isso o leva a arrepender-se do que fez, mas não pelo mal que a lenda por ele alimentada gerou e gera em outras pessoas. Isso o faz arrepender-se por ele mesmo, porque agora as escuta. Na matéria foi fácil, afinal, chegar até ele era para poucas pessoas. O grande contingente humano era movimentado pela mídia, pela máquina de divulgação a qual ele integrava, e tinha suas súplicas, que sincera e ingenuamente endereçava a ele. Súplicas que eram sumariamente lidas ou ouvidas por uma legião de assessores e depois queimadas, ignoradas. Aqui, o Santo está nu, desesperado, sem aquele exército que o seguia para servi-lo e afastar o povo de quem só usava a fé, o dinheiro ou o trabalho, oferecendo-lhe em troca o conforto do mito. Um consolo infantil. Ele não conhece, não controla e, por consequência, não comanda, não sintoniza a própria mente segundo sua vontade, então, se isso tem o benefício de despertar um fraco arrependimento, ainda não foi suficiente para fazê-lo despir-se da máscara do personagem que criou. Se não está agoniado com os chamados, está trajado do personagem. Ainda não o conheci, nem sequer lancei os olhos sobre ele, José.

— Eu sei. Tenho ido visitá-lo, ou melhor, observá-lo. Na maioria das vezes, não percebe minha presença. Ricardo é menos sutil, e tenho presenciado alguns embates que seriam cômicos se não fossem uma realidade triste. Ricardo tem se questionado se não seria válido levarmos o Santo a atendimento mediúnico. Ponderei sobre o assunto e gostaria de saber sua opinião. Você é o responsável pelo atendimento dele. Eu sou apenas um assistente curioso e com segundas intenções em seu trabalho.

Georges ficou pensativo por alguns instantes, e observei a expressão concentrada em seu rosto.

— Tem algumas possibilidades. Confesso que, por minha experiência, considero cedo, contudo, poderá ser uma experiência enriquecedora. Creio que temos os requisitos para ousar tal medida neste momento, as condições que permitem essa realização e que será útil a todos, mas acredito que será sobretudo útil ao amadurecimento da equipe encarnada. A visão e o contato com o Santo e sua realidade quebram ilusões humanas. Pedirei a Laura que faça a programação da visita e os avisarei.

— Obrigado! Darei a notícia a Ricardo.

Saí da nossa breve reunião ponderando sobre as colocações de Georges e mais uma vez maravilhado com a perfeição da vida, que nos permite aprender e servir até mesmo quando estamos inconscientes desse objetivo. Tudo caminha para o melhor, é esse o rumo.

Alguns dias depois, encontrávamo-nos, eu, Georges, Ricardo, Laura e o Santo aguardando que a equipe encarnada se organizasse e iniciasse as atividades. Via-se no rosto de nosso atendido que ele estava alheio, mas aliviado. Era compreensível, pois naquela sala não repercutiam os chamados, apelos e clamores do mundo exterior que tão facilmente lhe alcançavam a mente. A barreira eletromagnética impedia-os, e os encarnados ali reunidos não pensavam nele.

A rápida visita do grupo encarnado à ala onde o Santo estava abrigado ocorrera na véspera, durante o sono. Um contato breve, mas imprescindível para o trabalho a ser realizado. A ideia era vê-lo, senti-lo, receber poucas e breves orientações de Georges sobre o caso para facilitar a sintonia e não comprometer a espontaneidade necessária a todos. Nosso atendido não os percebeu. Toda reunião mediúnica é uma atividade de autodescoberta e de autoconhecimento quando as experiências são usadas para reflexão pessoal.

Iniciada a reunião, notamos que a corrente magnética se elevou, harmonizando os participantes. Laura observava e dirigia as atividades com perfeita discrição. A organização e a tranquilidade do ambiente revelavam a presença e o trabalho dela. Ao seu lado, Georges mantinha total atenção no atendido, que estava sob os cuidados vigilantes de Ricardo. O alívio dele era comovente. Pareceu-me pálido, exausto, vagamente perdido, estranhando a ausência da costumeira tortura mental. Pela primeira vez, ele fitou Ricardo sem desespero ou arrogância e indagou:

— Onde estou? Posso ficar aqui?

Ricardo abaixou-se, e vi que estava comovido com o pedido. Ele esclareceu com incomum ternura:

— Você está em uma das salas de nossa instituição no plano físico. Olhe à sua volta, observe. Não tenha medo. É um local de reunião consciente entre os dois planos da vida para aprendizado e ajuda mútuos.

O Santo obedeceu por curiosidade, mas não demonstrou interesse no que via. Era muito simples para ele. Não conseguia ver a atividade espiritual, pois sua percepção era idêntica à de um encarnado recém-saído de uma sala de tortura. Desejava usufruir do silêncio.

Ricardo notou a reação do Santo e calou-se. Não era a primeira vez que presenciava reações daquele tipo. Sem surpresa, viu-o escorregar pela parede até se sentar no chão. Estava vencido pelo cansaço da luta pungente com o sofrimento que criara para si mesmo.

O grupo encarnado encerrou o período de estudo e diminuiu sensivelmente a iluminação, restando uma tênue penumbra e o som suave de uma música clássica com arranjos de sons da natureza, que invadiu o ambiente. Unimo-nos na prece, e a energia do local ganhou sensível conotação de fraternidade e aceitação. Não demorou para que a expansão perispiritual da médium designada para a comunicação alcançasse um bom nível para a aproximação do atendido.

Os sons do vento e das ondas do mar, que se misturavam à música, levaram-no às lágrimas. Para ele, era a sensação de ouvir os sons do paraíso. O sentimento de elevação mesclou-se rapidamente com autopiedade, e o choro ganhou o tom do desespero. A vibração e o pensamento dele foram facilmente captados pela médium, que permitiu ser impregnada pela energia do Santo, atraindo-o irresistivelmente para si. A energia exalada por ela era como o calor do sol, como um lugar confortável, como água para o sedento, e, instintivamente, sem ter consciência do que se passava, ele acoplou-se à médium.

O contato com a energia vital, com o sistema nervoso e a mente da médium ofereceram-lhe uma sensação de bem-estar há muito esquecida, fazendo-o chorar e clamar com maior intensidade por silêncio.

Reproduzindo as sensações do Santo, a trabalhadora encarnada chorava desesperadamente. Sacudindo-se todo sob a vibração das emoções dele, o corpo da médium falava e movia a cabeça em negativa:

— Eu não sou santo! Não sou santo! Faça-os parar! Eu não sou santo! Quero alívio! Não suporto ouvi-los mais. Faça-os parar!

O desenrolar do atendimento repetiu informações conhecidas. A crise emocional do Santo não permitia um diálogo esclarecedor naquele momento. O intuito era realmente que fosse posterior. Era somente mais uma pílula, não o tratamento inteiro.

Após a catarse emocional e instantes de lucidez, o Santo foi afastado. Para quem não conhecesse os efeitos do transe magnético, ele pareceria sedado. Em consequência da experiência, o Santo retornou calmo e obediente à ala, sem ouvir as vozes que o torturavam. Sabíamos que se tratava de um efeito temporário, mas esperávamos que fosse benéfico para sua tomada de consciência, algo que seria explorado por Georges na sequência do atendimento.

Enquanto o retirávamos da sala, registramos a análise do grupo e o depoimento da médium relatando a experiência. Suas palavras iniciais foram:

— Somente vi alguém no chão... Chamou-me a atenção o fato de que usava sapatos vermelhos e que seus trajes pesavam muito. Algo sobre os ombros o incomodava, e os sapatos também o incomodavam. Tive vontade de tirar os meus. Ele sofria demais...

CAPÍTULO 6
ESTABELECENDO RELAÇÕES

    Georges aguardou Laura ajudar o paciente a se acomodar e depois se retirou.
    O atendido fitava Georges com o olhar calmo, lúcido e frio, e pareceu-me familiar. Era o mesmo que identificara em imagens do passado contidas no dossiê. Percebi que ele não notava minha presença; somente via Georges e Ricardo.
    — Como se sente? — perguntou Georges acomodado na poltrona ao lado do paciente.
    — Aliviado — respondeu ele, expressando em voz alta o que se percebia em seu olhar.
    — Você tem consciência da sua situação, certo?
    — Sim, eu tenho. Estou morto e surpreso — confessou o paciente.
    — Por que surpreso? — questionou Georges, ignorando qualquer correção ou esclarecimento quanto à afirmativa de que ele estivesse morto.
    — Eu esperava o nada. Apagar-me como uma estrela.
    — Lembra-se de como morreu?
    — Claro. Eu escolhi a paz. Escolhi sair da vida num ato final apoteótico. Tracei cada cena, cada veste, cada cenário dos meus funerais e confiei-os ao meu fiel conselheiro. Não esperava vê-los, mas assisti a cada segundo. Foi glorioso!

Nesse instante, um brilho apaixonado iluminou-lhe o olhar frio. Estava absolutamente encantado com suas lembranças fúnebres, com a pompa das exéquias. Era como se visse um grande ato teatral.

— Escolheu a paz? Poderia me falar sobre isso? — pediu Georges.

— Eu estava gravemente doente. Uma doença horrível que me destruía lentamente, dificultando minha locomoção, meus gestos, minha memória. Eu já não conseguia a mesma performance e protelei ao máximo essa escolha... Eu amava viver, amei muito minha vida, pois foi extraordinária! Contudo, eu sabia que a cena final se aproximava. Não temia o nada, por isso, não temia a morte. Vivi intensamente, vorazmente, satisfeito! Por isso, quando percebi que não havia mais o que fazer, pedi o chá e não aceitei as sugestões de meu conselheiro. Ele queria inovação, mudança, naturalidade, contudo, aquele final decrépito, em uma casa de repouso, numa cadeira de rodas, no anonimato, não era para mim. Isso, sim, me causava temor. O chá era melhor! O sono eterno, o nada, quiçá a união com o todo, sem julgamento, sem identidade. Ser lastimado! Ser aclamado até o fim. Esse foi meu desejo, e foi o que fiz. Minhas escolhas eram: pedir ou receber sem consciência. Veja, pedindo, eu pude manter o controle, fazer e viver o último ato. Eu o pedi e tomei sereno e consciente que fazia o melhor e o certo. O fim da agonia, sem dor, sem nenhum escândalo. Apenas o apagar das luzes. O médico me garantiu que não haveria sofrimento, e não houve. Foi perfeito!

— Ouvindo-o, tenho a impressão de que você estudou e executou cada minuto. Você costumava agir assim, como se sua vida fosse uma peça de teatro, como se vivesse em um palco? — indagou Georges, num tom que se assemelhava ao do seu paciente.

— Sim, eu fiz isso. Minha vida acontecia por detrás do palco também. Eu a escrevi, produzi, dirigi e encenei.

— Você ama o teatro — afirmou Georges observando o atendido.

— Muito! Muito! — confirmou ele enfático, luzindo outra vez o brilho apaixonado no olhar. — É o poder máximo! É inebriante!

— E você se dedicou às artes? Realizou sua paixão?

— Como pude, ao máximo — respondeu ele suscintamente.

— Você gostaria de me falar sobre essa paixão? Como a descobriu? Quando começou? Como a viveu? Que prazer lhe trazia ou traz? — perguntou Georges.

— É uma história longa. Irei cansá-lo — respondeu o atendido, com visível falsa modéstia. Não fosse a expressão séria de Georges, eu teria rido. Mas meu amigo trabalhava, e eu controlei-me permanecendo na obscuridade, silenciosamente.

Com real interesse e consciência, Georges participou da cena e fez sua fala simples com perfeição:

— Absolutamente. Por favor, conte-me. Não tenho pressa. No momento, meu único interesse é ouvi-lo. Tenho plena convicção de que sua história de vida é uma obra fascinante. Também sou um apreciador da dramaturgia, das artes cênicas, e prometo ouvi-lo com toda a minha atenção. Sou um espectador experiente, pode confiar — notei uma nota alegre e simpática na voz de Georges, que se inclinou para a frente, ficando mais próximo do atendido. Ele sorriu e prosseguiu: — Talvez, como todo apaixonado, eu não me contenha se sua obra me cativar e lhe faça algumas perguntas, somente isso. Sou curioso como uma criança.

Vi o atendido sorrir e lembrei-me das muitas imagens que vira de sua última existência terrena. Reconheci o sorriso que ele reservava aos íntimos e admirei a habilidade de Georges de seduzir e ganhar a confiança de seus pacientes. É da natureza dele, da sua agilidade mental, rapidamente avaliar como se aproximar de alguém para ajudá-lo. O famoso golpe de vista.

— Já que insiste...

Num gesto de agradecimento, Georges tocou-lhe o ombro rapidamente e tornou à posição inicial, pronto para ouvi-lo.

CAPÍTULO 7
A JUVENTUDE

Eu tinha 19 anos. Era uma manhã fria, ensolarada e luminosa de outono, como só se vê na minha terra. Era cedo. Na companhia de meu pai, eu terminei a refeição matinal, apanhei meus livros e desci apressado a escada quando vi pela porta entreaberta do edifício o vazio da rua. Estranhei. Não tinha viva alma, somente a luz do sol. De repente, ouvi o som do motor de caminhões, eram muitos, e a distância ouvi vozes gritando palavras de ordem em alemão. Paralisei na escada e abri a boca para chamar meu pai, mas não consegui emitir nenhum som.

Havia algum tempo que o cenário político social não era dos melhores. Na escola, os professores comentavam o avanço nazista na Alemanha e o temor que a ascensão ao poder de alguém com a personalidade de Adolf Hitler representava. Não se ignoravam seus planos. *Mein Kampf*[2] era um texto claro, limpo, chocante, tão manifesto era o pensamento de seu autor, e nós éramos parte daquela macabra história planejada. Não havia como, lucidamente, não temer o óbvio que, dia a dia, as notícias nos mostravam mais próximo de nós: a invasão. Mais uma em nossa história.

O sonho ou o delírio imperialista de Hitler começava por nós, e fazia apenas duas semanas do fatídico 1º de setembro e de suas avassaladoras notícias. O primeiro ataque relâmpago da Luftwaffe,

---
2 Título do livro de dois volumes escrito por Adolf Hitler.

a força aérea alemã, fizera chover bombas na fronteira polonesa. Apesar do clima político tenso, nas ruas nenhum de nós esperava a guerra. Falava-se disso nas escolas, nos partidos políticos, na igreja, mas eu não sentia que as pessoas a aguardavam, e tanto não acreditávamos que ela nos alcançou. Eu não fazia ideia do quanto aquele dia e os anos que se seguiriam definiriam o rumo de minha vida.

Os combates aconteciam na fronteira, e tivera o bombardeio em Wielun e em Danzigue. Em um pequeno país que, naquela época, ainda se orgulhava de possuir tropas de cavalaria, acreditávamo-nos em segurança na capital apesar das imagens dolorosas daqueles ataques que circulavam. Mais de 1200 pessoas haviam sido mortas em poucos minutos na invasão de Wielun. Na minha mente, desfilaram rapidamente as imagens das fotografias de jornais, pessoas mortas, choro, desespero e descrença estampados no rosto dos sobreviventes.

Morávamos em um bairro próximo do centro de Varsóvia. Os caminhões avançavam, e, enquanto eu lutava contra a imobilidade, vi o vermelho e o preto das lonas dos caminhões e dos uniformes dos homens armados. Com esforço, consegui subir de costas sem tirar os olhos da rua e da procissão horrenda que odiei de imediato e bati as costas na porta. Meu pai, ainda usando o avental dos afazeres domésticos, abriu a porta, e eu teria caído para dentro se ele não tivesse me amparado.

— O que é isso, menino? — resmungou meu pai assustado, segurando-me. Após fitar meu rosto, indagou: — Você está pálido como um cadáver! O que houve?

Apontei para a escada e para a rua e com esforço balbuciei:

— Eles... chegaram, pai.

— Quem chegou, Lolek?

— Os nazis — respondi. — Estão lá fora. Eu vi os caminhões passarem.

— Meu Deus! — papai abraçou-me, e eu senti seu pavor naquele gesto.

Ele, contudo, logo se recuperou, soltou-me e foi apressado ligar o rádio. Jamais fazíamos qualquer refeição com o rádio ligado, pois meu pai era muito disciplinado, tinha horário para tudo, inclusive para sentar-se em sua poltrona ao lado do rádio e fumar ouvindo o noticiário. Aquele não era o horário, mesmo assim ele correu ao aparelho, e a voz do narrador, em tom solene e cuidadoso, chegou aos nossos ouvidos confirmando a nefasta notícia da invasão de nosso território.

— Guarde seus livros. Hoje, você não sairá de casa — ordenou-me ele. — Não é seguro. Sabe o bom Deus quando será.

Embora fosse meu dia preferido de aula, não pensei em questioná-lo. A literatura estava nos livros, e eu poderia tê-la a qualquer hora. Meu querido professor Leon teria outros dias para ensinar-me. Fui ao pequeno quarto que comportava tudo o que me pertencia até então, um mundo pequeno, mas, na esfera do sonho, meu mundo era imenso, cheio de luz e som. Naquele dia, quando tudo começou, eu não sabia a diferença entre desejo e sonho, não conhecia a força do meu querer e o que seria capaz de fazer.

Retornei à sala, e meu pai fez um gesto impondo silêncio e outro, me convidando a sentar-me na poltrona ao lado do rádio. O aparelho desfrutava da primazia na nossa humilde sala de estar.

Sentei-me e, com a alma gelada, ouvi as notícias: o exército russo invadira a Varsóvia à leste, e os nazistas invadiram o extremo oposto. A cidade estava dividida, impotente e assistia à ocupação sem resistência. Especulavam sobre a reação do governo polonês: rendição ou fuga. Qual seria a ação dos governantes? Enquanto isso, instruíam a população civil a manter-se em segurança. A rotina da cidade estava alterada. O que funcionava se fechava; o que não abrira as portas permaneceria com elas fechadas. Naquele minuto, a vida era o bem supremo. Nada valia mais.

Era um setembro excepcionalmente frio, e isso nos fazia comer mais. Era uma alegria, eu me lembro. Mas, naquele dia, não comemos. Pouco depois, nossos vizinhos, um casal idoso, bateram à nossa porta e pediram-nos para ouvir o noticiário conosco, pois não tinham rádio. Mais tarde, a família que morava no apartamento térreo se juntou a nós. Dona Gertrude, a vizinha idosa, ofereceu-nos sopa, contudo, ninguém aceitou. Tínhamos o estômago embrulhado devido ao medo. À tarde, o tempo esfriou, o céu ficou nublado, e um vento frio soprou com força. Acendi a lareira, e meu pai disse:

— Cuidado! Não queime toda a lenha numa fogueira desnecessária, como é seu costume. Precisamos economizar. Não sabemos se amanhã haverá lenha na cidade.

Houve um murmúrio de concordância na sala. Já haviam vivido outras guerras; eu não. Dona Gertrudes, não sei se preocupada por que ninguém se alimentava ou se desejosa de se ocupar, foi até seu apartamento e retornou com um bule fumegante de café e com biscoitos. Quando entrou, ela me disse:

— Lolek, traga as xícaras. Precisamos estar fortes. Não adianta morrer de fome no primeiro dia. Vamos comer e rezar, meu filho. Essa invasão também vai passar.

Obedeci, contudo, logo que nos servimos, notei que ninguém conseguia comer. Entendi que o nó formado na minha garganta logo cedo estava também apertando os outros. O bule de café foi esvaziado em segundos, mas os biscoitos, por mais apetitosos que parecessem, ficaram praticamente intocados.

Mais tarde, quando nossos vizinhos retornaram às suas casas cansados e impotentes com o noticiário fervendo em suas mentes e em um caos emocional, fiz de conta que tudo estava normal e arrumei a sala, como era minha rotina diária. Naquele dia, encontrei ao lado do rádio um biscoito mordido e abandonado. Jamais esqueci aquele biscoito, a imagem dele ao lado do antigo rádio de válvula. A tecnologia avançou tanto no século XX que me lembrar de um rádio de válvula parece coisa da antiguidade.

Era muito representativo aquele biscoito mordido e abandonado. Ele me falou à alma sobre coisas profundas e lembranças dolorosas do passado recente que eu não vivera, porque nasci após o fim da Grande Guerra e como essas lembranças, somadas aos fatos do dia, lançavam sobre o futuro um pesado cobertor de medo. Naquele dia, entendi que o medo é um sentimento ligado ao futuro.

Eu tinha 19 anos e amava a vida, apesar dos dissabores que já experimentara. Era órfão de mãe, que morrera havia cinco anos. Eu tivera irmãos, que também estavam mortos, e tudo isso fizera meu pai envelhecer precocemente. Seus cabelos estavam grisalhos, ele emagrecera muito e aparentava ter bem mais que seus quarenta e poucos anos. Meu pai perdera muito de sua alegria nos últimos anos e era por mim que ele vivia. Dizia-me isso todos os dias, e eu o amava, é lógico, contudo, não era ele minha causa de viver. Sofri a morte deles, claro, no entanto, essa dor não encobriu a vida. Continuei vendo que havia luz e que o mundo me chamava. Existia muita gente interessante para eu conhecer, havia muito a aprender, muito a fazer — embora não soubesse exatamente o quê —, e existiam ainda todos os prazeres da vida.

Meu Deus! De repente, aquele biscoito mordido me fez pensar que talvez minha vida pudesse tornar-se parecida com aquilo: a promessa de algo bom que não teria continuidade.

Naquele instante, fiz um pacto comigo mesmo: eu sobreviveria e faria o que fosse necessário para passar o mais longe possível daquela guerra que se desenhava aos nossos olhos. Quando tomei essa decisão, entendi o olhar triste e pensativo de meu pai o dia inteiro pousado sobre mim. Ele temia que eu fosse convocado para o exército. E eu, que não pensara naquela hipótese óbvia, assustei-me, pois era real.

Fui ao quarto de meu pai e encontrei-o sentado na beira da cama, sem os sapatos. Os pés dele estavam sobre o piso frio e vestidos com meias de lã muito velhas e cosidas. Apressei-me a enrolá-los com um pulôver que vi dobrado sobre uma banqueta e toquei-lhe os joelhos para chamar-lhe a atenção. Fitando-o, declarei solenemente:

— Pai, não se aflija. Eu não o abandonarei. Não irei à guerra, pois não quero, não nasci para isso.

— Você não terá escolha, meu filho — respondeu-me com voz pesarosa. — Eu também não tive. Ou você acha que um homem vai feliz para uma batalha? Somente quem nasce para matar pode sentir-se assim, contudo, diante do dever, não temos opção, Lolek.

— Temos, pai — insisti convicto da minha decisão. — Temos, sim. Não segurarei uma arma, muito menos viverei em batalhas. Não! Eu não irei, pai.

Lembro-me de que ele sorriu. Um sorriso pálido, como quando surge o sol em dias nublados, tímido e fraco. Meu pai abraçou-me e sussurrou contra meu ombro:

— Filho, em tempos de guerra, todos nós nos tornamos soldados, senão dos homens, de Deus.

Dois mundos se tocando sem se perceberem, assim foi aquele abraço. Enquanto meu pai vislumbrava um futuro sombrio e sem escolhas, eu via minha salvação. Aquelas palavras foram a luz do farol na neblina e guiaram meus passos futuros.

CAPÍTULO 8
O TEATRO

Apesar das dificuldades causadas pela invasão, pela fuga dos governantes, pela divisão de nossa cidade entre o exército soviético e o alemão, nós, os cidadãos comuns, precisávamos continuar a vida, nos adaptar à situação e fazer de conta que tudo continuava normal — mas nada continuava. Havia um clima de tensão no ar, tão forte que, várias vezes, pensei que esbarraria com o peito em fios imperceptíveis estendidos nas ruas.

Aqui e ali, nos becos e nos cantos escuros, pessoas cochichavam e espiavam. As mulheres carregavam sacolas de alimentos, e as chaminés das casas não paravam. Nunca vi tantas conservas, geleias e biscoitos sendo feitos. Não havia alimentos industrializados naquela época, ao menos, não com a fartura e variedade que encontramos hoje. As mulheres pareciam formigas operárias cozinhando, tecendo e armazenando alimentos, roupas e remédios caseiros, provendo os ninhos para o longo inverno humano que se anunciava. As avós, com seus vestidos pretos, caminhavam céleres, falando e gesticulando muito, acompanhando as filhas, noras e netas e ensinando-as a sobreviver.

As histórias do passado recente da Grande Guerra e de outros conflitos armados que elas tinham presenciado eram rememoradas apressadamente, pois sabiam que aquela experiência poderia ser valiosa para a nova geração, que enfrentava a máquina mortífera da guerra pela primeira vez, ultrapassar aquele momento.

Como lutei comigo mesmo naquela época! Eu não queria me entregar ao medo. Meu pai dividia-se entre o noticiário, as conversas com os vizinhos e o trabalho ao qual se apegava como tábua de salvação para a sanidade e o medo. Enquanto isso, a doença dele avançava. Eu via-o enfraquecer e sentia-o agarrado às minhas forças. Algo estranho, mas lembrava-me das plantas que se grudavam às macieiras e viviam sugando a seiva da árvore. Eu sentia que meu pai se agarrava a mim de modo parecido, e, se antes da invasão o futuro que ele enxergava era apenas o dia seguinte, após a invasão esse futuro deixara de existir. A melancolia tomou conta de meu pai.

Minha válvula de escape era a escola e especialmente o grupo de teatro, o TKKT. Ali, o mundo era outro, e qualquer um de nós podia ser quem e o que quisesse: Júlio César, Thor, um personagem cômico ou trágico, discursar como Stalin, Hitler ou tornar eloquentes os discursos do rei Georges VI, de quem esperávamos socorro. Não havia limites. Ríamos, estudávamos história, dramaturgia, política, ensaiávamos e nos sentávamos nas cadeiras do teatro para ouvir nosso mestre, o professor Leon.

O teatro era muito importante na cultura polonesa, e era possível dizer que a arte era a paixão nacional por excelência. Nosso povo apreciava o teatro e respeitava seus artistas, independentemente de eles pertencerem a grupos mambembes, que encenavam comédias de folhetim nos bairros, ou serem os grandes nomes da dramaturgia polonesa, visceralmente ligados à resistência e à luta pela independência do país, desde que a sucessão de invasões ao nosso território se iniciara. Talvez fôssemos o último resquício do vibrante reino polonês da Idade Média e Renascença.

Fato é que a dramaturgia e o teatro mantinham posição de vanguarda na nossa história, escrevendo e encenando em nossa língua materna e usando de subterfúgios para comunicar-se diretamente com o povo e estimulá-lo a resistir. Nós, os atores poloneses, tornáramo-nos malabaristas da comunicação com as massas. Para fugir da censura, eternamente presente nas invasões de nossa história e protagonizada por russos, austríacos e prussianos desde o século XVIII, a escola polonesa tornara-se exímia na formação de atores capazes de interagir com o povo e transmitir, até mesmo por gestos, uma mensagem forte não captada pelos invasores.

Não renunciávamos à nossa língua materna. Não nos importava que, por sua origem eslava, isso constituísse uma barreira para a comunicação com o restante da Europa e o brilho em palcos internacionais. O ator polonês tinha um forte senso de patriotismo e do seu papel político, e sabíamos que a comunicação era nossa maior ferramenta e arma.

Nosso grupo tinha também forte influência da escola soviética, do teatro monumental, o teatro das massas, dos grandes comícios, dos eventos, das paradas e das marchas. O querido mestre Leon elogiava meu talento para essas atuações de grande público, mas, naquele dia, ele estava solene. Seu semblante pesado e o olhar torturado ora eram tomados de imensa tristeza, ora de inegável raiva, e foi nesse misto de emoções que ele convidou o grupo a sentar-se, pois precisávamos conversar:

— Meus amados, há notícias que não sei como dar, tampouco como receber. A que tenho para comunicar-lhe é desse tipo, por isso, peço a compreensão de todos e adianto que terão a minha, embora eu confesse não saber se isso valerá de alguma coisa.

Aquelas poucas frases calaram o grupo e garantiram a total atenção ao anúncio do mestre. Sentíamos que não era algo bom, não tinha como ser. Aguardamos com a respiração suspensa. Sentada ao meu lado, Halina, minha jovem e loura namorada, procurou minha mão e agarrou-a com força. Não fiz nenhum gesto para confortá-la ou dar-lhe apoio, pois minha força interior andava quase tocando o fundo do poço, embora nada revelasse essa fragilidade exteriormente. Nosso professor tomou um gole da água, passou as costas da mão direita sobre a boca, respirou fundo e encarou-nos falando numa rajada:

— Witkiewicz suicidou-se. O funeral será amanhã.

Explodiram exclamações descrentes no grupo, e a balbúrdia estabeleceu-se. Halina saltou da cadeira como se estivesse sentada sobre uma mola, e eu vi seu delicado rosto empalidecer e seus olhos, tão azuis quanto os meus, mostrarem um misto de emoções intensas. Witkiewicz era nosso ídolo. O vazio que aquela notícia causara em todos foi breve, quase de imediato preenchido pela dor, pela revolta e por um sentimento de profundo desamparo intelectual. Era como se tivessem cortado a cabeça de um corpo e lhe impusessem prosseguir vivendo, contudo, não era ficção, era realidade. Dolorosa realidade. Nós éramos esse corpo sem cabeça com a fatídica sentença de prosseguir vivendo a despeito de quão bizarra fosse essa ordem.

— Não sei o que lhes dizer. Perdoem-me por não ter como confortá-los. É um fato cru, duro, incompreensível para mim neste instante e não encontrei outra forma de comunicá-lo. Nossas atividades estão suspensas por três dias para o funeral de Witkiewicz. Nenhum de nós tem cabeça para fazer qualquer coisa agora.

— A minha está fervendo! — protestou Halina, com sua voz forte e modulada expressando os tons das emoções conflitantes. — Não sei se choro ou se serei capaz de bater no defunto. Por que ele fez isso? Não deixou nenhuma explicação? Professor, o senhor tem certeza de que foi suicídio? Não faltariam interessados em assassiná-lo atualmente.

— Não sei, Halina. Recebi a notícia quando cheguei ao teatro. A direção deixou-me incumbido dessa triste missão de informar a todo o nosso elenco de atores, diretores e demais profissionais. Eles estão preparando a cerimônia. Talvez suas perguntas sejam respondidas mais tarde, nas horas sombrias que viveremos nessa despedida.

— E Gombrowicz? Ele já retornou da Argentina? — perguntou Halina.

— Não — respondeu secamente o professor. — Enviaram-lhe um telegrama, mas eu, particularmente, não aguardo seu retorno à Polônia.

— O senhor crê que ele fugiu? — perguntei sem disfarçar o desprezo que a ideia me causava.

— Sim, eu creio — respondeu-me Leon, firme. — E não o condeno. Assim como eu, ele também viveu outras invasões. Meus queridos, não são tempos fáceis. Não se iludam. Se a fome e a doença ainda reinam nas ruas de nossas cidades em consequência da última Grande Guerra, saibam que isso piorará muito. A resistência exige força moral, muita consciência e a certeza de que se sobrevive à dor. São tempos que nos transformam. Alguns se tornam mais solidários, compassivos e humanitários; outros endurecem, esfriam, se tornam duramente realistas; e há os que se desesperam, cansam, ficam amargurados e fogem até mesmo da vida. Eu não os condeno e gostaria de, no futuro, saber que meus alunos aprenderam isso comigo. É preciso ser perseverante e amar a vida, aprender que se sobrevive à dor e encontrar a melhor transformação que ela pode nos trazer.

Fiquei pensativo. Respeitava muito a opinião de Leon e, mais do que isso, admirava-o. Ele estava muito acima de mim, por isso, o admirava e confesso que, anos mais tarde, cheguei a invejá-lo pela coragem e pela força moral que demonstrara em sua vida. Ele acabou seus dias em Auschwitz. Quando recebi essa notícia, muita coisa havia acontecido, e a dor dos dias de invasão da minha pátria e da minha vida conduziram-me a escolhas e caminhos que trilhei. À minha maneira, honrei o mestre da minha juventude e talvez eu tenha construído uma quarta opção de quem me tornar naqueles tempos.

Sepultamos Witkiewicz, Gombrowicz não retornou da Argentina, e, apesar da ausência de nossos grandes pensadores, nosso grupo sobreviveu. Ficamos bastante confinados nos ensaios e não demorou para a censura alemã nos alcançar. Leon, tal qual as avós, ensinava-nos a arte da resistência, mas o esforço começou a cobrar seu preço. As deserções começaram. Muitas famílias fugiam com o que podiam, e isso com frequência se resumia ao próprio corpo, abandonando a Polônia em grandes levas migratórias para as Américas. Fugiam do horror da guerra que se anunciava na invasão de nossa pátria e no que, rapidamente e de forma incendiária, os alemães protagonizaram. Era o prenúncio do futuro, e era nefasto. Nós vimos o monstro primeiro.

As doenças avançavam. A cada dia, o desespero era maior. Abandonados pelos nossos governantes, ficáramos à mercê dos alemães, desorganizados para resistir. Éramos um povo escravizado. Assim eu me sentia.

Naqueles dias escuros, meu pai faleceu. Encontrei-o morto numa manhã fria daquele outono infernal. Do que morreu? Naquela época, isso não era preocupação; como viver era. Quando retornei de seu sepultamento, os vizinhos despediram-se, e Leon abriu a porta do apartamento, que se tornara minha responsabilidade, e disse:

— Entre logo, Lolek. Encare a realidade. Acredite que há momentos em que a solidão nos torna fortes e a presença dos amigos apenas protela o inadiável.

Ele colocou o chapéu negro sobre a cabeça, deu meia-volta e desceu as escadas. Ouvi a porta do prédio bater sem que tivesse dado um passo para adentrar a sala. Olhei atentamente cada móvel, cada objeto. Na minha mente rememorei minha mãe, meus irmãos, meu pai. Recordei cenas e entendi que estava só. Permanecer ali significava esperar a convocação do exército nazista. Puxei a porta, dei as costas àquele passado e caminhei em direção ao meu futuro.

CAPÍTULO 9
SOBREVIVENDO

Não havia tempo. Era preciso chorar e trabalhar. Saí à procura do meu sustento. Meus estudos de filosofia, idiomas, literatura e teatro não me manteriam. Até então vivera confortavelmente, sem luxo, mas sem necessidade, à custa de meu pai, funcionário do governo. Estávamos sem governo, e a esperança de meu pai de ver-me ocupando uma função que garantisse meu sustento estava temporariamente sepultada sob as botas nazistas. As escolas consideravam-me jovem demais para lidar com uma classe, e eu também não havia concluído meus estudos apesar das excelentes notas. Foi com Frederico, um amigo do teatro, que consegui trabalho. Encontrei-o naquele mesmo dia à tarde, enquanto vagava pela rua à procura de ocupação para manter-me.

— Soube de seu pai, Lolek. Meus sentimentos. Não fui ao funeral. Peço-lhe desculpas, mas a situação em casa está muito difícil. Parei com os estudos e o teatro e estou indo para as minas daqui a pouco. Lá tem trabalho. Disseram-me que não pagam muito, mas que os alemães e os russos têm interesse que elas sigam funcionando. Eles não recrutarão os trabalhadores para o exército.

Aquela informação era tudo o que eu desejava ouvir. Não precisei pensar mais e pedi:

— Fred, quero ir com você. Aliás, eu preciso ir.

— Vamos pegar suas roupas, então. O trem sairá em duas horas — respondeu-me e apontou para o saco no qual carregava seus pertences. — Não convém levar muita coisa, pois me disseram que darão uniformes de um tecido resistente.

— Não me importo. Encontrarei você na estação. Serei mais rápido se for sozinho.

Fred concordou, e separamo-nos, indo, literalmente, um para cada lado. Corri ao apartamento e apanhei algumas roupas, objetos de higiene e de uso pessoal que imaginei que fosse usar. Entreguei a chave à vizinha, pedi que ventilasse o apartamento de vez em quando e dei-lhe as plantas de que meus pais tanto gostavam. Abracei-a rapidamente e acredito que, por piedade, ela beijou-me as faces e abençoou-me como se fosse minha mãe ou avó. Sorri, agradeci, peguei meu saco de pertences e, pela segunda vez naquele dia, dei as costas ao lugar que fora meu lar e continha toda a minha história. Aquilo não me trouxe qualquer pesar ou dificuldade.

Pouco depois, embarquei com Fred rumo às zonas de minério. No dia seguinte, vestíamos um macacão de brim azul com várias manchas e botas. Deram-nos pás pesadas, então, sentamo-nos em um carrinho sobre os trilhos e, antes que víssemos o sol, partimos para o interior da mina iluminada por tochas e envolta na poeira escura e na fumaça. Em minutos, vi Fred ser coberto por fuligem, que se grudava à pele. A pele branca e o cabelo loiro de meu amigo tornaram-se negros e somente os olhos de Fred permaneceram claros.

O homem que manejava o freio do carrinho parou alguns metros antes da entrada da mina, tirou dois triângulos de tecido de algodão encardido do bolso e estendeu-os para nós, instruindo-nos:

— Amarrem no rosto, assim como os outros fizeram. Olhem! Não se esqueçam disso nunca. A doença é horrível e mata rápido. Muito sofrimento. Logo saberão do que estou falando.

Entendemos que deveríamos proteger nossa respiração e, com os olhos arregalados pela advertência, colocamos o tecido sobre o nariz. Era uma máscara rústica e improvisada que amarramos firme na nuca.

Foram meses de duro aprendizado e solidão. Fred e eu éramos muito diferentes daqueles homens simples, sem cultura ou refinamento. Tornara-se nossa válvula de escape entretê-los durante algumas noites, encenando comédias bobas que a todos faziam rir e esquecer o trabalho árduo e a doença. Até mesmo os mineiros doentes se erguiam de seus catres pobres nos alojamentos e, enrolados em cobertores esfarrapados, sentavam-se no chão para nos assistir. Era nosso momento de retorno à nossa identidade humana, porque pensávamos que apenas o animal era necessário ao serviço da mina. Nossa mente não subia no carrinho; ali, pensávamos, seguiam apenas ossos, músculos, nervos e o instinto de sobrevivência. A mente ressurgia das brumas naquelas noites de entretenimento.

Suportei aquela vida alguns meses e aprendi muito. Foi extremamente válido saber me comunicar com o povo trabalhador e entender suas necessidades e limitações.

Desenvolvi força física. O corpo alto e magro ganhou músculos graças ao trabalho pesado. Ombros largos, peito e braços desenvolvidos, coxas fortes e firmes. A comida resumia-se a uma ração farta, forte e entediante. A fome é uma tortura cruel. Nos primeiros dias, aquele prato abarrotado e diariamente repetido enjoou-me, mas trabalho pesado e fraqueza física não combinam. Havia homens doentes dos pulmões, e a tosse e o som das marretas e das pás harmonizavam-se nos meus ouvidos. Vi mortes dolorosas e arrepiei-me de medo. A lei da sobrevivência soou na minha consciência. No mesmo dia, quando me entregaram o prato, não tive outro pensamento a não ser comer. Aprendi a comer por necessidade, deixando de lado o prazer.

Fred não conseguiu superar a repugnância, enfraqueceu muito e resolveu abandonar o trabalho e retornar à nossa cidade com o pouco dinheiro que conseguira.

Suportei aquele trabalho por mais alguns meses e fiquei novamente só. Eu pensava que a vida desejava mostrar-me algo com essa insistência em me relegar à solidão. Naquela época, eu não pensava naqueles que eu abandonara, somente nos que me abandonavam. Senti especialmente a falta de Fred nas encenações e disse aos homens que eu não conseguiria sem ele.

Devo à insistência deles a descoberta de um dos meus grandes talentos: atuar sozinho.

Satirizei os líderes da época, criei discursos e assumi personagens poderosos. Eles amaram, e eu também. Minha mente encheu-se de ideias e começou a subir no carrinho e entrar na mina. Ali não era o lugar dela. Eu não nascera para aquela vida, não era aquilo que eu desejava ser. E o prato abarrotado da mesma comida todos os dias, o desconforto, o ambiente insalubre voltaram a incomodar-me. A gota d'água veio em um dia de pagamento, quando contemplei algumas notas surradas e moedas de pouco valor em minhas mãos. Vi minha pele encardida, as unhas sujas e quebradas, as mãos calejadas e somente um punhado de dinheiro era a minha retribuição. Os argumentos da guerra, com os canhões nazistas rugindo ferozes pela Europa e o exército vermelho russo, que eu odiava com todas as minhas forças, desfilando seu império e poderio e defendendo a ideologia comunista simplesmente se calaram em meu íntimo. Não eram mais justificativas válidas diante das mãos que eu contemplava e daquele pagamento miserável.

— Estou indo embora. Pode contratar outro para meu lugar — ouvi-me dizendo ao responsável pela nossa turma de trabalhadores.

— Tem certeza? — perguntou-me ele.

— Tenho. Adeus!

Acenei em despedida aos meus companheiros, ouvi lamentos pela perda das divertidas noites de encenação e aquilo aqueceu-me a alma, consolidando minha vontade de sair dali, que não era meu lugar, meu destino.

Retornei à cidade.

O ano de 1940 tocava próximo de seu fim. A guerra recrudescia no continente. A cidade estava caótica. Havia agitação, nervosismo, medo e luto nas pessoas. A criminalidade era alta. Em situações sociais críticas, os laços morais relaxam, e a desorganização dos Estados manifesta-se na desordem social. O aparato repressor nazista combatia em causa própria, e apenas quem era contra o sistema dominante era inimigo. Já tínhamos aprendido essa lição nas invasões anteriores, com os exilados russos que viviam em nosso meio e com os contatos que tínhamos antes de 1939 no intercâmbio cultural. O que se passava com a população, bem, isso não interessava ao sistema. O resultado dessa equação é que a sociedade é duplamente penalizada e espoliada: por um lado, pelo invasor, por outro, pela população marginalizada, e nesse apertado meio ficam os que lutam para resistir, fugindo e cuidando-se deles.

Não foi surpresa ter encontrado meu apartamento depredado. Meus vizinhos tinham partido para a América, e o prédio onde vivíamos estava danificado e fora invadido por famílias fugitivas das zonas de fronteira, onde o confronto era muito violento. Essas pessoas escondiam-se como ratos assustados.

Por sorte, havia espaço para mim. Juntei algumas coisas e improvisei uma cama no chão do meu antigo quarto. Quando me recordo daquelas noites, sinto o quanto aquilo foi surreal. Não havia espaço para lamento nem para lembranças nostálgicas. O cansaço, a fome e o desejo de viver impunham que eu dormisse sobre trapos, não pensasse nem sentisse.

No dia seguinte, fui à procura de mestre Leon e encontrei-o no porão de um bar. Ele reunia-se clandestinamente com um grupo que fazia oposição ao regime invasor e mantinha laços de colaboração com o serviço secreto britânico.

Leon recebeu-me efusivamente, e, ao abraçá-lo, senti seus ossos. Estava muito magro e pálido, e notei que o paletó estava tão grande nele que parecia pendurado em seus ombros e não vestido.

— Lolek! Como é bom vê-lo, meu querido!

— Digo o mesmo, professor.

— O que está fazendo aqui? Soube que tinha ido para as minas.

— Sim, eu fui, mas lá não é meu destino — mostrei-lhe minhas mãos e rapidamente resumi minha história.

— Aqui as coisas não são melhores — disse-me. — Mas, se desejar juntar-se a nós, posso arranjar-lhe alguma colocação.

— Do nosso antigo grupo há mais alguém cooperando, professor?

— Sim, alguns. Do seu grupo, especificamente, ninguém...

— Nem Halina?! — surpreso, interrompi Leon.

— Não. Halina partiu pouco depois de você ter ido para as montanhas. Foi para a Argentina.

— Com Gombrowick — deduzi, e Leon aquiesceu com um gesto de cabeça.

— Eu desconfiava que ela sentia mais que admiração por ele — respondi com indiferença.

A guerra terminara com nosso namoro sem palavras ou ressentimentos. Não era um sentimento profundo. Era uma alegre paixão de juventude, que ficara no passado. Um passado bem recente, apenas alguns meses, mas que pareciam séculos. Não havia tempo ou espaço na vida dos sobreviventes para rememorar ou lamentar o dia anterior, quiçá o que se vivera antes da invasão.

— Ela também ficou sozinha. O pai foi fuzilado. A irmã e o cunhado foram para lá — prosseguiu Leon sem dar importância ao meu comentário. — Não há muito tempo para pensar, Lolek. Se quiser, posso colocá-lo em serviço hoje mesmo.

— Eu sei, professor. Cheguei ontem. Vou andar um pouco pela cidade antes de decidir.

Compreendi que também não havia tempo para conversas sociais e dei-me conta de que fora exatamente o que tinha ido fazer. Envolver-me com espionagem dos nazistas ou dos russos não me agradava. Eu continuava disposto a contornar aquela guerra pelas laterais, e a proposta de Leon era embrenhar-me no cerne dela. Abracei-o e saí, dando-me conta de que aquele não era um lugar seguro para meus propósitos.

No final da tarde, soube que precisavam de mão de obra para trabalhar nos trilhos da rede ferroviária. Candidatei-me e na manhã seguinte parti com uma turma para trabalhar com serviços gerais. Minha função era carregar e descarregar os pesados dormentes e as peças de ferro. Não havia muita diferença do trabalho nas minas, mas era mais salubre. Ali eu não correria o risco de adoecer gravemente, porém, os acidentes eram comuns e dolorosos. Presenciei suicídios nos trilhos, uma forma horrível de morrer! O corpo esmagado e moído sob o peso do ferro. Aquilo me horrorizou, e aprendi que há pessoas que odeiam profundamente a vida e a si mesmas. Algo muito triste! São doentes, penso eu. Estavam desesperadas. Naquela época, esse era um sentimento bastante frequente, quase dominante na população.

Por esse aspecto, o trabalho nos trilhos era pior do que nas minas. Quando chegava a noite, os homens não queriam saber de beber cerveja de péssima qualidade e rir um pouco, esquecendo-se da vida real. Nem sequer queriam conversar, e só havia silêncio. Como trabalhávamos em uma área de infraestrutura de transporte, a supervisão dos alemães era contínua. Várias vezes, ao vê-los com seus coturnos, uniformes impecáveis e, principalmente, com seus casacos pesados e quentes, segurando relhos, tive vontade de derrubar sobre eles os dormentes que carregava e vê-los esmagados ou quebrados. Era irritante vê-los tão engomados e limpos, enquanto nós fedíamos suados e sujos. Só não sentíamos o frio intenso porque realizávamos atividades que envolviam muita força bruta. Nossos pés, contudo, pagavam um preço alto devido aos calçados ruins e insuficientes para o frio. Tínhamos os dedos constantemente roxos, gelados. Doíam! Por isso, eu odiava e invejava aqueles coturnos e casacos. É verdade que encontrei alguns soldados alemães que sofriam tanto quanto nós, que estavam revoltados e eram obrigados a viver os horrores da guerra por estarem submetidos a um regime político cruel. Eram bons homens, que se sentiam escravizados. Lembro-me de um rapaz que, numa manhã, quando clareava o dia, arriscara a própria vida para salvar uma moça que tentava suicidar-se nos trilhos. Eu a vi na plataforma, a alguns metros de onde trabalhávamos. Já vira tanto daquilo que bastava a posição, a expressão, para saber o que pretendiam. Quando avistávamos essas pessoas, algo nos dizia para agir, e nós antecipávamos que elas se jogariam ou se colocariam diante do trem em movimento para serem esmagadas.

Naquele dia, não precisei de muita atenção para identificar que a jovem era uma prostituta. Dava para notar a maquiagem pesada e a roupa escandalosa semiencoberta por um xale de lã preto. Eu a vi, olhei para o outro lado e pedi a Deus que fosse rápido. Presenciar aqueles episódios dava-me uma sensação horrível, contudo, não podia afastar-me dali. Minha turma estava designada para aquele setor, do contrário, eu teria corrido para longe.

O alemão poderia ter ido, mas não foi. Ele vira a garota e ouvira o apito do trem. Eu e meus colegas recolhemos rapidamente as ferramentas e afastamo-nos dos trilhos, enquanto ele corria para a plataforma. O trem passou e arrisquei olhar para o lugar onde estava a moça. O jovem alemão vinha carregando-a nos braços. Ela estava ferida e parecia desacordada. Eu era o primeiro homem na linha de trabalho, e nós aproximamo-nos novamente dos trilhos. Abaixei-me para recomeçar o trabalho, e a sombra do soldado caiu sobre mim.

— Leve-a à vila! — ordenou-me.

A voz dele tinha urgência; não era arrogante ou autoritária. Soava como um comando moral irresistível. Olhei-o. Ele segurava a cabeça loira da jovem, em que se podia ver um corte que sangrava. Estava desacordada.

— Tome! Pegue-a! Leve-a à vila. Ela trabalha...

— No bordel — eu completei com repulsa.

— Sim — ele confirmou, ignorando meu tom. — Isso não importa. Não agora. Ela poderia ser minha irmã. Se eu morasse aqui e não do outro lado da fronteira, ela poderia ser minha irmã. Talvez não tenha melhor opção. Está viva. Leve-a de volta e peça às mulheres que cuidem dela. Essa guerra acabará um dia!

Ele falou com tamanha convicção que eu não pensei, simplesmente obedeci. Estendi os braços e carreguei a moça até a vila. Não era longe, talvez um quilômetro. Ela era pequena e leve. Cumpri minha missão, e tomaram-me como salvador da jovem. Não contestei. Aceitei a gratidão das mulheres e a oferta de comida quente e boa. Conversei com elas e transmiti-lhes a mensagem do jovem soldado como se fosse minha. Conquistei amigas. Enquanto trabalhei nas proximidades da vila, todos os dias elas me levavam pão e vinho e levaram-me presunto uma vez. Veja como comíamos mal! Não me esqueci daquele gesto ou do sabor do alimento.

Quando nossa turma retornou à cidade, eu estava farto daquela vida, sufocado. Minha alma gritava, meu corpo doía. Não havia qualquer chance de prosseguir, e eu pensava em uma maneira de escapar. Procurei Leon disposto a experimentar o que ele tivesse a me oferecer. Ao me ouvir perguntando por ele, uma velha mulher, muito assustada, puxou-me para dentro de um prédio e disse:

— Eles o mandaram para Auschwitz. Sabe o que significa?

Assustado, balancei a cabeça afirmativamente.

— Então, suma daqui! Ou terá o mesmo destino!

Andando pela cidade destruída, lembrei-me do dia da invasão. Aquele fatídico 1º de setembro de 1939, dois anos e alguns meses antes. Recordei-me das palavras do meu pai: "Há dois tipos de soldados em tempos de guerra: os dos homens e os de Deus".

Caminhei firme em direção à igreja. Eram conhecidos o prédio e o funcionamento de um seminário católico clandestino na cidade.

CAPÍTULO 10
O APRENDIZADO NO SEMINÁRIO

As relações da Igreja eram bastante escusas naquele período de regimes totalitaristas. Eu desconhecia o largo e caudaloso rio da política que corria sob as pontes da Igreja. Sabia do passado como fato histórico, não como um fato social presente, e pouco me importava com isso, aliás, com nada. Naquele dia, meu desejo era encontrar um lugar onde pudesse comer, dormir e esperar o fim da guerra com um trabalho menos exaustivo.

Minha mãe era uma mulher religiosa, católica praticante e devota de Maria. Lembro-me de que ela nos levava à igreja e que meu pai nos acompanhava como convinha a uma família. Rememorei o que sabia das atividades religiosas e concluí que eram leves, muito leves, se comparadas com meu passado recente. Considerei-me perfeitamente capaz de desempenhá-las.

Após a morte de minha mãe, retornei poucas vezes à igreja. Voltou-me a lembrança do funeral de minha genetriz. Todos choravam, e meu pai olhava a mim e meus irmãos com os olhos vermelhos e uma expressão de profunda solidão que nunca mais se apagou. No momento em que terminou o serviço religioso, ele empurrou-nos ao altar e fez-nos ajoelhar-nos e ajoelhou-se ao meu lado. Apontando-me a imagem da Virgem Maria com o menino Jesus, meu pai disse:

— Vou entregá-los a ela. Maria saberá cuidar de vocês e daqui para frente será sua mãe — ele fez uma breve pausa e continuou:

— Sua mãe tinha muita fé nela. A Mãe do Céu há de nos ajudar a seguir vivendo.

Olhei a imagem bonita e serena de Maria, tão submissa com sua cabeça baixa e com seus olhos velados. Aqueles dias foram tão dolorosamente intensos, havia tanta confusão em meu íntimo, tanta insegurança, que, de repente, ao contemplar aquela imagem passiva, comecei a chorar. As lágrimas que não chorara antes correram fartamente. Meu pai colocou o braço sobre meus ombros e orou em voz alta para Maria. Não me lembro de nenhuma palavra.

O padre, que solenemente conduzira o serviço religioso, olhou-nos com as mãos juntas em frente ao corpo e com a paciência estampada no rosto. Não deu um passo. Aquele foi o momento mais solitário da minha vida, de toda a minha vida. Nunca mais senti algo remotamente parecido. Quando meu pai se calou, o padre aproximou-se. Senti sua presença ao meu lado, e ele pousou a mão sobre minha cabeça, proferindo uma bênção em latim. Depois, ajudou meu pai a erguer-se e abençoou-o dizendo:

— Vão em paz. A Santa Mãe Maria os protegerá e velará por vocês.

Poucas vezes retornamos à igreja depois disso. Somente nos aniversários da morte de minha mãe, quando meu pai mandava rezar uma missa pela alma dela, e no funeral do meu irmão. Outra lembrança dura, mas não tanto. A perspectiva de invalidez que o rondava se ele escapasse da doença confortou-nos de sua morte. Nesse episódio, meu pai não olhou para a imagem de Maria e depois compareceu apenas a eventos religiosos obrigatórios em função de seu cargo como funcionário do governo. Não falava sobre religião, e eu cresci amparado por meus professores e pelos vizinhos. Apaixonei-me pelo teatro, que ocupou minha juventude até a invasão. E assim, com essa bagagem, bati às portas do seminário nos primeiros anos da década de 1940. Um padre atendeu-me e examinou-me com expressão suspeita, olhando ao redor.

— O que deseja? — perguntou-me.

— Desejo ingressar no seminário, ser um soldado de Deus — respondi prontamente e com sinceridade.

— Quem é você? De onde vem? — indagou-me.

Respondi e informei a paróquia onde fora educado nos preceitos da religião. Declinei minha condição de órfão, sem nenhum vínculo familiar.

— Entre. Vamos conversar. — E abriu a porta.

Avancei confiante e sorri agradecido, pois o lugar estava aquecido por uma lareira, um luxo que havia muito eu não experimentava. Sentamo-nos, e contei-lhe minha vida, a devoção de minha mãe e que meu pai me entregara aos cuidados de Maria, a quem desde então eu devia minha vida. E ali estava atendendo ao seu chamado. Eu queria servir minha Mãe Maria.

Minha aceitação, permanência e formação entre os poucos homens daquele local foram fáceis, e agradeci a Deus cada dia que permaneci ali. Enquanto a guerra rugia e estropiava vidas, eu estudava. O local era clandestino, mas "estava em segurança". Os nazistas não perturbavam nossa paz, e nós não perturbávamos a guerra deles. Esse acordo tácito era confortável para mim, então, não o questionei.

Estudei filosofia, idiomas, arte e o que era obrigatório para minha ordenação como sacerdote. Confesso que professei os votos sacerdotais porque a guerra não acabara, contudo, não me arrependo do que fiz.

Resumindo, meus anos de seminarista foram tudo o que eu buscara: um lugar seguro, um trabalho fácil e leve. Além disso, a oportunidade de estudar e ampliar conhecimentos foi uma bênção.

Minha forte ligação com o teatro desenvolvera minha tolerância com a moral humana, e entendi que o rigor e a severidade não fazem ninguém feliz e são um discurso compensatório dos arrependidos, daqueles que renunciaram viver suas vidas e suas verdades para adequar-se, sem questionamento, ao "dever ser" da maioria. Então, não me causou espanto a vida dúbia de alguns. Em meio ao horror da guerra, quem não se perguntou de que valia a rigidez dos costumes? O temor a Deus? A busca da vida eterna e do paraíso? Estávamos todos no inferno, sem dia do juízo final, sem julgamento, sem defesa. Em vez da ressurreição dos mortos, comemorávamos a manutenção da vida, porque o reino dos mortos crescia diariamente de forma assustadora. Só quem viveu aquilo pode entender que não havia nenhum espaço para condenação moral de qualquer espécie. Não me espantei nem condenei nada do que vi. Comparado ao que vira ao longo da vida, era mesmo muito pouco. E agora posso dizer que fui formado entre anjos naquele seminário clandestino.

Meus orientadores eram: um bispo usurário e hábil político de poucas palavras; um casal homossexual unido e prestativo; alguns inocentes úteis que nada viam, mas obedeciam; o amante de todas as mulheres solitárias; e meu bom amigo foram alguns exemplos na minha formação. Éramos pessoas de bem e queríamos sobreviver àquele caos. Isso nos unia e estabeleceu uma estreita solidariedade, diria cumplicidade, entre nós. Ali, aprendi a jamais condenar, denunciar ou de qualquer modo penalizar um companheiro de sacerdócio. Obviamente, trabalhamos pela comunidade, oficiando missas, acolhendo pessoas em desespero, ouvindo confissões, e, em meio àquela loucura, socorrendo pessoas de ambos os lados. Nosso bispo nada negava a quem pudesse pagar. Aprendi com ele que recursos financeiros são importantes a quem deseja viver bem.

Graças a ele, nós tínhamos boa comida e bebida, e nunca nos faltaram lenha, roupas ou medicamentos. E, acima de tudo, graças a ele, tivemos paz e segurança. Quando identifiquei a importância do que ele fazia, tratei de observar e aprender sua astúcia e habilidade de agradar, encantar e fazer o que queria com quem o procurava: se era polonês, judeu, alemão, russo, britânico, se era a favor ou contra os regimes totalitários, não importava. "O dinheiro não tem pátria, religião ou ideologia", dizia-me ele. Só não tolerava os comunistas.

Após meu ingresso, identifiquei todos nos primeiros meses e escolhi meus mestres: nosso superior, com quem aprendi os fundamentos da arte da política e da economia eclesiásticas, duas ciências importantíssimas; e o outro, com quem aprendi a unir o prazer sexual àquela vida. Um prazer sem compromisso, fruto da ânsia de viver. Encantou-me descobrir o fascínio sexual que a batina causava a uma grande quantidade de mulheres e entendi que representava algum símbolo do proibido. Meu mestre nessa área divertia-se dizendo que eram filhas de Eva e que não resistiam a testar seu poder de sedução contra o sagrado, o divino. Que havia prazer em corromper, cumplicidade em aliciar, e que nos bastava agir como cordeiros diante delas. Entendi a força de uma criatura e o quanto o poder embriaga. Nos anos seguintes, aprendi que não era a guerra a única causa da facilidade com que um sacerdote arrumava amantes, quaisquer que fossem suas preferências.

Assim, adquiri minha primeira bagagem eclesiástica. Fui um aluno brilhante e professei os votos no ano em que a guerra acabou.

O caos do recomeço exigiria um esforço duro em qualquer setor, e não havia grande diferença entre recomeçar ou migrar para outros países longe da Europa. Em suma, as escolhas eram as mesmas da guerra. A realidade era: havia um cessar fogo, contudo, não se tratava de um sinônimo de paz.

Decidi seguir e estava feliz com minhas opções. Não tive notícias dos meus amigos de antes da guerra e a que tive não foi boa. Li o nome de Leon entre os que pereceram em Auschwitz e arrepiei-me. Eu escapara. Não tinha família, minha vida tornara-se a Igreja e nela permaneci. Fora uma excelente mãe. Enquanto grande parte da população mundial revolvia escombros, eu embarquei para fazer doutorado em Roma.

CAPÍTULO 11
NOBRE OU ESCRAVO?

Eu, que testemunhara a guerra na minha terra natal, seus horrores e destruição, julguei estar no paraíso terrestre quando cruzei os muros do Vaticano, naquela Europa de escombros. Nenhuma marca de tiro, de destruição, nada de paredes caídas e pedaços de vidas e histórias pelo chão. Vi sacerdotes bem trajados, limpos, saudáveis passeando em jardins de luxo e sonho, em meio à arte e à beleza que eu não imaginava conhecer.

A neutralidade aparente do Vaticano sob o comando do papa Pio XII era uma ilha com pontes secretas. Ali não havia refugiados ou fugitivos nem sequer feridos de guerra. Pensei que existia naquele espaço pequeno do mundo algo muito especial para ter sido preservado de tudo, no entanto, não coloquei meus pés lá desprotegido ou desprevenido.

Meu bom amigo Adam, nosso bispo, chamara-me para uma conversa antes de minha partida. Ele levou-me até seu gabinete, uma sala pequena e simples, ofereceu-me uma cadeira e colocou outra bem à frente, na qual se sentou. Não havia uma mesa entre nós, nenhuma barreira. Era uma conversa de homem para homem, sem testemunhas.

— Meu jovem, precisamos conversar muito francamente.

— Sim, entendo.

Isso era como dizer: "Fale. Jamais revelarei o que me disse". Conversar francamente significava fazê-lo sem esconderijos, a verdade crua que se revelava somente aos iniciados em que se tem máxima confiança. Era de certa forma uma honraria às avessas da moral tradicional, um sinal de pertencimento a um *staff* mais elevado em que se compartilhava a verdade.

— Você partirá amanhã. Ao longo desses anos em que esteve conosco, aprendi a conhecê-lo e a apreciar suas capacidades e acredito que fará uma bela carreira. Você é inteligente, sensato e habilidoso. Não é ingênuo e sabe ser discreto, o que o torna confiável. Você, contudo, viveu pouco ainda e é jovem. Os anos de guerra não foram os mais propícios, mas acredito que tenham forjado nos sobreviventes uma têmpera de aço, um ânimo imbatível, o que lhe será útil. Amanhã, você embarcará para a sede do poder, e as coisas lá são semelhantes, contudo, diferentes do que viveu aqui. Sei que viu como vivemos e lhe ensinei algumas coisas práticas. Você é um bom aluno, mas o que viu e viveu é como tocar a água da margem do rio! Entende? Não tem a força nem a profundidade das águas da correnteza, embora pertençam todas ao rio.

— Verei mais do mesmo, porém, com maior intensidade e quantidade — respondi sereno.

— E gravidade. Não quero que você frite na própria banha, meu jovem. Não fiz de você um cordeirinho e espero que voe com as águias. Jamais se esqueça de que você tem dois olhos, dois ouvidos e uma boca, portanto, observe muito e fale pouco. Cuidado com quem fala, como fala e o que fala. Ouça com atenção. Não acredite nas palavras pura e simplesmente. Observe as ações. Proteja-se. Em todos nós há um ser que deve ser mostrado e outro que deve ser reservado a alguns. Não despreze essa lição. Nossas batinas são salvo-condutos; elas são armaduras e fantasias ao mesmo tempo. Mas, realmente, qual é a diferença entre armadura e fantasia? Sob elas há o homem, não é fato? No nosso caso, cada um decide quando ela se transforma em armadura ou em fantasia. Essa fronteira pode ser cruzada com um simples gesto. Confie em poucos. Não fale de si, pois isso não interessa. Muito menos fale do que deseja; apenas faça. Não se meta na vida dos outros, não importa o que eles façam, contudo, se forem seus colegas, proteja-os. Não tema acolher quem deseje lhe revelar segredos nem tema conhecê-los. Essa, meu jovem, é a essência do poder, é a moeda real que o fogo não queima nem as traças roem. Essa aura imaterial, esse conhecimento nos torna senhores de muitas almas, e é ela que fará sua carreira. Você tem um pendor intelectual acentuado. Controle-o ou será apenas mais um professor, um filósofo, um cientista, um artista enterrado no sacerdócio. Eu vejo potencial maior em você. Sei que deseja uma boa vida e entendi isso no dia em que o acolhi. Isso estava escrito em seus olhos, na sua roupa, na expressão do seu rosto. Você foi bem convincente, e vi que tinha aptidão e ânimo fortes. O restante você adquiriu conosco. Agora, vai ao covil, então, seja um lobo. Lá há presas, predadores e insetos voando. Seja lobo! Você mergulhará na correnteza, portanto, não feche os olhos ou os ouvidos. Veja e se movimente com calma, no fluxo da natureza do local. Não lute contra nada, entendeu?

— Eu escreverei ao senhor. Espero que tenha orgulho de ter sido meu mestre. Não quero decepcioná-lo — respondi.

— Cuidado com o que escreverá.

— Escreverei no mesmo estilo que está falando comigo.

— Ótimo!

Não houve abraços, apertos de mãos, tapinha no ombro, apenas um olhar intenso e firme. Não baixei a cabeça e vi que era a atitude esperada. A conversa estava encerrada. O caminho era meu e cabia-me a ação, então, levantei-me e saí.

Meu outro mestre levou-me à estação na manhã seguinte, abraçou-me, beijou-me as faces e despediu-se dizendo:

— Sentirei sua falta. Você é hábil na sedução. Seduza multidões em Roma.

O tempo mostrou-me a força desses dois conselhos: armadura e fantasia seduzindo multidões. Foi fascinante!

Algo mudou na expressão do atendido e vi-o encarar Georges. Emergindo daquelas lembranças para o momento atual, ele repetiu com a mesma paixão na voz:

— Foi fascinante! Você não pode avaliar. É algo mágico, maior do que você. É seu sangue, é a seiva da vida. Faltam-me palavras para descrever essa experiência! Minha trajetória foi mais, muito mais, do que um dia sonhei viver.

A emoção que ele transmitia arrepiou-me e lutei contra uma repulsa interior. Não me cabia julgá-lo. Estava ali para ver e aprender; estava ali por minha própria vontade. Lembrei-me de que mau e maligno não são sinônimos.

— Sem dúvida! — exclamou Georges com entusiasmo, olhando fixamente o paciente. — Você foi um felizardo. Estou muito curioso sobre como construiu sua trajetória. Sou um privilegiado por ouvi-lo. Você viveu em um período conturbado, em que sobreviver era uma façanha por si só. E, saindo do anonimato, tornou-se um mito. Eu o vi pela primeira vez bastante incomodado com esse resultado...

— Não me fale disso — interrompeu de imediato o atendido, seco e autoritário, e logo suavizou a expressão e a voz justificando: — É passado! Foi um pesadelo. Já passou.

— Se você diz... — comentou Georges, reticente. — Como se sente agora?

— Bem! Confortável. Apesar de sua estranha aparência, é bom ouvinte. Fizeram-me bem esses momentos. Eu precisava despertar daquele pesadelo e reencontrar-me comigo mesmo. Você é mesmo o diretor deste hospital?

Georges sorriu, admirou a habilidade com que o paciente se autodiagnosticava e invertia os papéis, passando em segundos a interrogá-lo. Ele, porém, não percebera que fora conduzido antes.

— Meu amigo, aqui não é um hospital...

— Ah! Que notícia maravilhosa! Sabia que não precisava de hospital. Imagine!

— Eu não terminei — retomou Georges e afirmou: — Aqui não é um hospital somente; é uma instituição de passagem, na qual um dos serviços é uma área de acolhimento e atenção à saúde mental e emocional. Você está abrigado em um dos setores mais complexos desta área.

O atendido fez uma expressão de desprezo e incredulidade e indagou:

— Considera-me um louco? Não sou obrigado a ficar aqui ou estou preso. Você é um inimigo disfarçado... — o paciente ergueu-se da cadeira agitado, ameaçando desencadear uma nova crise.

— Calma! — falou Georges imperativo, erguendo a mão à altura da raiz do nariz do atendido, magnetizando-o suave e firmemente e impondo-se à vontade desorientada dele. — Calma! Sente-se! Relaxe! Escute-me!

Ouvi a respiração de Ricardo ao meu lado. Ele também obedecia ao comando de Georges. Sorri, dando-me conta de que o atendimento do Santo repercutia em Ricardo e, talvez, constituísse uma nova etapa do próprio tratamento dele. Anotei para falar com Georges sobre o assunto em outro momento.

O atendido voltou a sentar-se e obedeceu aos comandos.

— Não o considero insano. Você sabe quem foi, tem lembranças claras de sua última existência, está lúcido. Está vivendo uma crise e precisa de ajuda. Em um passado recente, você pediu ajuda a Ricardo e por isso está aqui.

Vi imagens cruzando a mente dele. Belas obras de arte, mármore, um ambiente frio e lindo. Um local que merecia o qualificativo de sepultura de luxo. Logo surgiram filas, verdadeiras multidões humanas, desfilando no local, com uma emissão de vibrações que era estonteante, um burburinho. Misturavam-se curiosidade, devoção, toda sorte de pedidos, clamores, promessas, e havia também desprezo profundo, ira e mágoa. Era uma nuvem carregada, escura, que atingia diretamente nosso atendido. Ricardo definia-a como tempestade. Em meio a essa vibração estava ele, ao lado de sua sepultura de luxo, bombardeado pelas vibrações da multidão. A cena lembrava os antigos apedrejamentos. Eram dardos mentais pesados emitidos pelas pessoas e que o atingiam de imediato. O Santo contorcia-se em agonia, tapando os ouvidos, escondendo o rosto, implorando silêncio, sem noção de onde estava. Ricardo aproximou-se e tocou-o delicadamente, e ele agarrou-o implorando ajuda. Abraçando-o e praticamente carregando-o, Ricardo retirou-o dali. Cessaram as lembranças que enchiam a mente do paciente, e, mais brando, ele encarou Georges e admitiu:

— Eu sei. Ele retirou-me de lá. Eu não tinha planos para depois do meu funeral. Fiquei perdido depois que tudo acabou. Não sabia o que fazer e senti-me mal, muito mal...

— Sim, imagino que tenha perdido os sentidos, algo bastante comum na sua situação. Você pode lembrar-se disso. Seria importante recuperar essa informação — sugeriu Georges.

— Então, não estou louco nem preso. Estou em um lugar no qual também funciona uma espécie de hospital, e tudo isso está acontecendo depois de minha morte. Então, tudo que vivi após... é real — comentou o paciente retornando ao assunto anterior.

— Sim, é. Você não é louco nem presidiário. Você é alguém com sérios problemas e que está sofrendo. Ainda é muito cedo para dizer de que ordem são esses problemas. Nosso trabalho é ajudá-lo a reintegrar-se à vida saudável. Parte do que viveu recentemente é natural, é um estado de perturbação que sucede à morte física; outra parte é a colheita de seus atos passados. Não estamos no paraíso nem no inferno. Esta é apenas a continuidade da vida. Não há julgadores ou justiceiros investidos por poder divino. Nada do que lhe acontece é exterior. Tudo, absolutamente tudo, foi construído por você ao longo de sua existência...

— Deus!!! Eu não dimensionei isso...

— Você julgava que tinha o controle de tudo? — indagou Georges. — Nunca pensou que seus atos, pensamentos e suas palavras poderiam ter vida própria, além do seu controle?

CAPÍTULO 12
FORÇA OU FRAQUEZA MORAL

— Não. Jamais pensei que isso pudesse acontecer. Meu pensamento era focado no que eu tinha que ou queria fazer. Tive grandes responsabilidades, atendi líderes mundiais, aconselhei-os...

O atendido calou-se e pareceu-me pensativo. Georges aguardava paciente e imóvel, confortavelmente relaxado em sua poltrona, fitando-o atentamente.

— Grandes responsabilidades... líderes mundiais... — repetiu enfático.

— Em sua vida não houve lugar para pessoas comuns? Pessoas anônimas? Não houve espaço para espontaneidade? — perguntou Georges.

Notei que a questão provocara um forte impacto nele, mas isso apenas se revelou por um aperto sutil dos olhos e da boca acompanhado de um prolongado silêncio.

Recordei o que continha o dossiê. Georges atacava uma zona de intenso conflito com aquela questão. Até que ponto os fatos que eu conhecia tinham repercussão naquele espírito? Até que ponto os dramas e segredos de sua vida tinham importância? Teriam sido meros caprichos ou existia uma pessoa espontânea e verdadeira a ser resgatada em um anonimato coberto de sombras? E como seria esse homem? Qual era a verdade por detrás do mito?

As imagens mentais do Santo mostraram algumas cenas e alguns rostos que eu vira no dossiê, contudo, a expressão dele permanecia idêntica. Creio que não tinha consciência de que víamos as imagens do seu pensamento, pois ele construíra uma pesada cortina de ferro em seu íntimo. As imagens emergiam e submergiam quase instantaneamente, revelando um autodomínio emocional férreo. Eu identificava-as com fatos que estudara no dossiê. Somente naquele momento, Georges as descobria, desconhecendo o que elas representavam na vida do Santo.

— Estou cansado — respondeu o atendido. — Gostaria de um local melhor do que aquele que me ofereceram. Seria possível?

— Você estava lá porque dá privacidade ao sofrimento, meu caro. Não pense que é uma jaula ou coisa do gênero. Todos que se encontram naquela ala estão lá para que o sofrimento que vivenciam não seja uma exposição pública. Confio que haja força no silêncio, na discrição, contudo, se julga que está apto a retornar ao convívio e que terá forças internas para tanto, farei sua vontade. Chiara o acompanhará à outra ala.

Espantei-me com a atitude de Georges, pois o Santo ainda não tinha condições de lidar com a realidade, de enfrentar as próprias ações e a verdade que todos somos usuários de ideias, pensamentos e sentimentos. Logo, alimentamo-nos uns dos outros e somos responsáveis pelo que disseminamos, pela paz que damos ou tiramos de alguém, e ele fornecera ideias tóxicas a uma multidão.

Não registrei uma expressão de gratidão. Ele recebeu a deferência de Georges com um brilho de satisfação no olhar, ergueu-se e estendeu cordialmente a mão a Georges, nitidamente encerrando a conversa e dispensando-o.

— Eu acompanharei a jovem. Sei quem é — informou ele durante o aperto de mão.

Georges recebeu passivamente as atitudes do paciente, observando-o.

— Desejo-lhe um bom descanso. Aguardarei seu retorno. Gostei muito de ouvi-lo. Foi fascinante.

O paciente meneou a cabeça lisonjeado e, ao aproximar-se da porta, viu Chiara aguardando-o no corredor. Ele olhou-a, deu-lhe um cândido sorriso e pediu educadamente:

— Apenas um instante, por favor — e voltou até Georges, encarou-o com expressão maliciosa, de aberto desafio, e murmurou uma palavra ao ouvido dele, saindo lépido, faceiro e falante em seguida.

Com expressão divertida, Georges balançou a cabeça, foi até a porta e observou-os afastarem-se.

— Inacreditável! O ser humano me apaixona porque é um mistério. Cada um de nós é um mundo a ser desvendado — comentou Georges retornando à sua cadeira.

Aproximei-me levando minha cadeira, coloquei-me à frente dele e perguntei curioso:

— O que ele disse na saída? Não consegui captar.

O brilho divertido no olhar de Georges reluziu. Ele riu e respondeu divertido:

— Linda! Ele disse "linda"!

— Referiu-se a Chiara?! — Constatei espantado, rindo. — Deus!

— Sim.

— Acha que será boa essa mudança de ala, Georges?

— Obviamente, não será o que ele espera, contudo, será uma boa experiência para ele.

— Estou perplexo com o que assisti, Georges. Não consigo formular uma opinião sobre ele, estou chocado.

— Cautela, José. Você é uma das pessoas mais observadoras e detalhistas que conheço; é um leitor de almas. Considere que essas são as primeiras páginas — confortou-me Georges. — Ele é um texto complexo, inteligente e ardiloso. Um espírito com mil esconderijos e labirintos íntimos. É como uma extensa praia. É possível se perder na contemplação dela e não olhar o mar.

Pensei alguns instantes a respeito da análise de Georges e, quando voltei minha atenção a ele novamente, vi que estava absorto em suas anotações. Eu adoraria que meu amigo fosse mais descritivo sobre suas anotações, mas conhecia seu modo de trabalho: palavras-chave e símbolos. Só ele entendia. Tarefa encerrada, ergui-me e perguntei:

— Quando será a próxima sessão com ele?

— Não sei. Acredito que breve. Você será avisado, José.

— Certo. Obrigado. Até breve, então.

— Até breve!

No retorno à minha sala, parei um instante diante da porta de acesso ao jardim, que estava bastante concorrido, e contemplei satisfeito a alegre atividade. Um observador estranho ao local detectaria cenas que denominaria de tristes, mas não era assim que víamos. Era um trabalho de auxílio à natureza e de recuperação de vidas de diferentes formas, incluindo as nossas, em um movimento progressivo de trabalho útil e de sentimento de realização. Surpreso, vi o Santo ainda passeando com Chiara e conversando animado. Ela ouvia-o paciente e atenta. Resolvi aguardar, observá-los e sentar-me em um recanto lateral, vazio naquele instante, que me permitia uma visão plena do local.

Observei alguém bem diferente do que o analisado até então. Na companhia de Chiara, notava-se no semblante do Santo um brilho particular. Ele estava relaxado, como se esquecido de tudo e todos, sorria bastante e caminhava devagar, mas não como um idoso. Era uma concessão à feminilidade, uma mensagem do tipo: "O forte pode ser fraco. Sou amparo e compreensão". Ela concedeu-lhe um tempo extra. Haveria um relatório do passeio. Chiara estava trabalhando.

Não me espantei ao vê-lo beijar a mão de Chiara, quando ela o conduziu à entrada da ala onde o Santo ficaria temporariamente hospedado. Chiara entregou-o aos cuidados de outro colaborador e, sorrindo, afastou-se dele. Apressei-me a encontrá-la.

— José! — Chiara saudou-me com alegria. — Esperava que me procurasse. Eu o vi no jardim observando-nos.

— Não era invasão, Chiara...

Ela riu e tocou-me o braço silenciosamente, convidando-me a andar enquanto conversávamos.

— Eu sei. É seu trabalho. De fato, foi uma reação curiosa. Nosso atendido é um espírito extremamente materializado. Parece-me que ele bloqueou todo o sofrimento que viveu até Ricardo resgatá-lo. Estava agindo como um conquistador, um Don Juan, e foi afetado por minha aparência. Relatarei a Georges que a vaidade dele avança também nessa área afetivossexual. Creio que vi um reflexo do homem que ele foi enquanto esteve encarnado, mais uma faceta. Galanteador, gentil, paciente e não muito sutil. Ele foge do despertar da consciência.

— Efeito da vaidade, penso eu.

— Possivelmente.

Chegamos ao meu destino, e Chiara retirou a mão de meu braço. Despedimo-nos, e voltei à minha sala. O dossiê sobre minha mesa era um convite a dar sequência ao meu trabalho, então, abri minhas anotações.

Um mundo banhado em sangue e exausto emergiu. Vivia-se o cessar-fogo. Alguns comemoravam vitória, outros choravam, contudo, todos estavam despedaçados e pisavam em destroços. Confundiu-se o silêncio das armas com a paz. Não havia paz. No íntimo dos homens ainda reinava o conflito. O silêncio das armas significava cansaço. A humanidade queimara-se, consumira-se numa ira irracional. Penso que esse período da nossa história foi o que melhor retratou o poder destruidor da ira, representando o estado inferior da evolução emocional. Apesar de toda a calamidade, há frutos positivos, que brotaram tais quais os lírios: no lodo. E em longos espaços floriram. Não conheço um charco florido, apenas isoladas e belas flores que encantam pelo contraste.

Não li sequer uma linha que me remetesse à paz. O que encontrei foram páginas de medo, ira, e a exploração do mais explorados de todos os sentimentos humanos: a fé. A crença natural em um poder superior, em Deus.

Fragilizada, a sociedade da época correu ao regaço do divino em busca de amparo e proteção, sedenta de esperança e orientação, como crianças machucadas buscam um adulto que cuide delas. A compreensão da fé e de Deus ainda é infantil na maioria das pessoas, prestando-se a muitos equívocos, abusos, à violência e, principalmente, à dominação. Inseguras, muitas pessoas buscam quem lhes dite regras e orientações de como viver, transferindo um poder indescritível e alimentando uma longa infância. É Chapeuzinho Vermelho dando a mão ao Lobo Mau para passear na floresta.

Esse ambiente era propício a uma reinvenção religiosa, à renovação do velho e desprestigiado papado romano.

Antes da Segunda Guerra, a Igreja Romana sofreu o que pensavam ser seu fim. A história é um relato da evolução. Como tal, há inúmeros elos entre as experiências. Não existem fatos isolados, todos contribuem com a grande teia da evolução humana. O poder imperial da Igreja Católica, herdado da queda do Império Romano, recebia golpes mortais no início do século XX na Europa. Enfim, caíam os estados papais, e a Itália estava politicamente independente do poder religioso. Criou-se o Estado do Vaticano, uma gaiola dourada no cenário geopolítico mundial. Ingenuamente, alguns líderes acreditaram que, com essa limitação, se libertariam do jugo religioso. Os políticos desse período desejavam ignorar a força da religião, alinhavam-se à ciência e queriam-na, libertando o Estado e consolidando a separação entre religião e o Estado.

O pensamento religioso, político e social na Europa rumavam ao progresso, a um pensamento plural, libertário e laico. Os próprios alicerces da espiritualidade lá estavam, em uma clara busca de promover o alvorecer de uma nova consciência e de uma sociedade menos materialista e materializada. As forças do progresso empurravam com força, porém, com igual força reagiu o conservadorismo. Os agentes humanos subestimaram os sentimentos das populações, e, numa guinada, mais um oportunista ergueu-se naquele cenário de ditadores radicais. Ele usou ondas do rádio para cravar a bandeira do Santo Império e mostrar que onde houvesse uma pessoa o ouvindo até lá iria seu poder e influência, independente de fronteiras demarcadas, idiomas e bandeiras. Hitler incentivou um absurdo aumento da natalidade na Alemanha, com o propósito de gerar soldados e conseguiu seu propósito. Pio XII, por sua vez, reinventou na mente das pessoas o mito papal e, diferente de seus antecessores e de posse da nova tecnologia, entrou na casa das pessoas, procurou abrigo em suas mentes e explorou suas fragilidades numa representação primorosa de humildade e benevolência.

Como nenhum outro, varreu a sujeira da humanidade para baixo dos tapetes de sua luxuosa gaiola dourada e sobre eles comandou como marionetes os homens que guerreavam. Sabia que, após a morte deles, quem sobrevivesse teria o reinado. Sentou-se, aguardou a fúria fazer sua passagem e, após a devastação, se mostraria como o caminho da bonança e da salvação, reerguendo, assim, seu império antes ameaçado de fim. Eis o novo mestre do jovem Lolek.

    E no ventre da guerra gerava-se outra revolução.

CAPÍTULO 13
A VISÃO DO PALCO

Roma, fevereiro de 1929.

No cenário de meados do século XX iniciava-se a Era da comunicação de massa. O teatro monumental, tão apreciado pelo nosso atendido, era parte desse contexto. As grandes paradas levavam milhares de pessoas às ruas para assistirem a um espetáculo e absorver uma mensagem subliminar de força e poder. Defendê-la e propagá-la eram efeitos naturais. Erguer um indivíduo à condição de líder, de ídolo, então, era fácil. Bastava montar o palco e mostrar muitas pessoas com algum poder rendendo homenagem àquele homem. Feito isso, só era preciso ampliar o espetáculo divulgando imagens. E, antes da popularização das cenas, a popularização da voz e do som tornaram íntimos para milhões de pessoas ídolos que jamais souberam que elas existiam. Para esses ídolos, elas não passavam de "povo", "massa", "rebanho", sem nenhuma intimidade. Por justiça, reconheço que alguns desses líderes agiram com consciência humanitária, mas outros manipularam pessoas em benefício próprio.

Os indivíduos não habituados à nova comunicação não refletiram — e isso se vê até hoje — sobre o que aquele novo fenômeno representava e fizeram uma leitura rasa dos fatos. Se eu converso com você, vou à sua casa, somos amigos, somos iguais e partilhamos de intimidade em diferentes graus. Como estavam habituadas a interagir dessa forma no cotidiano, transferiram, sem reflexão, esse conceito internalizado para as vozes do rádio, que entravam em suas casas e as convidavam para ocupar as ruas defendendo ideias que eram "deles" e a vê-los numa representação de força, poder e oferecimento de proteção ilimitados.

Um cardeal ocupando o cargo de secretário de Estado de Pio XI, vestido de negro como um abutre, magro e alto, olhava friamente aquele fenômeno tecnológico e social, tirando lições que se mostrariam valiosas aos seus propósitos. O tabuleiro de xadrez era seu companheiro de reflexão. Ele jogava sozinho, atacava e contra-atacava suas ideias até chegar ao xeque-mate mortal e silencioso. No momento, não o agradava o rumo que seu Sumo Pontífice dava aos assuntos da Igreja.

Inteligente e um estrategista frio, o cardeal Eugenio mantinha um olho no peixe e outro, no gato. A política externa e o poder temporal interessavam-no, e muito. Ele não vivia de atos de adoração, mas apreciava e lamentava os vinhedos, os azeites e toda a riqueza produzida nos perdidos territórios dos estados papais na Itália. Se havia pessoas que ele intimamente odiava eram Giuseppe Garibaldi, Vítor Emanuel II e Pio IX, personagens históricos cujo legado ele abominava e tinha o ímpeto pessoal e secreto de extinguir.

O rei era sua peça favorita e defendia a torre, manobrando as damas e peões sobre o tabuleiro. Quando nosso atendido era ainda um jovem estudante apaixonado pela dramaturgia polonesa, o cardeal Eugenio era uma eminência parda na cena do poder político da Europa e nominava as peças de seu tabuleiro: Hitler, Mussolini, judeus, africanos, exércitos, poderosas damas tão pardas quanto ele mesmo. Uma em especial era de sua predileção: Clara.

Dom Eugenio pertencia a uma família de juristas da Igreja, uma família de Roma, mas tinha o sangue frio, como dizem ser o dos vampiros, com alta concentração de adrenalina, e, em vez de ferro, certamente corria ouro nas veias dele, o metal de sua preferência.

Ele galgou os principais postos políticos e diplomáticos da "carreira religiosa" e, em nome de Deus e da fé de milhões de pessoas, assinou acordos e descumpriu-os sem qualquer laivo de consciência. Alinhava os comunistas entre os inimigos da fé, não pela fé em si, mas porque, se a ideologia deles vencesse, perderia os meios de produção e secaria as correntezas de moeda que fluíam das dioceses católicas dos Estados Unidos e da Alemanha, que abasteciam fartamente os cofres do Vaticano. Era importante estancar a sangria aberta na Europa, que afastava os fiéis e diminuía a arrecadação. Sem cerimônia, ele traiu os belgas, os poloneses, os latino-americanos e enrolou em sua verve os ferozes líderes italianos, costurando politicamente o Tratado de Latrão nos idos de 1929, e assim sacramentou a perda dos estados papais na Itália. Com um golpe de vista de fazer inveja, exigiu que as escolas mantivessem o crucifixo nas salas de aula, bem como o mantivesse nas salas dos principais poderes e nos hospitais, que o ensino religioso fosse obrigatório e permanecesse a cargo da Igreja católica, entre outros. Ora, o que pensaram os líderes fascistas focados no poder material e na representação imediata dele? "Isso é perfeito! Eles que fiquem ensinando religião ao povo, que exponham seus símbolos, pois isso em nada nos afeta e ainda nos garante um povo dócil".

 Ao retornar à sua sala após a oficialização do tratado, o cardeal Eugenio sorriu, sem vergonha de exibir, aos trinta e poucos anos de vida, a boca desdentada. Olhou para o tabuleiro de xadrez e derrubou um peão, deixando exposto o nome de Mussolini colado na base. Sentou-se e acendeu seu charuto, entretendo-se com a observação da fumaça. Seu auxiliar, o jovem Romano, bateu à porta e entrou. Notando que o cardeal apreciava seu charuto, muito prestativo, correu a servir-lhe um conhaque e, após uma breve saudação, comentou:

 — Foi tudo sacramentado hoje, conforme Vossa Eminência queria. Uma grande vitória! Lastimo as mentes mais obtusas que choram por essa vitória entendendo-a como derrota.

 — Não perca seu tempo lastimando pessoas de pouca inteligência, Romano. Elas servem para construir exércitos e rebanhos, enchem as ruas e morrem como moscas. É a vontade de Deus que seja assim, afinal, é ele o Criador. Tudo está nos seus desígnios. Essa balbúrdia em que vivemos encontrará um fim e será trágico, isso é óbvio. Cuidemos de nos preservar. Hoje, garanti o xeque-mate que será dado no futuro. A história ensina; aprende quem tem inteligência para continuar a escrevê-la. Deixe-os chorar. Não se preocupe se eles verão ou não nossa vitória, o jogo continua. Não estamos mortos.

— Graças à vossa habilidade diplomática! O senhor salvou o futuro da Igreja.

— E o meu, o seu e de tantos outros — completou o cardeal olhando o rolo de fumaça amarelada que se formava a partir da baforada. — Eles trocaram pessoas por terra. Ignorantes! As pessoas nos devolverão o ouro. São elas quem o produzem. E o poder? Pobres imitações de reis, eles perecerão na ânsia de controlar o poder materializado. Não compreendem que a essência do poder não pode ser retida entre os dedos; ela se movimenta numa esfera muito sutil. Eles nem sequer a encontraram até agora. Acredito que tropeçarão, cairão e queimarão nas próprias fogueiras antes de entenderem as sutilezas do poder. Dei-lhes o que queriam, o que de fato já haviam nos tomado, contudo, eles não me tiraram o que queriam.

Romano concordou e, notando o copo vazio, apressou-se a enchê-lo.

— Romano, e as tratativas para a criação da nova Ordem como estão? Os queridos membros da Cúria já autorizaram?

— A negociação está praticamente concluída, meu senhor. Falta apenas um cardeal, mas já enviei aquele documento. Deve tê-lo recebido essa manhã. Com sorte, tudo estará terminado à tarde.

— Aquele desclassificado é uma cobra! Custou-me caro — comentou o cardeal Eugenio. — E o nosso homem? Ainda não trouxe nada sobre esse cretino caríssimo?

— Repetindo vossas palavras, Eminência, ele é uma cobra. Nada significativo foi encontrado até agora.

— Mas deve existir, Romano! Revire a vida dele, pois preciso de elementos de barganha. Não me agrada que ele coloque preço em seu voto a bel prazer. Por mais recursos que nossos aliados possuam e por maior que seja o interesse deles na nova Ordem, os sicilianos não são pacientes. Para nossa felicidade, são supersticiosos e bons católicos, contudo, em matéria de negócios, são rápidos, astutos e com uma rede de vigilância grande e competente. Faz inveja aos britânicos e aos russos.

Romano sorriu da ironia de seu chefe e apenas disse:

— São aprendizes recém-saídos da barbárie. Temos milênios à frente deles nessa arte.

Os olhos escuros do cardeal brilharam. Orgulhava-se de sua ascendência romana e do passado de sua raça.

— É preciso negociar com os bárbaros e fazê-los nossos aliados. Júlio César fazia assim. Eles matam-se uns aos outros. Você tem razão, Romano.

O jovem baixou a cabeça ciente de que repetira uma frase que frequentava a boca desdentada do cardeal com frequência.

— Eminência, eu tratarei com os sicilianos ao meio-dia. Alguma orientação nova?

— Não, Romano. Apenas lhes diga que estamos cumprindo nossa parte do acordo e assegure-se de ser discreto.

— É minha especialidade. Fique tranquilo, cardeal.

Dom Eugenio olhou Romano, que, como de costume, trajava preto. Calça, camisa e paletó pretos perfeitamente passados. Cabelos escuros penteados com o creme da moda, nenhum fio fora do lugar, rosto barbeado. Feições comuns, típicas da região. A aparência escondia a força e a musculatura. Parecia mais um nas ruas e sua maior qualidade, aos olhos do cardeal, era ser eficiente, rápido, limpo e "invisível".

— Diga-lhes que em breve conhecerão a íntegra do acerto de hoje — ordenou o cardeal. — Cumpri minha parte. Nossos negócios estão seguros, não importa o que esses loucos façam. Temos imunidades asseguradas, e isso significa livre trânsito. As obras da religião e da caridade serão intocáveis em nosso território. Podemos prosseguir tranquilos. Agora, me dedicarei ao caso alemão. Não podemos perder os impostos. Aqueles bárbaros são rebeldes! Não é a primeira vez que surgem espoliadores dos nossos interesses por lá.

— É verdade, cardeal. Nada novo sob o sol. Mas creio que os nazis são mais perigosos aos nossos interesses do que foi no passado o episódio com os protestantes. Tenho conversado com nossos contatos, e eles estão muito preocupados. O partido está se convertendo em uma religião de massa, e sabe-se que não toleram a Igreja. Nenhuma das igrejas alemãs. Sabemos que a ideologia é apenas parte do interesse, é para lidar com o povo. O foco real são os impostos. Recebemos milhões anualmente. Nossas fontes já alertaram que todo o dinheiro drenado pelos nazis está sendo empregado em propaganda e formação de milícias armadas. Fizeram negócios com empresários conhecidos nossos. Rastreei a origem do dinheiro deles. Nada novo, caminhos conhecidos, contudo, são audaciosos. Há planos de rearmamento pesado. As compras deles estão crescendo.

— Eu conheço o líder. É uma pessoa tida como "difícil". Bobagem! Não se preocupe. Acalme nossos investidores e patrocinadores. Eu lidarei com ele, no momento certo. Por enquanto, eles aumentam os lucros do instituto — respondeu o cardeal.

Dom Eugenio pegou o peão caído e retirou o papel colado na base. Sorrindo, rasgou-o, colocando os pedaços no cinzeiro de cobre ao lado de sua poltrona. Bateu levemente o charuto, e alguns fragmentos de tabaco incandescente caíram sobre o papel rasgado, queimando-o sem levantar chamas. Eugenio observava a cena deliciando-se com a imagem e com seus inconfessáveis pensamentos. Com gestos lentos, escreveu o nome "Hitler" e colou na base do mesmo peão, devolvendo-o ao tabuleiro. Enquanto isso, o papel com o nome de Mussolini virava cinzas misturado ao tabaco.

— Assegure-lhes, Romano, que o instituto prosperará. Tenho planos de modernizá-lo. Avise ao grão-mestre da P... que o espero para jantar hoje à noite. Agora, vá.

CAPÍTULO 14
A ESTRADA AO PODER

Ainda naquele mesmo dia, horas mais tarde após a assinatura do tratado, dom Eugenio conversava com o Sumo Pontífice sobre os resultados obtidos com o Tratado.

Sua Santidade estava extremamente satisfeito. Resolvia-se um problema que se arrastava desde 1870, quando a Igreja perdeu os estados papais e a cidade de Roma. Ele sentia vingada a espera do clero.

— Concordo. Vossa Santidade faz um juízo corretíssimo da situação. Recuperamos poder e influência, liberdade de ação, e podemos considerar justa a indenização de 85 milhões de dólares. Tentei negociar um valor maior, mas o bem econômico imediato não era nossa prioridade — comentou o cardeal.

— Não. Absolutamente não era, cardeal. A recuperação das propriedades e dos prédios além das fronteiras do Vaticano é considerável. Poderemos voltar a usufruir de Castel Gandolfo. Isso é excelente! Os resultados compensaram essa longa luta e espera por justiça.

— Santidade, a Bíblia nos ensina a arte da espera. Cada coisa tem um tempo certo. Creio que especialmente as questões humanas têm seu tempo certo e as pessoas certas para resolvê-las.

— Sim. Sim, cardeal. Considero Mussolini um homem enviado pela Providência.

O cardeal baixou a cabeça em anuência e passou às mãos do Pontífice os documentos que necessitavam de sua assinatura.

Sobre as consequências da cláusula de abstenção dos católicos em questões de política, nenhuma palavra foi dita. Assinado o tratado, a dissolução do Partido Católico na Itália foi praticamente imediata. Nos dias seguintes, longe dos muros do Vaticano, por toda a Itália os líderes do partido foram perseguidos e enviados ao exílio pelas forças de Mussolini. Muitos morreram. E muitos até hoje desconhecem que morreram pelas mãos daqueles a quem defendiam com o próprio sangue.

Ao final daquela estação, dom Eugenio, alta madrugada, jogava xadrez sozinho. Ele tinha o perfil do lobo solitário, por isso, envolto em seu roupão de seda chinesa e acompanhado de seus charutos e do melhor conhaque produzido na Europa, usava as horas silenciosas para traçar seus movimentos no cenário conturbado da política europeia e dos interesses eclesiásticos, tão diversos do que pensa o senso comum, tão distantes dos interesses da fé e do bem-estar quanto a Terra de outras galáxias.

Com o tratado, a situação dos interesses entre o Vaticano e o governo fascista da Itália praticamente estava consolidada. A força e o sangue derramado haviam garantido rápido e eficiente silêncio, e a magnífica rede de influência direta na sociedade mostrava as benesses do Santo Padre e ensinava a docilidade aos crentes, apelando, sem reservas, ao milagre e ao sobrenatural. As peregrinações dos fiéis aos santuários milagrosos tiveram seu início e rápido apogeu. Duplo benefício, pois deles também jorravam rios de dinheiro aos cofres eclesiásticos.

Dom Eugenio ponderava e sorria satisfeito entre uma baforada e outra. Pegou do tabuleiro o peão onde meses antes tinha colado o nome de Hitler.

— Hora de eu voltar minha atenção a Berlim — falou para o peão, enquanto se lembrava do que vira nos tempos em que fora núncio apostólico na Alemanha, época de ascensão dos partidos dos trabalhadores socialistas. Um arrepio de repugnância percorreu-lhe a coluna ao lembrar-se de seu primeiro encontro com os líderes daquele partido. Fora no palácio real.

Uma cena indescritível. Recordou-se da época de ascensão dos partidos dos trabalhadores socialistas. Um arrepio de repugnância percorreu-lhe a coluna quando se lembrou de seu primeiro encontro com os líderes daquele partido. Havia escrito à Secretaria de Estado falando de seu horror ante a situação de Berlim e sobre os abusos que os "repugnantes líderes operários" realizavam. Usurpavam o palácio real, então tomado pela confusão, sujeira e caos, com pessoas sem nenhum refinamento, que gritavam pelos corredores. Bandos de prostitutas judias refestelavam-se livremente pelas salas e pelos salões. Irado, lembrou-se de Amália, que lhe despertara imediatamente a atenção e o desejo. Amante de Levien, o líder do partido, Amália era uma jovem russa, judia e divorciada, cuja visão dos seios brancos e fartos o enlouquecera. Amália abusava ao mostrar e explorar a beleza do próprio corpo. A cidade podia estar coberta de neve que aquele colo estaria visível, assim como ela não se importava em usar roupas que desenhassem perfeitamente seu traseiro, insinuando a perfeição das coxas.

Dom Eugenio e o cardeal aguardavam na antessala do gabinete onde Levien os receberia. Estavam calados, cientes de que em locais como aquele nem mesmo os pensamentos deveriam ser revelados, quanto mais conversar. O interesse era simples: manter o funcionamento da Igreja na Alemanha e garantir boas relações com a nova classe política dominante.

Sem cerimônia, Amália abriu a porta, desfilando sua beleza voluptuosa e sensual diante deles. Nem sequer o falso pudor ou recato que algumas daquelas mulheres prestavam a eles como deferência ao fato de serem "homens de Deus" ela fizera. Ao contrário, sentou-se despudoradamente em frente a eles, deixando os seios escaparem do decote ao abaixar levemente o tronco para pegar um jornal na mesa ao lado da cadeira de dom Eugenio.

Dom Eugenio sentiu a tentação da carne, o desejo pulsante atordoando-lhe o pensamento, e ela pareceu não notar o que tinha acontecido com seu traje, porque, comodamente e em silêncio, se sentou em frente a eles, no lado oposto da sala. Pareceu que ela também não tinha notado a hipnose causada no cardeal romano, a quem ignorara acintosamente e que acompanhava cada movimento dela como um cão faminto acompanha a comida. Ele, literalmente, babava.

O cardeal Fausberg, sutilmente, deu uma cotovelada nas costelas de dom Eugenio e sussurrou-lhe ao ouvido: "Componha-se!"

Para não chamar a atenção dos funcionários de Levien e sabedor de quem era a recém-chegada, Fausberg perguntou:

— Está gostando das belezas nórdicas, cardeal Eugenio? Nosso país, apesar de frio para os padrões de Roma, tem muitas belezas. Se desejar, terei prazer em acompanhá-lo a alguns recantos prazerosos que conheço. Neste momento, não convém que se aventure sozinho.

Aquela intervenção despertara-o do transe provocado por Amália. Fora a primeira vez que experimentara aquele violento misto de emoções despertado por ela. Nunca fora advertido daquele modo por um colega, aliás, por ninguém. Nunca deixara tão evidente sua atração por uma mulher e orgulhava-se de agir com sabedoria nesse território. Sua conduta pública era irrepreensível, conforme a aura de homem religioso que estava neste mundo, mas a ele não pertencia. Irritou-se e atribuiu aquela falha evidente a ela, que agora escondia de sua visão o seio encoberto pelo jornal que folheava displicentemente.

Dom Eugenio recobrou a aparente e calma severidade e encarou friamente o colega ao responder:

— Não tenho pressa, cardeal. Minha missão na Alemanha será suficientemente longa para conhecer as belezas do seu país com tranquilidade e segurança.

— Assim espero, cardeal Eugenio. Mas, se precisar de minha ajuda, saiba que estou a seu dispor.

— Muito grato, cardeal Fausberg.

Do outro lado da sala, a bela e nada recatada dama, já recomposta, dobrou o jornal e largou-o na cadeira ao lado, descruzou as pernas e ergueu-se, passando em frente a eles. Controlando-se, o cardeal Eugenio acompanhou a passagem de Amália e, discretamente e com o canto de olho, admirou-a de costas, quando ela acenou para o funcionário que prontamente abriu a porta do gabinete.

— É Amália, a amante de Levien — informou o cardeal Fausberg, em voz baixa, entredentes, aproveitando o ranger da porta para abafar o som.

Dom Eugenio recebeu a informação em silêncio, mas seu íntimo estava muito distante da expressão impassível, indevassável e aparentemente fria de seu rosto.

Foi a Amália que ele e o cardeal alemão Fausberg, seu principal contato alemão, tiveram de prestar homenagens a fim de prosseguirem sua missão. Era bem diferente da esfuziante Clara, a bela, fútil e útil amante de Mussolini. Amália não era fácil. Era belíssima e escondia sua inteligência e habilidade política. Aprendera isso por um preço relativamente alto na época. Por causa dela, sua missão quase fora um fracasso. O Caso Eisner tornara-se um pesadelo e uma situação delicada e escorregadia. E maior era sua indignação por não ter provas, nem sequer evidências, de que fora ela a responsável por suas dificuldades à época. Intimamente, ele sabia que fora Amália, mas ficara com as mãos amarradas. A ação dela em seus negócios fora semelhante à fumaça: entrara por toda a parte, deixara marcas, mas ninguém conseguira conter. Naquele momento, estremeceu de raiva com as lembranças.

Após alguns anos, a situação estava bastante modificada. A ascensão dos nazis fora um fenômeno que nem os socialistas acreditaram, e ele vira com muito bons olhos essa ascensão. Nova reedição da luta entre Caim e Abel, pois nazismo e socialismo eram paridos pelo mesmo ventre, eram dignos opositores. Em 1917, a Alemanha financiara Stalin na eclosão da Revolução Russa, porque inteligentemente queria que o poderoso exército russo estivesse suficientemente envolvido em questões internas, para a Rússia não tomar partido na guerra que interessava aos alemães. A guerra contra a França. A luta pela anuência dos alemães aos novos ditames canônicos estava árdua e longa. Dom Eugenio já investira décadas de trabalho, mas não poderia prescindir dela.

Alemães nazis e socialistas opunham-se frontalmente, e a República de Weimar estava em franca derrocada.

Em seu jogo solitário, o cardeal Eugenio estava apostando que Hitler derrotaria o socialismo soviético, um regime que, a seu ver, era odiento e anticristão. Os nazis também eram, sabia disso, mas, no seu jogo, lutavam primeiro os dois, e ajudaria, a seu modo, como árbitro do jogo, os nazis. Depois, seria outro momento.

Precisava atualizar-se sobre os movimentos do líder socialista. Levien devia estar na casa dos 30 anos e era um judeu russo — e só por isso não teria sua simpatia. Ele, sujo, parecia-lhe drogado, com os olhos vermelhos e a voz rouca. Um homem vulgar e repulsivo, contudo, ardiloso e inteligente. Não merecia o poder que alcançava e muito menos a belíssima amante que tinha e que circulava como a nova rainha de Berlim. Talvez houvesse tempo para sua "*vendetta personal*", finalmente.

Na época de sua nunciatura, os católicos representavam uma porção significativa da população alemã e detinham força política. O Movimento Juventude Católica possuía milhões de membros, e havia centenas de jornais católicos diários. O Partido de Centro Católico era o segundo maior do país e digladiava-se com o Partido Social-Democrata Alemão, que detinha a primazia. Os católicos, contudo, possuíam uma imbatível força financeira, pois contavam com o apoio da grande burguesia alemã, que os abastecia com seu dinheiro e com voto contra os socialistas.

Naquele fatídico ano de 1929, contudo, adviera a crise financeira. A economia alemã, enfraquecida pelo Tratado de Versalhes, entrou em um caos. A sociedade desorganizara-se completamente, e isso foi o berço perfeito para a radicalização política. A população queria a todo custo queimar o traidor Judas e reaver-se com o Salvador, condutas de massa extremamente óbvias e repetitivas para quem, como o cardeal, se dedicava à minuciosa análise e ao estudo da história política. Ele sabia que nesses momentos se gerava uma psicologia social muito própria e que quem soubesse usá-la conduziria o povo e garantiria a própria vitória.

Repassando de memória aqueles fatos, o cardeal avaliava com precisão cirúrgica a movimentação política europeia e previra quase todos os movimentos.

Não se surpreendia ao ver, naquele momento, que a classe financeira aliada do partido católico iniciara o processo de mudança de aliado. Seriam abandonados, pois eles passariam a jogar suas fichas nos nacional-socialistas liderados por Hitler.

Não poderia condená-los, pois viam e desejavam o mesmo que ele: a capacidade de derrotar os socialistas.

No passado, após contornar sua dificuldade no Caso Eisner, tomado de fúria contra Amália e diante do cenário que pendia para perda de espaço dos católicos, o cardeal resolvera sugerir sua mudança e encerrar sua missão em terras nórdicas. Partira com honras dignas de um monarca de Berlim, levando consigo, entre as muitas aquisições nórdicas, a irmã Pascalina. Guindou-se com hábeis manobras internas ao cargo que agora ocupava — era o carmelengo[3].

— Atenção em Berlim. Você pode ser o homem certo, na hora certa, para negociar comigo — repetiu o cardeal girando o peão entre os dedos.

---

3 O título, de origem medieval, designa aquele que administra o tesouro e os bens do Estado, e o órgão por ele administrado normalmente tem o nome de "câmara". Outra função fundamental do cargo é assumir, interinamente, a direção de toda a Igreja Católica no momento de falecimento ou abdicação do Papa vigente, ganhando todos os seus atributos administrativos.

CAPÍTULO 15
ERGUENDO ALICERCES

Quatro anos depois...

Corria o ano de 1933, quando dom Eugenio conseguiu realizar o tratado com os alemães a seu contento e chegou a Berlim em uma posição confortável. Fausberg, seu fiel amigo, assessorava-o finalizando as negociações. Já o discreto Romano, como uma sombra, misturava-se aos clérigos que cercavam o mais poderoso sacerdote da época e comandava sua segurança pessoal, entre outros afazeres.

Tal como previra naquela noite de 1929, os nazistas haviam crescido no galope da crise. Em 1930, tinham se tornado a segunda força eleitoral na Alemanha.

Hitler tornara-se o chanceler alemão e apresentara um projeto de Lei de Autorização, que lhe permitia aprovar leis sem consultar o parlamento. Mais um ditador radical se elevava na política europeia. Alguns dirigentes partidários católicos e de outros partidos de centro resistiam em aprovar a proposta, entendendo que isso era carta branca ao novo governo e portas abertas à ditadura nazi.

Era um excelente momento para voltar ao jogo na percepção de dom Eugenio. Daria o xeque-mate. Hitler queria a aprovação da Lei de Autorização, e eles poderiam negociá-la. Fausberg movimentara-se em Berlim junto a Hitler e aos líderes nazis, oferecendo-lhes a possibilidade de intervenção do Vaticano mediante um ajuste de interesses, um compromisso bilateral semelhante ao feito com Mussolini. A Alemanha representada por Hitler ratificaria a adesão aos termos do Código Canônico de 1917, idealizado por dom Eugenio, na época clérigo jurídico, que permitia a reorganização da Igreja e traçava os limites de seu poder e ingerência entre os povos, em uma escala piramidal inédita na história da instituição, o grande golpe político, de reinvenção de uma estrutura, realizado no século XX.

A concordata previa que a Igreja Católica e todas as suas organizações deveriam afastar-se de qualquer ação política e social, e, em troca, o papado poderia impor suas leis canônicas a todos os católicos alemães, além de receber privilégios especiais para o clero e suas escolas, indenizações, propriedades e outras vantagens.

Romano era a pessoa mais tensa daquela missão. Ele tinha ciência de que havia uma forte oposição interna por parte de um setor do clero católico alemão, adversários políticos de toda ordem. A coisa não se faria sob calmo e beneplácito céu de anil.

— Acalme-se, Romano — dissera-lhe dom Eugenio no apartamento do palácio do cardeal Fausberg, onde estavam hospedados. — Será somente gritaria. No tempo certo, ficarão em silêncio.

— Não são somente os nossos que me preocupam. Acompanho declarações e a movimentação dos políticos, dom Eugenio. Supervisionei os homens de Fausberg, e há descontentes com sua presença aqui e com os objetivos da visita.

Dom Eugenio riu muito à vontade, entendendo a referência de Romano a alguns influentes políticos centro-católicos, e comentou irônico:

— Alegra-me saber que haja pessoas de visão, pois isso torna o jogo mais emocionante e atrativo. Essa pessoa a quem você se refere é o ex-chanceler, que se trata de um homem inteligente. Ele me acusa de defender um Estado autoritário, porque quero uma Igreja autoritária dirigida pela burocracia do Vaticano e uma eterna aliança entre ambos. Diz que não sou democrata.

Uma injustiça! Mas bem-aventurados os perseguidos em nome da justiça, meu querido Romano. Ele não tem a exata compreensão das circunstâncias, é inteligente, no entanto, sua leitura do passado e do presente é passional, o que o impede de ter a correta visão do futuro que almejo e pelo qual trabalho: a restauração do poder da Igreja. Amanhã, tudo estará sacramentado, e o tempo nos fará justiça. Mesmo assim, é bom que esteja alerta. Mudando de assunto, alguma novidade sobre Amália?

— Nenhuma, dom Eugenio. Ela desapareceu. Ludwig continua no encalço das pistas.

Dom Eugenio ouviu atento e silencioso e depois dispensou Romano, alegando que precisava descansar.

Sem incidentes e cercado de um invisível e forte aparato de segurança, dom Eugenio encontrou-se com o Führer, e, em clima de boa política e cortesia, ratificaram todos os termos da concordata.

Dias depois, o Führer anunciou orgulhoso entre seus muitos correligionários o que considerou uma grande realização: a concordata com a Igreja Católica, que trazia uma grande oportunidade para a Alemanha e criaria a necessária zona de confiança na luta travada contra o judaísmo internacional. A conclusão do tratado com a nova Alemanha era o reconhecimento do Estado nacional-socialista pela Igreja Católica. Assim, o mundo inteiro saberia, de maneira clara e inequívoca, que a insinuação de que eles eram contrários à religião era mentira.

Ruíram as barreiras morais que separavam nazistas e católicos. Dom Eugenio deixou a Alemanha e dias depois, naquele mesmo mês, o Partido Católico foi extinto e muitos de seus líderes foram exilados. A perseguição aos militantes prosseguiu e aumentou, em especial com a imprensa católica. Prisão e morte foram o destino dos opositores católicos ao regime. Hitler aprovou com larga vantagem a Lei de Autorização no parlamento.

Assinada a concordata entre o Vaticano e Hitler, e aprovada a Lei de Autorização, estavam garantidas as condições para a instalação do Nazismo, sob a silenciosa bênção da Igreja romana.

De volta a Roma, dom Eugenio, silenciosamente, posicionou-se para assistir ao espetáculo que se anunciava.

CAPÍTULO 16
LIDANDO COM RESULTADOS ADVERSOS

Confortavelmente instalado em seu gabinete de Estado no Vaticano, dom Eugenio e a Igreja assistiram passivamente à perseguição alemã às minorias, especialmente aos judeus, que se consolidava dia a dia em todo o leste Europeu, assim como conviveu mais do que prazerosamente com o regime de Mussolini na Itália.

Clara, a bela e fútil vedete e amante de Mussolini e filha do médico de Sua Santidade, era uma das pessoas com livre acesso ao gabinete do cardeal. Uma amiga valiosa e importante confidente. Oficialmente, o cardeal zelava pela alma da bela mulher, era seu confessor. Na prática, se poderia dizer que Clara era uma das principais informantes de dom Eugenio, era seus olhos e ouvidos, uma legítima propriedade do cardeal, extensão de si mesmo em ambientes extremamente privados do ditador e de seus apoiadores.

Enquanto ocorriam invasões, cartadas políticas e blefes monumentais de Hitler direcionados às passivas nações aliadas, que buscavam a paz e o desarmamento do continente, o cardeal prosseguia intrépido na construção e manutenção de sua política internacional, dando aos governos o que eles desejavam: a definitiva separação entre Igreja e Estados-nações, mas reservando o poder sobre as consciências que se aglutinavam em torno da fé católica. A aceitação do Código Canônico redesenhava a esfera de ação do clero. Colocava o papado e a Cúria Romana numa posição ímpar e única na sua história milenar, o poder centralizava-se no ápice da pirâmide em um sacerdote vestido de branco e descia uniforme até as bases. Daquele período de ditadores (Hitler, Mussolini, Stalin, Franco, Perón, Vargas e outros), nenhum deteve poder maior que o consagrado ao papa pelo código de leis canônicas redigido por dom Eugenio.

O papa era o grande moderador. Ao abrigo de influências leigas, ele expurgara as interferências externas ao clero. Antes, alguns líderes e monarcas votavam para eleger o papa, contudo, após a promulgação do Código, somente o clero passou a ter esse direito.

A cada país que aderia à chamada Concordata com o Vaticano e assinava o tratado internacional de adesão ao Código Canônico de 1917, maior se tornava o império de dom Eugenio. Incansável, o jovem e poderoso sacerdote viajava em missão diplomática a vários países ao redor do mundo, sempre acompanhado de importantes figuras do clero, consolidando, pedra a pedra, a estrutura por ele planejada.

Esses anos, contudo, trouxeram ao pragmático e solitário dom Eugenio alguns dissabores pessoais. Ele era muito magro, tinha problemas digestivos desde a infância, o que lhe granjeara a superproteção materna — uma relação passional, uma das poucas devoções dele. O pai do cardeal, advogado no Tribunal Eclesiástico, jurista da Igreja, conseguiu privilégios e proteções ao filho em razão de sua saúde frágil, como, por exemplo, não fazer a formação para o sacerdócio internado em um seminário. Dom Eugenio estudou, ordenou-se e iniciou sua carreira religiosa sem afastar-se do lar materno, do convívio com sua família, exatamente pela necessidade de uma dieta especial.

Aliás, a carreira dele é mais bem descrita como a de um brilhante jurista canônico e como a de maior diplomata do século XX. A carreira religiosa de dom Eugenio foi ligada à burocracia, à administração e à política do Vaticano, sendo singular em tudo: desde a formação à ordenação solitária em Santa Maria Majorie.

Aos cinquenta e poucos anos, com sua autoridade consolidada em todo o mundo católico pelas inúmeras e onerosas viagens, dom Eugenio tornara-se o segundo na hierarquia do Vaticano. A autoridade do cardeal não conhecia barreiras e suas relações com a Alemanha prosperavam. No último ano do pontificado de Pio XI, houve um aumento drástico da população católica submetida ao Grande Reich de Hitler.

Embora houvesse manobras para não ostentar a aliança e aparentar neutralidade em relação às questões políticas, ocorreram episódios de exagero tanto do lado do clero quanto do lado nazista, no entanto, nenhum atribuível ao cardeal chefe de Estado. O cardeal austríaco foi por ele punido por manifestar-se publicamente favorável à dominação nazista na Áustria.

Hitler, com sua usual autoconfiança e arrogância, discursava à vontade sobre as relações do Reich com a Igreja. Ele refutava a acusação de perseguição aos cristãos católicos e garantia que as Igrejas nunca haviam recebido tanto dinheiro do Estado alemão quanto sob o governo nazi e que não lhes faltavam liberdade e isenções fiscais. Com desenvoltura, falava de "pequenos conflitos" com alguns clérigos radicais empenhados em se envolver com política. Ele declarava que pedófilos e pervertidos sexuais, quaisquer que fossem suas confissões religiosas, eram punidos sob seu governo, mas não se preocupava com o voto de castidade do clero católico, pois o Reich não era composto de puritanos. A resposta aos que se queixavam de sua forma de tratar padres e freiras era rasante: que olhassem bem o destino dado ao clero na Rússia e na Espanha — sangrento massacre com requintes de tortura. Isso bastava para calar qualquer voz que ousasse se elevar, e a grande população católica sob o Reich manteve-se calada e fiel aos termos da política de dom Eugenio.

Mas, no longo e trágico espetáculo nazista, o cenário de horror crescente praticado repugnava as consciências, e o enfermo papa Pio XI, cardíaco e diabético, dava sinais de arrepender-se de ter endossado a política de concordatas de dom Eugenio.

Mussolini era a causa. A crescente aproximação do ditador com o regime nazista, por meio da adoção de leis raciais e antissemitas, culminou em dar aos judeus seis meses para abandonarem a Itália.

Nas frequentes audiências reservadas que o papa concedeu em seu leito, dom Eugenio era a figura mais presente.

— Cardeal, tenho refletido muito sobre nossa política externa. Inegavelmente, ganhamos um imenso território e estamos recuperando nosso poder e império sobre as almas cristãs e as nações, contudo, preocupa-me o desenrolar dos fatos. Estamos na iminência de uma nova grande guerra entre as nações europeias e não vejo possibilidade de vitória italiana.

— Não deveria preocupar-se com isso neste momento, Santidade. Sua saúde é nossa prioridade, mas, já que tocou no assunto, posso tranquilizá-lo. Nosso inimigo são os russos, o socialismo. Não podemos tolerar os horrores que fizeram, e eles resistem à nossa aproximação. Os alemães são os únicos que farão frente a eles. Não podemos contar com a Inglaterra ou a França, pois estão empenhadas em outros assuntos e não são as nações mais receptivas à nossa ação. Assinamos tratados com eles, é fato, porém, não os vejo empenhados em destruir o avanço comunista — argumentou dom Eugenio. — Já o governo alemão tem esse compromisso.

— A França possui o maior exército do continente, cardeal. E a força naval e aérea inglesas são as mais poderosas. Sei que o Reich tem se armado, você já me contou, e ainda estou pasmo com a ousadia do chanceler alemão que, em um legítimo blefe, retomou os territórios da Renânia e da Tchecoslováquia e rearmou a fronteira. E, enquanto isso, as nações europeias permaneceram sentadas discutindo a paz. Os nazistas rasgam um a um os termos dos acordos internacionais. Eles não obedecem a nada, e temo que essa ação também ocorra conosco, dom Eugenio. Tenho pensado muito nisso... Nosso silêncio sobre o extermínio sistemático de seres humanos poderá ter um custo elevado. Existem lesmas agindo em nome do povo britânico agora, é fato, contudo, não ignore que também haja falcões naquelas ilhas, dom Eugenio. Um novo embate entre Inglaterra e Alemanha é muito perigoso.

— Tranquilize-se, Santidade. Nossos informantes garantem que atualmente as forças armadas alemãs se igualam ao poderio britânico e logo serão suplantadas. E o exército alemão, se somarmos às forças paramilitares de Hitler, excede o francês. O Reich é a maior máquina de guerra europeia.

— E o exército vermelho? Os britânicos e franceses não têm reservas contra uma aliança militar com os russos. E há os dólares americanos, dom Eugenio...

— Irrigam as fábricas bélicas na Alemanha, Santidade, junto com o dinheiro judeu... — falou dom Eugenio. — O rei inglês está preocupado com sua amante, estrangeira e divorciada. Quer fazê-la rainha e pouco está se importando com o que fazem os alemães. Aliás, visitou-os muito amistosamente, segundo fui informado.

Recostado nos travesseiros, o idoso e enfermo Santo Padre balançou a cabeça em negativa. Conhecia dom Eugenio e suas posições, admirava-o, mas sentia e sabia que, daquela vez, o hábil diplomata e estrategista político estava enganado. Decidido, ordenou-lhe:

— Convoque uma reunião com os bispos para fevereiro. Comemoraremos a primeira década após o Tratado de Latrão e o aniversário da minha coroação. Será uma boa data para uma reunião, sem suspeitas.

Dom Eugenio baixou os olhos, tornou-se mais pálido do que o usual e silenciou pensativo. Depois, observou o homem deitado naquele leito de poder e, pretextando solicitude, tratou rapidamente de algumas amenidades. Logo em seguida, encerrou a entrevista para iniciar os preparativos para a convocação dos bispos à reunião.

Ao sair do apartamento papal, dom Eugenio retornou à própria residência. Madre Pascalina logo surgiu à porta em sua função de governanta do Cardeal. A mulher beirava os 40 anos, mas seu rosto demonstrava um frescor juvenil, e sua beleza não ficava inteiramente escondida sob as vestes eclesiásticas. Os grandes olhos azuis, o cabelo dourado que escapava do véu, a pele alva, a boca rubra e os seios fartos eram valorizados pelo traje preto e branco. Ninguém das relações íntimas do cardeal ignorava a força da personalidade da freira ou sua importância na vida pessoal do poderoso dom Eugenio. Alguns pagaram um preço alto por especularem a vida dela, desde a época em que conhecera o cardeal em Munique e o acompanhara para cuidar dos assuntos domésticos da nunciatura em Berlim. Madre Pascalina era inegavelmente a mais poderosa das mulheres do Vaticano.

Ela leu na expressão de dom Eugenio a profunda contrariedade que o consumia. Uma simples troca de olhares bastou para que ela compreendesse que o problema era grave. Silenciosa, seguiu o cardeal até seu gabinete e, antes de fechar a porta, certificou-se de que os aposentos contíguos estavam vazios.

— O que houve, Eugenio? Pode falar. Conferi os aposentos. Não temos criados ou servidores nessa área.

Sucinto, ele resumiu a entrevista com o papa. Ela ouviu-o atenta, depois se aproximou e encostou suavemente o rosto no ombro do cardeal. Pascalina pegou-lhe a mão, apertou-a sutilmente e murmurou:

— Nada bom. Será que não está na hora de conversarmos com Clara? Acertar alguns favores...

Dom Eugenio respondeu à suave pressão da mão da freira e encarou-a com olhos brilhantes.

— Você é perfeita! Em tudo...

CAPÍTULO 17
ASCENSÃO

Dom Eugenio mantinha sua rotina inalterada dirigindo a preparação da reunião dos bispos e acompanhando o trabalho do Pontífice doente, que decidira elaborar dois discursos para a ocasião. Pio XI estava visivelmente indeciso, porém, incomodado e convencido de que dom Eugenio estava errado quanto ao resultado do cenário político e de guerra que se construía na Europa. Intimamente, ele questionava-se e somente ao cardeal falava sobre as dúvidas que o assaltavam naqueles meses de maior agravamento de seu estado de saúde quanto à ação diplomática adotada desde a primeira década do século XX.

Paciente, dom Eugenio ouvia-o e tranquilizava-o, dizendo-lhe que a Igreja seguiria seu destino e que zelariam por sua continuidade e crescente recuperação de poder e influência. Procurava dissuadir o doente a mudar sua atitude, abandonando o silêncio e a postura de não intervenção com relação aos crimes raciais e ao antissemitismo crescente e violento que, naquele momento, estavam, literalmente, nas barbas do Papado e da Cúria Romana.

Faltando pouco mais de uma semana para a realização da reunião, o cardeal despachava em seu gabinete no palácio papal, quando o padre jesuíta que o auxiliava entrou e lhe falou ao ouvido baixo e sério:

— Romano quer vê-lo agora.

Dom Eugenio tirou os óculos e largou os documentos que analisava, fechando-os. Romano não o interromperia nem iria procurá-lo lá se não fosse algo importante. Ele, então, respondeu:

— Faça-o entrar. Quero ficar a sós com ele.

O padre baixou a cabeça e apressou-se a trazer Romano à presença do cardeal.

Romano ingressou rápido na sala e, sem dizer nenhuma palavra, simplesmente largou várias folhas de papel sobre a mesa do cardeal.

Dom Eugenio reposicionou os óculos, apanhou as páginas e correu os olhos sobre elas sorrindo.

— Excelente trabalho — e, mostrando uma folha em especial, comentou: — Essa é mais do que eu esperava.

Um sorriso gelado foi a resposta de Romano e, à guisa de despedida, simplesmente acenou rapidamente com a mão.

Sozinho, dom Eugenio guardou os documentos nos bolsos ocultos de suas vestes e prosseguiu sua rotina.

Ao final da manhã, retornou ao seu apartamento particular. Como de costume, Pascalina aguardava-o para o almoço.

Acomodados na luxuosa sala de refeições, com uma mesa farta e adequada à alimentação do cardeal, Pascalina servia-o de vinho. Ao pegar a taça, ele tocou-lhe os dedos e, fitando-a, falou em alemão como se precisasse lembrá-la:

— É hora de conversar com Clara, irmã. Ela precisa dos seus conselhos. Recebi notícias preocupantes mais cedo.

Pascalina ficou paralisada, piscou, engoliu em seco e meneou a cabeça ao responder no mesmo idioma.

— É claro! No jantar lhe direi como foi nosso encontro.

Soltando a mão de Pascalina, dom Eugenio depositou a taça de vinho intocada sobre a mesa e retirou do bolso secreto os documentos recebidos mais cedo, passando-os em seguida à madre.

Ela sentou-se à direita do cardeal, lugar em que usualmente fazia as refeições quer fossem na privacidade, quer fosse um banquete, nos quais, com a desenvoltura de sua refinada educação de família nobre alemã, atuava como a anfitriã perfeita. Desde o episódio dos boatos sobre o relacionamento do cardeal e da religiosa e, especialmente, sobre a conduta da freira, ainda na época da nunciatura de dom Eugenio na Alemanha, que, fosse do clero ou leigo, quem amasse a vida simplesmente deveria aceitar a situação como normal e render à irmã Pascalina todas as homenagens e honras, como se ela pertencesse à mais alta hierarquia da Igreja. O cardeal apenas dizia que ela era imprescindível à organização de sua vida, e que Pascalina tinha carta branca para comandar todas as questões domésticas.

Passando os olhos pelas páginas, Pascalina inteirou-se do teor dos documentos sem alterar a expressão, devolveu-os e, com total tranquilidade, encarou-o indagando:

— Prefere a solução final ou seguimos a política atual?
— A política atual.
— Sabe que há riscos... — advertiu-o ela.
— Sim, eu sei.
— Como quiser. Considere feito. Agora, vamos ao almoço. Não gosto de comida fria.

Assim que dom Eugenio saiu, Pascalina, acompanhada de Romano, cruzou os portões laterais da cidade do Vaticano sem chamar a atenção.

Pouco tempo depois, estacionava o veículo discreto, sem insígnias do cardeal, em frente à luxuosa residência de Clara.

Obviamente contrariada, mas submissa, a atriz desceu de seus aposentos e atendeu à irmã usando trajes de dormir. A criada, quando foi avisá-la da inesperada visita, ofereceu apressadamente um vestido à patroa, contudo, Clara olhou a roupa com desdém e, com sua costumeira voluntariedade, desprezou a oferta dizendo debochadamente em voz baixa para que somente a criada a ouvisse:

— Madre Pascalina é uma mulher moderna, Rafaela. Não é uma freira puritana e recatada. Toda a Roma sabe disso, mas não comenta. É a senhora do palácio. Eu a receberei como estou; não tenho vontade de me vestir agora.

Entretanto, na sala de estar, diante de Pascalina e do discreto Romano, que aguardava à conveniente distância da freira, Clara mostrou-se alegre, fútil, deixando emergir a personalidade adorada por seus fãs e, especialmente, por seu poderoso amante.

— Minha visita é breve, Clara. Preciso que entregue esse objeto ao seu pai. — E passou às mãos da moça um pequeno envelope branco preso a uma caixa pequena. Um envelope branco, comum, do tipo usado para acompanhar um cartão num presente, sem qualquer indicação de procedência. Um presente anônimo. Sigilo garantido pela vida da adorada filha do destinatário, única testemunha e interessada direta no jogo.

— Temos pressa para que ele o receba — completou Pascalina.

Clara sabia o significado do que recebia, mas fingiu que não, tratando o envelope como algo banal.

— Fique tranquila, madre. Eu o entregarei logo. Meu pai aprecia muito suas delicadezas.

— Lembranças ao nosso querido Duce[4], Clara — disse madre Pascalina, já andando em direção à porta. — Quando o vir, por favor, diga-lhe que renovamos nossos protestos de estima e colaboração com seu trabalho, mantendo a boa e cordial relação para o bem comum.

À menção do Duce, Clara empalideceu e um leve tremor percorreu-lhe o corpo. Em poucos passos, alcançou Pascalina e perguntou encarando-a:

— É o fim, certo? Está tudo bem?

Pascalina olhou de relance à sua volta e encarou Clara severamente ao dizer-lhe entredentes:

— Faça sua parte sem perguntas.

Ao lado da freira, Romano adiantou-se e não aguardou a criada abrir a porta principal. Quando passou por Clara, meneou a cabeça à guisa de saudação, lançando à moça um olhar gelado e intimidador.

Ao ouvir o carro afastar-se, Clara subiu as escadas correndo e, quando entrou em seu quarto, para espanto de Rafaela, começou a vestir-se apressada, ordenando que mandasse o motorista se apressar, pois tinha urgência em sair.

O carro de Romano e Pascalina foi estacionado à sombra de uma árvore a pouco mais de cem metros da residência de Clara.

---

4 Forma como Mussolini era chamado.

Eles estavam silenciosos, imóveis. A madre tinha as mãos em torno do grande crucifixo, adornado com algumas pedras preciosas e que pendia sobre seu hábito. Era um hábito antigo simplesmente.

Um leve suspiro e um aceno de cabeça a Romano foi toda a reação que a madre esboçou ao ver passar o carro de Clara. Ele, então, ligou o veículo e retornou ao Vaticano.

***

Doutor Francesco chegou ao apartamento do Santo Padre ao fim da tarde, antes da missa, e encontrou-o cercado por seus assessores diretos. O paciente apresentava um quadro estável, o que tranquilizou a todos. O médico ministrou-lhe a medicação, conversou rapidamente e, pretextando a hora sagrada, retirou-se. Um padre jesuíta oficiou a missa ao lado do leito, e, na capela oficial, dom Eugenio oficiou o serviço rezando pela saúde do Pontífice, a quem foi visitar antes de encerrar seu expediente. De forma breve, garantiu-lhe a regularidade da situação e que finalizavam os preparativos para a reunião. Por fim, informou-o de que muitos bispos já estavam hospedados entre eles.

Horas mais tarde, dom Eugenio recebeu um telefonema em seu apartamento onde conversava com Pascalina. Ela atendeu à ligação e passou-lhe o telefone com um olhar sugestivo. O cardeal ouviu o chamado para retornar às pressas ao palácio papal, pois o Pontífice passava mal, e o médico cuidava dele.

Pascalina apressou-se em direção à porta e abriu-a para dom Eugenio.

— Vá! — disse. — Lá é seu lugar.

Dom Eugenio passou rápido e imperturbável. Horas depois, a agência oficial emitiu um comunicado sobre o agravamento do estado de saúde do Santo Padre.

Por toda a parte, os padres pediam aos fiéis que rezassem pela saúde e pela recuperação do líder católico. Ergueram-se novenas, fizeram orações, promessas, e, mesmo em um clima de iminente guerra e sofrimento, a notícia repercutiu.

Dom Eugenio e doutor Francesco permaneciam ao lado do enfermo, velando como anjos sua cabeceira. Pelos cantos do aposento, os cardeais cochichavam quanto à iminente sucessão, embora fossem silenciados pelo olhar glacial e superior do cardeal secretário de Estado.

Dois dias depois, o estado de saúde do Santo Padre apresentou-se novamente regular, e, teimoso, o papa insistiu na realização da reunião, a qual compareceria em cadeira de rodas se a tanto fosse preciso chegar.

— Minha paciência está chegando ao limite, Pascalina — confidenciou dom Eugenio sentado em seu gabinete fumando um charuto e observando, encantado, que a beleza do rosto da madre parecia imune à passagem do tempo. Estavam juntos havia quase vinte anos, e a cada dia a apreciava mais.

— Mesmo debilitado, o Santo Padre insiste no discurso. Soube que o quadro se estabilizou hoje — comentou Pascalina.
— É suficiente para ele discursar?

— Nesses últimos meses, ele tem sido bastante difícil. Parece-me arrependido. Acredito que o estado de saúde tem lhe infundido medo e maus pensamentos. Ele tem resistido às minhas ideias, e claramente vejo que o Santo Padre teme o futuro e não confia em nossa vitória. Tem questionado a política que adotamos e fala muito em solidão.

— A solidão dele é compreensível — comentou a madre com meio sorriso. — Vamos aguardar?

— Sim, vamos.

Na véspera da reunião, o movimento na cidade do Vaticano estava intenso. Muitos bispos e seus auxiliares chegavam para a grande reunião solicitada pelo Santo Padre. A preocupação e a admiração por manter a convocação, apesar da gravidade de seu estado de saúde, era o assunto dominante, embora sub-repticiamente a questão sucessória dividisse espaço nas conversas.

Naquela tarde, o Santo Padre insistiu com dom Eugenio sobre a questão da política de silêncio da Igreja quanto às barbáries realizadas contra os judeus. Eram velhos inimigos e perseguidos da Igreja, contudo, vê-los caçados por outros causava temor ao velho sacerdote e político, que jazia naquele leito, sem forças, mas consciente do que se passava a seu redor. Não morria como um inocente. Não lhe importava se seria a natureza ou uma droga a terminar-lhe os dias; estava no fim de qualquer forma. Nas horas de repouso e silêncio, a consciência do Santo Padre não lhe dava tréguas. Quando dormia, sonhava com os nazistas e os comunistas invadindo Roma, saqueando os tesouros do Vaticano e virando o trono de São Pedro. Via rostos magros, com grandes narizes, cabeças com poucos cabelos e grandes orelhas dirigirem-lhe acusações e maldições. Acordava perturbado, e uma voz insistente em sua mente dizia:

— Faça o certo enquanto há tempo. Recue. Defenda a condição humana comum a todas as raças. Defenda a vida. Use o poder para construir o bem. Ainda é possível.

Essa voz infundia-lhe calma e força desconhecidas. Silenciava a agonia de sua consciência e, sob essa influência, escrevera um dos discursos que faria na reunião. Dispensara a ajuda de dom Eugenio, opusera-se a ele. Aquela voz o sustentava.

Foi após uma dessas conversas que dom Eugenio, ao sair dos aposentos do enfermo, chamou padre Robert, o jesuíta que o assessorava desde que assumira a Secretaria de Estado.

— Padre Robert, preciso que vá ao meu apartamento e entregue isso à Madre Pascalina — colocando a mão no bolso, ele retirou um rosário de contas escuras. — Diga-lhe que quero o jantar mais cedo hoje, pois estou receoso da saúde do Santo Padre.

Sem questionar, o auxiliar apressou-se a informar madre Pascalina.

Ela recebeu-o no gabinete de dom Eugenio, onde tinha uma mesa pessoal. Era sabido que ela compartilhava e gozava da mais alta afeição e confiança do cardeal. Ele era seu confidente, em uma das muitas inversões que a primeira e única mulher a trabalhar e viver no Vaticano colecionava em sua trajetória incomum. Ninguém, além dela, ousava aconselhar dom Eugenio ou adverti-lo. Pascalina, contudo, o fazia. Pessoa alguma duvidava da fidelidade canina da madre ao cardeal. Ele dizia que ela era seu anjo doméstico.

O jesuíta habituara-se à presença e à personalidade da madre na equipe do cardeal e estava acostumado a ser recebido por ela no gabinete.

— Dom Eugenio enviou-lhe isso, madre Pascalina — disse o padre, entregando-lhe o rosário e complementando o recado.

— Entendido, padre Robert — respondeu madre Pascalina. — Pode voltar para junto do cardeal, padre, e diga-lhe que será como ele deseja.

Após a saída do padre, Pascalina chamou o chofer e, minutos depois, entrou em uma floricultura, comprou um buquê e colocou no cartão o rosário de contas escuras. Zelosamente, fechou-o e pediu ao entregador que levasse ao camarim de Clara no teatro, onde estava em cartaz uma peça estrelada por ela.

— É minha sobrinha — disse à mulher que a olhava desconfiada no caixa. — Tenho pressa.

— Marco entregará imediatamente, madre — respondeu a mulher, olhando-a sobre os óculos que tinha pendurados na ponta do nariz.

— Obrigada! — agradeceu Pascalina saindo da loja. Ela ainda ouviu os xingamentos com palavras de baixo nível da italiana, insinuando que a atriz fosse amante de um alto sacerdote.

Foram executados com perfeição os planos do Cardeal. Altas horas da noite, ele velava ao lado da cama o Santo Padre, que lutava para sobreviver a mais um infarto. No bolso de dom Eugenio estava o rosário de contas escuras que doutor Francesco lhe devolvera, quando chegou ao apartamento do enfermo depois de avisado que o estado de saúde dele sofrera novo agravamento.

Em um supremo esforço, o moribundo fez sinal a dom Eugenio para que se aproximasse para ouvi-lo. Solícito, o cardeal atendeu ao pedido, inclinou a cabeça e, segurando a mão do enfermo, ouviu-o sussurrar:

— Em vez de falar sobre paz e boa-vontade aos homens que não desejam me escutar, agora falarei apenas sobre Deus, dom Eugenio.

— Muito sábio, Santidade — respondeu dom Eugenio. — Farei sua vontade ser conhecida e obedecida.

E, elevando a voz, chamou os demais cardeais que estavam no apartamento e disse solene:

— Neste momento de sofrimento, sua Santidade fez um esforço supremo e pediu-me que eu continuasse falando aos homens sobre Deus.

O enfermo não tinha condições de opor-se à manipulação de suas palavras, e a irritação que sentia desencadeou reações que seu corpo debilitado não suportou, advindo novo e fulminante infarto.

Doutor Francesco empenhou-se em reanimá-lo às pressas, e o padre jesuíta deu-lhe a extrema-unção. Minutos depois, o médico declarou o óbito do Santo Padre, e os cardeais e auxiliares próximos testemunharam um fato raríssimo: a demonstração de emoção de dom Eugenio ao cerrar os olhos do morto e beijar-lhe a testa e as mãos.

Ao longo do funeral, totalmente planejado e executado por dom Eugenio e madre Pascalina, esse fato foi objeto de comentários. Não havia dúvida sobre o amor e a fidelidade de dom Eugenio ao Santo Padre.

CAPÍTULO 18
REINANDO

À janela do apartamento, madre Pascalina sorriu, juntou as mãos e, eufórica, gritou para as duas irmãs alemãs que a auxiliavam no serviço doméstico:

— *Habemus papam*! Fumaça branca! Preparem tudo ao gosto do papa!

As irmãs, que haviam corrido para próximo da janela, entreolharam-se satisfeitas. Não tinham dúvidas quanto ao resultado.

Uma delas consultou o relógio e fez rápidos cálculos mentais e asseverou:

— Foi a eleição mais rápida dos últimos séculos, madre.

— Sim, ele é o melhor. Não havia motivos para demora ou disputas, todos reconhecem seu poder natural. Ele é o escolhido por Deus, com certeza.

As irmãs baixaram a cabeça e retornaram à cozinha e aos preparativos para receber dom Eugenio.

"Menos de 48 horas de conclave", pensou madre Pascalina com a expressão radiante de felicidade.

Fora intenso aquele período de luto e eleição desde a morte do antigo papa, ela sabia. Dom Eugenio confidenciara a visita do embaixador de Mussolini à Santa Sé, preocupado com os documentos deixados por Pio XI. Queria a entrega deles ao ditador, no entanto, o cardeal fora irredutível. Os papéis ficariam nos "arquivos secretos do Vaticano como carta morta; não conhecia lugar mais seguro que aquele". O embaixador tivera de contentar-se e receber calmamente os agradecimentos dele pela forma como o governo participaria do luto oficial pelo falecimento do Pontífice.

A preparação do funeral, do conclave e da cerimônia de coroação tinham consumido as energias de madre Pascalina e do cardeal. Os mínimos detalhes tinham sido exaustivamente verificados por ela, fato que não causou surpresa aos que conviviam com o cardeal.

Grandes e pomposas cerimônias foram marca registrada daquele período, eram parte do teatro monumental, muito usadas para influenciar as multidões. Os ditadores e as ideologias dominantes usavam e abusavam desses recursos, algumas apelando para antigos rituais pagãos, especialmente com o uso de tochas, mas a coroação de dom Eugenio como Papa foi imbatível. Ele mesmo decretou que não haveria economia de nenhum tipo na celebração, e os jornais captaram e repercutiram a ideia que ele desejava disseminar. Manchetes do tipo: "O novo Pontífice foi incansável distribuindo bênçãos à esquerda e à direita"; "O papa eleito parece viver em um plano sobrenatural"; "Ele é um homem, de fato, tocado e escolhido pelo Espírito Santo"; "A cerimônia transmitida pelo rádio foi um sinal da nova era. Podemos esperar coisas melhores da religião e das novas invenções"; "Foi ótimo que a voz do papa fosse ouvida e seus gestos fossem vistos no mundo inteiro".

Inegavelmente, o que mais agradou a mídia foi a lembrança das profecias de Malaquias, cuja prova de veracidade e realidade não existem. É bom lembrar, são parte do mito, que dizia que aquele era o papa que seria conhecido como "Pastor Angélico".

Algumas publicações mais exaltadas escreveram que ele tinha "uma presença ascética. Era alto e magro, levemente grisalho nas têmporas, etéreo, entre a terra e o céu, um autêntico pontífice, uma ponte entre o divino e o humano".

"O papa coroado e levado à catedral, no auge dos tempos de secularismo progressista, era um homem que vivia entre o povo", escreveram isso sobre dom Eugenio e disseram que ele quebraria os muros entre a Igreja e o mundo, que expandiria a propagação da mensagem cristã, pois era, acima de tudo, um pastor de almas e que, com audácia, propagaria o bem e combateria o paganismo em todo o mundo. Parcialmente, uma dessas heresias históricas que são escritas nos momentos em que não se sabe o que dizer e em que é preciso justificar um salário — caso de muitos dos autores dos pensamentos que sumariamente reproduzo — se cumpriu. Os escritores de ocasião profetizaram que ele falaria em nome de todas as pessoas de boa vontade, de todos os credos, pelas ondas sonoras e que apareceria nas telas de cinema do mundo inteiro. De fato, ele cumpriu a parte que implicava o uso da mídia, iniciando essa trajetória em uma manhã fria e luminosa em Roma.

Pontualmente, às oito e meia da manhã, ele ingressou no átrio da Basílica de São Pedro para o primeiro ato da cerimônia, tudo sob os holofotes e microfones da mídia. Foi a primeira coroação inteiramente filmada e transmitida por rádio. Aliás, muito sugestivo: abençoar a realeza e as autoridades estrangeiras — todos em traje de gala —, que assistiriam à cerimônia. O povo, bem, o povo acotovelava-se na praça de São Pedro, gritando, aplaudindo e trocando socos e pontapés, brigando desesperados por um espaço de melhor visibilidade para ver o Santo Padre. Ao final da cerimônia correram de volta para casa, alguns com as vestes rasgadas, famintos e cansados, sem sequer terem visto o brilho de uma das pedras preciosas da pesada coroa papal. Não viram nada, mas inacreditavelmente acreditavam e aplaudiam tudo que liam, viam e ouviam.

Após as honras e as incansáveis bênçãos às autoridades internacionais e à nobreza do planeta, dom Eugenio observou o ingresso da procissão principal que avançou pela nave central da belíssima basílica. Um indiscutível cenário de luxo, especialíssimo, que só ele podia usufruir. Na procissão seguiam os prelados de branco, os cardeais italianos membros da Cúria do Vaticano, os príncipes da Igreja, arcebispos, bispos e abades dos maiores mosteiros beneditinos. E, finalmente, ele. Dom Eugenio levava sobre a cabeça a mitra[5] dourada. Todo o traje tem um significado, aquele chapéu significava que aquele bispo

---

5   Espécie de chapéu em forma de cone.

era consagrado só para Deus. A parte de cima aberta e significando que estava aberto somente para Deus, e o forro vermelho, era o Espírito Santo sobre ele, indicando que era um sucessor dos apóstolos de Jesus. Carregava o cajado com a parte superior filigranada a puríssimo ouro. O afinado coro da Capela Sistina entoou a sua aparição: "Tu és Petrus". A Nobreza Negra, as dez famílias mais aristocráticas da nobreza Papal e italiana, com suas histórias escabrosas empapadas de água benta e o cheiro do sangue que derramaram misturado ao fedor dos incensórios, tinham as mãos cobertas por luvas brancas e abanavam plumas.

Quando o mestre de cerimônias ateou fogo a um pedaço de linho branco sobre um pequeno fogareiro dourado e advertiu Dom Eugenio entoando "Santo Padre assim passa à glória do mundo", o Pontífice observava a cerimônia como um diretor de cinema avaliando a atuação do elenco. Cada um, no entanto, vê o que quer e a maioria diz apenas o que é esperado. Todos estavam impressionados com a expressão de devoção de dom Eugenio e com sua concentração e fé inabaláveis ao longo daquela longa cerimônia.

A advertência é muito sábia. A glória e a dor são fugazes, porque fugaz é a natureza da vida material. Ele conhecia bem a glória do mundo, estava habituado a ela. Nenhum núncio ou cardeal chefe de Estado viajara pelo mundo mais do que ele até então, nem com tanta pompa em sua comitiva ou nas recepções dos países onde fora recebido. Os órgãos de imprensa não tinham muitas informações sobre quem era o homem que assumia o papado, pois a vida pessoal de dom Eugenio era absolutamente sigilosa. Não restava muito além de enaltecer aquele Pastor Angélico que, naquela cerimônia caríssima e luxuosa, seria coroado, visto pelo mundo inteiro e falaria de sua grande humildade e amor ao povo.

A cerimônia teve detalhes para deleite da assistência, que era leiga quanto à ritualística clerical. Os cardeais beijaram as mãos e os pés do papa; os arcebispos beijaram-lhe os pés e os joelhos; e os abades apenas os pés.

Às 13 horas, sem o menor sinal de cansaço e intimamente satisfeito, Eugenio foi coroado na grande *loggia*[6] que dava vista para a praça de São Pedro e, portanto, à vista do povo. O coro entoou "Uma coroa dourada sobre sua cabeça", e o mais velho dos cardeais pousou sobre a cabeça do novo papa a tiara tripla, joia que datava do primeiro milênio da Era Cristã, e, com a voz devidamente amplificada para ser ouvida na praça, entoou: "Recebe esta tiara adornada com as três coroas para que saibas que és pai de príncipes e reis, o soberano do mundo, o vigário na Terra de Nosso Salvador Jesus Cristo, a quem se concede a honra e a glória para todo o sempre. Amém".

Coroado o soberano do mundo, dom Eugenio ergueu-se e abençoou *urbi et orbi*, fazendo o sinal da cruz no ar. Estavam abençoados Roma e o mundo.

---

6 Galeria coberta e vazada para um exterior.

CAPÍTULO 19
QUANDO SE LIBERA A FÚRIA

Havia muitas controvérsias a respeito daquela figura ímpar que reinara em Roma e para grande parte da humanidade, e Ricardo fora justo o bastante para anotá-las. Chamou-me atenção um dos poucos comentários dele sobre sua pesquisa: "É difícil crer que ele tenha previsto todo o horror que se seguiu à sua política de velado — e nem tanto — apoio aos regimes totalitaristas. Que a Igreja católica perseguiu judeus é um fato histórico, de domínio público, mas creio que a devastação massiva do Holocausto está além do que é visualizado por ele. Seja como for, conforta-me pensar que, após esse horror, aqueles que reencarnam em famílias judias ao redor do mundo já não precisam temer tanto pela própria vida. Quero crer que, entre os muitos preconceitos que perdem força, o preconceito contra eles esteja incluso. Como você nos ensina, Georges, quando o ser humano atinge o fundo do poço, com frequência, exaure também as forças destrutivas em si mesmo e descobre que a vida é um bem maior e imortal. Soa a hora da criança cuidar dos brinquedos e compartilhá-los, entendendo que é mais divertido brincar com outro do que brincar sozinho. Seja como for, ele teve um papel de destaque na história, no pensamento e na formação do nosso atendido".

Sorri lendo aquela anotação. Meu bom amigo Ricardo amadurecia e transformava sua perspicácia de avaliação das atitudes humanas. Inegavelmente, aquele período fora horrendo, e o cardeal Eugenio era um dos grandes implicados na sucessão dos fatos. Ele alimentara as feras e esperara que elas se entredevorassem. Seu foco, como religioso e conservador, era restaurar o poder da Igreja, que sofria golpes poderosos, porque a destruição de todas as coisas é necessária à evolução. É preciso que velhas estruturas caiam para que o progresso aconteça, para que a transformação se opere. A vida não perde com essas devastações, ao contrário, ganha. Quem tem olhos de ver enxerga e compreende; quem ainda não os conquistou grita, chora e se revolta inutilmente. Dom Eugenio entravou o progresso, no entanto, como não somos ilhas, o mundo de autoritarismo sonhado por ele não se consumou. A dor não se conserva, a lei é de harmonia, progresso, justiça e abundância, e o destino de todos é um amanhã sempre melhor. As forças conservadoras, ou, permitam-me brincar com as palavras, daqueles "conserva" dores, jamais se mantêm. Os progressistas caminham ao lado da lei natural, por isso, cedo ou tarde, vencem. A humanidade não retrocede em suas conquistas progressistas, avançando a mentalidade humana em inteligência e maior compreensão da vida. É impossível o retorno às ideias anteriores.

Dom Eugenio alimentou feras furiosas, forças destruidoras e iradas e teve de lidar com elas carregando a pesada tiara que o fizera soberano do mundo. Mesmo ele, com sua inteligência ímpar, errou na avaliação de quem rotulara como um peão em seu tabuleiro. Ao longo do reinado de dom Eugenio, Hitler foi uma pedra grande e áspera em seu sapato vermelho, um entrave à sua ascensão à santidade humana até esse momento do século XXI.

E não demorou a dar-lhe dor de cabeça na política internacional. O ideal de dom Eugenio era o enfrentamento de nazistas e comunistas, dois grandes impérios brigando e se destruindo no leste europeu. Esse era seu interesse e isso tinha sua bênção e seu amém.

Já no início de seu reinado, dom Eugenio passou a ser assombrado pelas profecias de Pio XI em seu leito de morte sobre a derrota na guerra.

Poucas coisas enfureceram mais dom Eugenio em sua vida do que a notícia do acordo Berlim-Moscou em relação à Polônia, no verão de 1939. Stalin e Hitler, unidos, foram um pesadelo para Pacelli. Ele não pôde crer em seus olhos nem nas lentes de seus óculos de ouro.

A Polônia, uma nação católica fervorosa, devota de Maria como nenhuma outra, estava sob ameaça. Ele moveu-se, procurando a posição de Pastor Angélico, de mediador, de embaixador divino para a paz, e tratou com líderes mundiais. Por fim, ouviu satisfeito a notícia de que a Polônia pretendia resistir e que não temia as ameaças de que se via alvo. Declaravam os poloneses com bravura que preferiam pensar em perder a liberdade para Hitler do que perder a alma para Stalin.

Desde a redefinição de fronteiras no final da Grande Guerra, quando anexara regiões da então União Soviética, a Polônia arrastava rusgas. Os russos olhavam com outros olhos a ação militar da Alemanha sobre a Polônia para atingir a cidade-Estado de Danzigue.

Havia tratados envolvendo a Inglaterra e a França que se comprometiam a defender a Polônia em caso de ataque, o que transformava a situação em um caldo perigoso. Uma dança de morte instalou-se no palco da Europa em torno daquele pequeno território.

Por meses, as tentativas de diversos políticos, incluindo dom Eugenio, de evitar uma ação militar e eventualmente estender a guerra a todo o continente, malograram.

Em 25 de agosto de 1939, Hitler posicionou suas forças militares ao redor da fronteira polonesa. A Polônia não tinha nenhuma condição de, sozinha, fazer frente à investida militar alemã. Bravamente, arregimentou toda a sua força e a sua cavalaria nas fronteiras contra os tanques blindados nazistas, contudo, o centro do país ficou inteiramente desprotegido.

Seis dias depois, Hitler assinou a Diretriz Número 1 para Conduta da Guerra, encerrando as possibilidades de solução pacífica e autorizando o uso da força. No dia seguinte, as fronteiras com a Polônia cobriram-se de sangue com o início da invasão.

A assinatura do papel contendo essa ordem determinou a morte de 70 mil pessoas na Polônia. Em uma demonstração de fúria, devastação e eficiência militar sem igual, a Alemanha arrasou a nação polonesa em um ataque violento e rápido. A força aérea alemã dizimou os aviões poloneses — que mal tiveram chance de sair do solo —, bombardeou e destruiu todas as instalações militares impiedosamente. Cumprindo o pacto com Stalin, o exército russo invadiu o território polonês em meados de setembro, e ao final do mês estava consolidada a invasão e anexação da Polônia, com a divisão entre alemães e soviéticos. A população civil foi reduzida a uma condição próxima à escravidão, e tudo isso aconteceu em menos de 30 dias. Os países aliados assistiram em pânico àquele feito de violência sem igual até então e declararam guerra à Alemanha, mas concretamente isso significou muito pouco e, para o povo polonês, nada.

Em Roma, dom Eugenio, agora papa, recebia pedidos dos religiosos poloneses e de políticos bem-intencionados de toda parte para que se manifestasse e repudiasse a ação militar nazista sobre a Polônia, mas nem seus lábios se abriram nem sua mão escreveu. Ele não pronunciou nenhuma palavra contrária, e o silêncio foi sua resposta. E essa seria a política do Vaticano ao longo de toda a guerra e da chamada Guerra Fria.

Por fugir ao seu controle, dom Eugenio secretamente, altas horas da madrugada, rodava, em frente ao seu tabuleiro, o peão entre os dedos com o nome do ditador nazista, odiando-o. O jogo, contudo, estava apenas começando.

CAPÍTULO 20
O PACIENTE

Repentinamente, ouvi gritos que vinham do jardim. Fato incomum, pois costuma ser um local de muita tranquilidade. Com a concentração quebrada e a atenção despertada para outro fato, distingui os conhecidos clamores de nosso paciente mais desarmonizado. Apoiei a cabeça em uma das mãos, abandonei a análise e transformação do dossiê em texto e, reunindo meus melhores sentimentos e minha vontade, concentrei-me em enviar energias calmantes a ele.

Pouco depois, os clamores e gritos elevaram-se. Ergui-me e fui à janela. Havia agitação. Vi muitos atendidos chorando, e outros furiosos sendo contidos por nossos trabalhadores. Gritos mesclavam palavras de repúdio e adoração, e alguns poucos, ajoelhados, rezavam. A maioria, contudo, observava a cena naquela tradicional e natural formação circular em torno do acontecimento. No epicentro, caído, debatendo-se, com as mãos tapando os ouvidos e gritando muito, parecendo competir com a balbúrdia à sua volta, estava Lolek. Instintivamente, olhei na direção da sala de Georges. Tal qual eu, ele observava a cena da janela com os braços cruzados. Juntos, nós olhamos em direção à sala do orientador, que serenamente assistia à cena. Ele acenou para nós e apontou Lolek. Entendemos seu pensamento e, juntos, quase em um movimento sincronizado, descemos ao centro da agitação em nosso jardim.

Ricardo estava ao lado de Lolek, protegendo-o, sem interferir na crise. Quando viu nosso orientador, sua expressão relaxou, e o vi sorrir afetuosamente ao dizer:

— Georges disse que o resultado não seria o esperado, mas não imaginei isso.

O orientador apenas retribuiu o sorriso calmo e sereno de Ricardo, como se à sua volta o jardim estivesse na paz que o caracteriza.

Ele manteve-se ali, parado, silencioso, em prece e, como em um mantra, emitia um só pensamento e uma só ideia: calma.

Eu, Georges, Ricardo e os demais trabalhadores captamos a orientação e nos unimos a ele. Pouco depois, uma energia rósea, levemente lilás, envolveu o grupo mais desequilibrado, silenciando-o e acalmando a balbúrdia. Era como jogar água no centro da fogueira. Conforme se espalhava ao redor, o "incêndio" era apagado até restar somente o cansaço nos assistentes. A crise de Lolek perdeu intensidade, contudo, não cessou. O orientador observou-o e depois voltou o olhar aos demais assistidos. Muitos deles, que tinham abraçado a fé católica em sua última e recente reencarnação, que estavam despertando no mundo espiritual e que ainda não tinham conhecimento ou consciência da vida como o fenômeno material-espiritual, não compreendiam que ela é regida por leis naturais, imutáveis e sábias. Em suma, aquele grupo mais exaltado pouco ou nada diferia da condição mediana dos encarnados na Terra e reagia como tal.

— Meus queridos, retornem aos seus afazeres. O que estão vendo aqui é simplesmente um espírito, um ser humano, como qualquer um de nós. Ele, provavelmente, enganou e enganou-se muito. Também errou, e, considerando o quanto se enganou em relação à vida, suponho que tenha errado muito ou não estaria vivendo esse estado lastimável de consciência. Observem-no agora. Ele sofre, continua gritando! Sentimos seu desespero. Percebam!

O orientador calou-se, cessou sua emissão de energia para os assistentes. Como ondas, as vibrações desesperadas e desarmônicas de Lolek envolveram o entorno. Somente os trabalhadores da instituição mantinham-se imunes a ela. Observando o impacto da sensação daquela consciência em ruína sobre eles, vi muitos levarem a mão ao peito ou à garganta, outros taparem os ouvidos e cambalearem tontos.

O orientador voltou-se para Georges e pediu:

— Leve o paciente de volta à ala original.

De imediato, Georges aproximou-se de Lolek, espalmando uma mão em sua testa e outra na base da nuca e sussurrando em seu ouvido com firmeza.

— Calma! — repetiu a ordem algumas vezes até ser atendido, então, disse: — Levante-se e siga-me.

Mais rapidamente, Lolek cedeu à ordem e afastou-se amparado por Georges e Ricardo, que abriu caminho em meio ao grupo calado.

— Perceberam como é desnecessário fazer algo para impor-lhe sofrimento. Neste momento, não abrigamos nesta instituição ninguém em maior sofrimento. A vida é sábia! Não precisamos agir para impor correções a uma consciência transviada pelos muitos enganos cometidos. Deem prosseguimento às suas vidas e lembrem-se dessa experiência para evitar ilusões futuras com a cultura de nossa humanidade e, principalmente, de que não necessitamos impor ou agravar os sofrimentos a quem quer que seja. Vão em paz, meus filhos, e pensem.

Observei que nosso orientador dispersara o grupo, sem dispensar neles as sensações captadas pelas energias de Lolek.

— Conviverão com elas por algum tempo até que dissolvam por si mesmas. A teoria sem a prática não é sinônimo de aprendizado — disse-me ele.

— Sim, eu entendi. É didático. Foi uma crise, a meu ver maior do que o esperado, mas benéfica.

— Acredito que Georges agiu com pleno conhecimento do que fazia. A ele não surpreendeu. Foi lógica pura. Simples conhecimento aplicado. Pode ter sido chocante a desordem no jardim, contudo, as lições que nos tiram das zonas de conforto, que nos incomodam, nos fazem pensar e são agentes de transformação, com frequência, rápidos e eficientes. Lolek pediu essa exposição, e o orgulho e a vaidade do Santo foram advertidos por essa vivência. Muitos de nossos abrigados ainda guardavam em si vozes de experiências religiosas comandadas pela Igreja, não as confrontando com a realidade; apenas sobrepuseram conceitos internamente. Isso gera falta de clareza e objetividade, confusão e, por consequência, insegurança desencadeando medo. Ver alguém como Lolek e, mais do que isso, sentir seu sofrimento é um terremoto conceitual. Georges sabia o que estava fazendo, José. Podemos extrair desse episódio um excelente material de análise e resultados emocionais e intelectuais profundos e positivos a serem explorados.

— *Ilusões perdidas* — comentei sorrindo.

— Esse é um livro cujo enredo na Terra, em seu atual estágio, ainda se repete incansavelmente — falou o orientador e, tomando-me o braço, iniciou nossa caminhada.

Rapidamente, a cena desfez-se por completo, mas, enquanto andávamos, observei que as conversas estavam dominadas pelo episódio e, naturalmente, sem que nada tivesse sido previamente planejado, os trabalhadores, conforme suas possibilidades e as possibilidades dos assistidos que tinham sob seus cuidados, analisavam a situação exaltando que ilusões não constroem nada, que, para crescermos, precisamos nos desfazer delas e que a santidade é um conceito cultural humano. Ouvimos várias abordagens distinguindo religiões de religiosidade e crença de fé/confiança.

Ainda pairava a energia densa e desesperada de Lolek, mas seu peso gradativamente se transformava e propiciava um momento de revisão íntima de conceitos mais profundos atinentes à fé e à religiosidade humana.

— É como um dia nublado, José. Atmosfera pesada, quente e úmida prenuncia chuva. Só precisa de uma rajada de vento frio e logo a natureza se reorganiza, se depura. As leis naturais atuam do mesmo modo, quer sejam físicas ou morais. Eu fui a rajada de vento frio. Sei que em alguns haverá inundação — brincou o orientador e prosseguiu: — Georges também sabe. Ao permitir esse acontecimento, ele confiou nas leis da vida e na equipe. Sabia que podia quebrar essas ilusões, promover esse terremoto, pois todos têm acesso à verdade em suas consciências para se reorganizarem. Vamos observar a devastação e esperar o progresso. Bom trabalho, José!

    O orientador largou-me o braço e avançou célere à sua sala, deixando-me em frente à minha. Pensei um segundo e decidi ir à procura de Georges. O dossiê era apenas o passado que me explicava o contexto das escolhas do nosso paciente; ele não mudaria, era letra morta. Georges observava e trabalhava a mente de Lolek, vida pura em estado bruto, presente a construir futuro. Era lá que eu precisava estar para olhar e viver o momento atual. Se ilusões forem quebradas em nós, que maravilha! Lindo espetáculo, ainda que os atores chorem, gritem e que seja doloroso, pois o amanhã será limpo e claro, real e firme. Feio e ruim é o espetáculo dos seres que se aferram às ilusões ou, quando na quebra delas, se revoltam, porque então a dor se prolongará e o equilíbrio e a lucidez tardarão. Foram trocados pela gangorra emocional criada pela ilusão: ora estão em cima eufóricos vivendo num castelo de areia, ora choram ruínas em que o vento ou a maré da vida transformaram o castelo. Euforia e dor, nenhuma delas ensina, nenhuma é saudável. Ambas são transitórias, contudo, o tempo de existência delas em nossas vidas depende somente de nós mesmos. Aliás, elas são apenas manifestações diversas do desequilíbrio.

    Pensando assim, cheguei ao quarto de Lolek. A cena era conhecida. Georges estava sentado em posição de lótus no piso, com uma mão pousada sobre as costas de Lolek, que, ao seu lado, estava deitado em posição fetal, ainda chorando. Será que ocorreria uma inundação naquela alma?

CAPÍTULO 21
TERAPIA

Georges olhou-me, e isso foi o bastante para entender que, se eu quisesse ficar, deveria me sentar e esperar. Obedeci. Não sei quanto tempo ficamos assim. Eu conhecia aquele procedimento de outros casos que acompanhei: Joana, Gabriel, Irina; recordei-me deles imediatamente. A crise pertence a eles, é parte de sua dor, de seu desequilíbrio, precisa se exteriorizar, esvair-se, para liberar espaço no seu universo emocional. Deixá-los chorar é um direito e uma necessidade que não deve ser recusada. A lágrima exerce uma função, tal como o sorriso. Ela é a manifestação de um sentimento denso, que é a tristeza em suas muitas variantes: pesar, luto, arrependimento, culpa e revolta. Isso torna o ambiente onde alguém chora energeticamente pesado e ecoam em nós os mesmos sentimentos, que nem sempre estão bem resolvidos. Por essa razão, acolhê-los exige saúde emocional.

Nessa linha de pensamento, lembrei-me da recente comparação do orientador das crises emocionais com os fenômenos climáticos. Sem dúvida, Lolek abrigava em si uma tempestade de grandes proporções, por isso chorava tanto e tão desesperadamente.

Georges não ficava passivo ao lado do paciente, eu sabia. Ele analisava e meditava muito a respeito da crise que presenciava, contudo, não interferia nela. Interferir seria sufocar. Lolek drenava suas dores íntimas por meio das lágrimas. Ainda não tinha espaço mental ou emocional para drenar aquela tempestade pelas palavras. Não conseguiria pensar racionalmente ou lidar com as emoções evocadas pelas lembranças. Georges ensinara-me a fazer o mesmo que ele: meditar construindo calma e compreensão em mim mesmo para acompanhar a crise alheia sem afetar-me ou afetá-la, interferindo de alguma forma. Era o exercício da conformidade ou a pura aceitação da necessidade dele como manifestação de uma lei natural da vida, que não tinha outra maneira de ser e manifestar-se naquele momento.

Não é um exercício fácil. Aos olhos afoitos de muitos que pensam a caridade apenas como ação, nossa atitude pareceria fria indiferença, contudo, conquistar esse estado, que nos permite estar ao lado do sofrimento sem sofrermos, exige de nós libertação emocional das variantes destrutivas da tristeza, para termos em nós esse sentimento natural em equilíbrio e usá-lo corretamente. Propositadamente, serei repetitivo: é preciso ter saúde emocional, ter em si a tristeza sadia. E a tristeza é um dos sentimentos que mais adoece o ser humano. Precisamos conquistar o que nosso orientador chama de a sabedoria das sabedorias: a conformidade. Conhecer, reconhecer a ação, agir interna e externamente de acordo com as leis da vida, aceitá-las como são, sem idealizações e ideias românticas. Aceitar, inclusive, o que ainda ignoramos a respeito delas, cientes de que Deus é a inteligência, o amor e a justiça. Supramos viver o estado de confiança que esse conceito encerra.

Adequar-se às formas da consciência universal não é obra para afoitos, que julgam ter realizado grande trabalho quando falam incansavelmente ao lado de quem chora, a tal ponto que o indivíduo respira, sufoca seus soluços e sorri. O afoito pensa: "Fiz a caridade, ajudei essa pessoa". E ensina: "Viram? A caridade moral não custa nada, é fácil, está ao alcance de todos". Horas ou dias depois, recebe a notícia de que a pessoa recaiu ou até chegou ao suicídio. Sobre a eficácia dessa prática caridosa não há reflexão, apenas repetição.

É preciso conhecer e conhecer-se para identificar onde podemos estar e o que podemos fazer, e, identificando uma crise profunda de consciência marcada pela cor escura da tristeza, por seu manto denso e asfixiante, estude a tristeza antes de fazer qualquer coisa. Não ofereça ajuda nessa seara como quem se joga na água para salvar o outro que se afoga, não sendo um bom nadador. Estar ao lado da tristeza e não adoecer é para os que conquistaram imunidade. Aprender a desenvolvê-la é passo necessário a quem busca saúde emocional.

Lolek chorava muito. Ricardo alertara-nos sobre isso quando o trouxe à instituição. Disse-nos que o observara por tempo equivalente há vários anos e que a crise era invariável: choro desesperado, dilacerante, praticamente contínuo.

Georges afastou a mão que pousava sobre ele, inclinou-se até ficar próximo da cabeça do paciente e falou mansamente:

— Lolek, você está de volta à primeira sala que ocupou em nossa instituição. Sei que está registrando minhas palavras, então, meu amigo, pense sobre o porquê de estar aqui. Compare com as experiências anteriores e com a que vivenciou há pouco. Avalie seus desejos, procure saber o que o impeliu a querer hospedar-se na outra ala. Disseram-me que você chora desse jeito há muito tempo, contudo, não me preocupo com isso. Chore o quanto precisar para aliviar-se. Quando cansar, quando sua consciência e a Natureza que a rege determinarem uma trégua nessa catarse, pense no que estou lhe sugerindo. Pergunte-se sobre si mesmo. Responda a si mesmo, e isso o ajudará, trará um refrigério a essa emoção e garantirá o espaço recém-conquistado com essa dolorosa catarse. Meu amigo, viver não é sofrer; sofrer não é purgar seus erros; sofrer não é punição. Vivemos para evoluir e atingir a perfeição espiritual, portanto, vivemos, na matéria e fora dela, para aprender. Sofrimento é consequência de nossa rebeldia. Aprenda e, consequentemente, você se libertará do sofrimento. A vida é seu presente, você a recebeu e a constrói como quer, só não pode fugir à natureza dela: é imortal e fadada ao progresso. Eu o deixarei agora. Se quiser conversar comigo, pode me chamar. De qualquer modo, voltarei a vê-lo.

Georges beijou os cabelos brancos de Lolek e ergueu-se. Sorrindo para mim, apontou-me a porta. No corredor, enquanto andávamos, disse:

— Hora de esperar, José. Tudo tem seu tempo. Vamos deixá-lo elaborar as últimas experiências. Amanhã retornaremos.

Mais um exemplo da aplicação da filosofia à vida diária para a conquista do equilíbrio: o que à força entra na alma nela não permanece. Trata-se de uma lição muito antiga.

Não havia como forçar Lolek ou forçar a quem quer que fosse a alterar seu estado emocional, porque ele me incomoda ou porque o outro está adoecido e desejo ajudá-lo. A ação deve vir do interessado. "Ajuda-te e o céu te ajudará"[7], como ensinava Kardec. A nós restava esperar e observar o momento certo de estender a mão, porque mãos eternamente estendidas cansam. Aí está a sabedoria do observar: fazer o melhor, na hora certa, sem ansiedade de solucionar. Andando lado a lado com as leis da vida, trabalhando em conformidade.

Combinamos as próximas visitas e retomamos nossas atividades. No dia seguinte, ouvimos à porta o choro dele. Olhamo-nos, e Georges suspirou e entrou na cela. Segui-o e tomei meu lugar de observação. Nenhuma alteração. Pareceu-me uma cena congelada no tempo.

Georges sentou-se em sua costumeira posição de lótus, tocou o ombro do paciente e falou serenamente:

— Olá, Lolek. Vim vê-lo.

Notei a meticulosa escolha das palavras. Sem bom-dia ou perguntas polidas sobre como ele estava. Era óbvio que o momento não era bom. Estava bem longe disso. Eram perguntas que o irritariam, que revelariam falta de empatia do terapeuta, embora fossem mera expressão de cortesia, trivialidades. Teriam fechado portas ao relacionamento com ele em vez de abri-las.

O paciente não esboçou a menor reação e aparentemente não notara nossa presença. Georges aguardou um bom tempo,

---

[7] KARDEC, Allan. *O Evangelho Segundo o Espiritismo*. Capítulo 25, item 2.

desejando uma reação, mas ela não vinha. Então, me fez um sinal, e me aproximei.

— Observe, José, como a culpa tortura e como está longe de ser arrependimento.

Foquei meu olhar na mente de Lolek. Sucediam-se cenas que, se comparadas à fotografia de um filme, diriam serem bonitas, algumas lindas. Ambientes luxuosos, arejados, pessoas bem vestidas, algumas paisagens naturais belíssimas. Não havia violência, doença, fome, tragédias, mortes, nem sequer eram tristes. De fato, poderia qualificar muitas como eufóricas, festivas. Porém, eram emocionalmente frios. O lastro era a indiferença. A maioria das cenas revelava interesse pessoal e apego.

Comentei suscintamente minha observação com Georges e, para variar um pouco, ele surpreendeu-me mais uma vez.

— Sim, mas note como ele reage a essas lembranças. Ele soluça, suspira, permite-se sentir à exaustão porque fica confortável com elas.

Meu grande amigo olhava o conjunto, sem prender-se aos detalhes, extraindo considerações que o levariam a compreender a essência do seu paciente. Eu, detalhista, lia a história dele. Certo! Fatos são feitos e desfeitos no tempo, ao longo de nossas muitas existências materiais, mas as origens deles estão em nosso íntimo, em nossos sentimentos, em nossos valores, em nossas crenças, em nossa capacidade intelectual. Eis a fonte! Conheça-a! Trabalhe fortalecendo-a ou destruindo-a e modificará a realidade dos fatos.

Lolek jazia imóvel, prostrado, no chão. Em intervalos mais longos, soluçava. O choro tinha cessado. Sim, ele deliciava-se com aquelas lembranças, revivia-as.

— Fascinado com a própria experiência? — indaguei em tom de sugestão.

— Talvez por si mesmo, pela percepção que faz de si mesmo nesses momentos — respondeu Georges, analisando possibilidades.

— Não chora talvez porque não se sinta "culpado"... É isso?

— É uma hipótese, José. Vamos analisar. Por favor, chame Ricardo. Precisarei dele.

— Agora? — perguntei surpreso e curioso.

— Sim. Eu os esperarei aqui.

Encontrei Ricardo estudando em nossa biblioteca. Comuniquei-lhe o pedido de Georges, e logo ele encerrou a atividade, guardou seu material e prontificou-se a me acompanhar. Admirei-o por não fazer nenhuma pergunta. O único curioso era eu.

Vi uma rápida expressão de desagrado no rosto de Ricardo ao olhar para o atendido. Georges percebeu e sorriu dizendo:

— Não o condene, Ricardo. Ele não tem a mesma força da paixão que você.

— Hum! — resmungou Ricardo em resposta. — Estou vendo. O que deseja, Georges?

— Preciso que acompanhe Lolek. Quero que observe as lembranças dele e como reage a elas. Faça-me um dossiê a respeito — pediu Georges sorrindo de forma marota.

— Você vai ler? — perguntou Ricardo, impassível, sério.

— Sim, eu lerei na sua presença — garantiu Georges com um sorriso ainda mais amplo pela reação de Ricardo.

— Observar o que ele lembrou, se chorou ou não... Posso fazer algo como: sim ou não? — indagou Ricardo, sério.

— Um pouco mais detalhado. Quero que identifique as emoções dele em face às lembranças — notando um ar de incerteza na expressão de Ricardo, Georges levantou-se do chão, apontou seu lugar e, dando suaves batidinhas no braço do antigo bispo, incentivou: — Confio em você! Tenho certeza de que conseguirá.

Vi Ricardo engolir em seco, mas ele não recusou o trabalho. Puxou as saias da batina, ajeitou-as e sentou-se no mesmo lugar e na mesma posição de Georges. Respirou fundo, e desapareceram de sua expressão os vestígios de desagrado e incerteza. Por fim, estendeu a mão para Georges, dizendo:

— Não trouxe nada para tomar notas.

— Ah, claro — respondeu Georges entregando-lhe seu próprio material a respeito do paciente.

Ricardo olhou o material e abriu-o, e eu apressei-me a acompanhá-lo. Decepcionados, olhamo-nos. Havia somente alguns símbolos, e tudo o que entendemos foram os pontos de interrogação.

— Retornarei mais tarde, Ricardo — anunciou Georges. — E muito obrigado por sua ajuda.

Resignado, Ricardo apenas acenou um adeus para nós.

CAPÍTULO 22
OBSERVAÇÕES

Acompanhei Georges em silêncio, enquanto pensava sobre a decisão de deixar Ricardo observando Lolek. Por que Georges não deixara a tarefa a cargo de algum de seus auxiliares mais qualificados, como Chiara ou Amaral?

Lembrei-me de que ele dissera que o atendimento de Lolek seria uma nova etapa da própria terapia de Ricardo. Eu observara, e Ricardo admitira as dificuldades com o reflexo emocional provocado por Lolek. Qual era o propósito de Georges? Eu sabia que não era uma designação ao acaso.

Comecei a esmiuçar a cena, buscando entender a ação dele.

— Entendi! — exclamei involuntariamente, falando alto.

— O quê? — indagou Georges, que caminhava alegre e serenamente, despreocupado.

— Você — respondi simplesmente. — Preciso voltar. Ficarei com Ricardo. Prometo não interferir no trabalho.

Georges olhou-me, sorriu, ergueu uma sobrancelha e disse:

— Certo. Até breve!

Não respondi e, apressado, retornei à cela de Lolek. Ricardo estava tão absorto em sua tarefa que julguei que não percebera meu retorno. Acomodei-me em um canto mais escuro e ainda me preparava para iniciar a observação, quando ele me surpreendeu.

— Achei que você voltaria, José. A história se passa aqui, não é mesmo?

— Sim. Prometo não o atrapalhar.

— Conheço sua discrição. Estou habituado a ser observado por você. Sabe que eu esqueço seu olhar? Esporadicamente, lembro-me de que você é um protótipo humano do telescópio, aliás, atualmente, seria melhor compará-lo a uma sonda espacial. Você pousa nas pessoas.

Sorri divertido com a comparação. Ricardo entendera a intenção de Georges e a minha também. Sabia que estava sendo observado e isso não o afetava.

Em silêncio, focamos nossa atenção em Lolek. Resolvi começar acompanhando a tarefa de Ricardo.

Lolek continuava prostrado, e, eventualmente, soluços sacudiam-no de leve, fazendo-o suspirar, sinal de que a energia da emoção ainda circulava por ele. Sucediam-se ondas de cores opacas e escuras irradiando dele, e notei um esforço de Lolek para seguir a orientação de Georges. O pedido para que recordasse o episódio recente. Cenas da entrevista misturaram-se à imagem de Chiara, que, por fim, se tornou dominante. Ele relaxou sensivelmente, e a expressão do rosto ganhou vivacidade e brilho. As ondas energéticas mostravam uma coloração ocre tendendo ao marrom avermelhado.

Movimentei-me para o lado de Ricardo e mostrei-lhe minha anotação. Ele ergueu levemente a dele, permitindo que a visse.

Sensualidade. Nossa observação coincidia. Lolek deliciou-se por alguns minutos, recordando-se da aparência de Chiara. Alguns traços, especialmente o cabelo, lembrou-o, sem grande emoção, de Harina, contudo, o modo doce e suave evocava a lembrança mais intensa de outra mulher. As memórias envolvendo-a eram densas, longas e misturavam-se a muitas outras. Senti vontade de interferir no processo dele e fazê-lo concentrar-se nessa mulher, mas resisti. Lolek, então, seguiu naquele emaranhado de lembranças e pensamentos. Era um balaio de gatos, como Georges se referia à falta de ordem e educação mental. Uma torturante balbúrdia que consumia muita energia e o fazia viver como um zumbi: sem rumo, sem orientação, sem controle. Todo o universo interior em caos.

Enquanto eu escrevia, Ricardo olhava-o. Parei e, com o canto do olho, fixei as anotações dele, que acrescentara: "torturado pelo desejo".

Prestei atenção às cenas que se sucediam rapidamente e encontrei o padrão. Lolek revivia a vida sexual pregressa e, instintivamente, encolhido na posição fetal, manipulava a região da genitália, mexendo nas energias genésicas. Humano, demasiado humano. A lembrança da expressão tão empregada por Nietzsche socorreu-me do impacto do momento, trazendo-me a aceitação da condição daquele ser. Ricardo tocou-me o ombro, transmitindo-me, silenciosamente, conforto e compreensão. Ele não se abalara e continuava observando-o friamente.

Aquela situação inusitada gerou estabilização no redemoinho de pensamentos de Lolek, que ganhou o centro que eu desejara antes auxiliar a criar. Emergiu, então, uma jovem nua com traços bonitos, de expressão apaixonada e lânguida, de cabelos castanhos avermelhados e longos, de olhos castanhos esverdeados, de pele muita branca com algumas sardas e de seios fartos. Ouvimo-lo sussurrar:

— Irena.

O nome trouxe-me à lembrança a história contida no dossiê.

CAPÍTULO 23
O PADRE

    Concluído o doutorado, o homem que regressava à Polônia pouco lembrava o jovem que procurara abrigo no seminário clandestino. Apresentando-se ao seu superior após cinco anos, ele foi efusivamente recebido. Após um longo e sincero abraço, os dois homens foram para a sala de refeições.

    — Estou sozinho hoje — informou o superior, oferecendo-lhe uma xícara de chá fumegante. — Estou orgulhoso de você; correspondeu ao meu investimento. Temos uma luta muito séria aqui, Lolek. As armas calaram, mas a guerra de ideias continua. Eu previa isso. O socialismo saiu fortalecido desse combate. Os russos fizeram e fazem um jogo duplo perigoso. Apoiaram Hitler e o traíram. Bandearam-se para o lado dos aliados e os traíram. Era conta certa, como dois mais dois são quatro. A Alemanha dividida, Berlim dominada. Primeiro, eles infiltraram suas ideias nas universidades e nos sindicatos e criaram redes de divulgação, disseminando essas malditas crenças. A guerra segue; só mudaram a trincheira e as fronteiras. Por isso, investi em você, Lolek. A Igreja polonesa precisa de doutores, de intelectuais e pensadores, que façam frente a essa corrente. Precisamos zelar pelo nosso povo, pela liberdade e pela nossa fé.

    — Eu sei. Falamos muito sobre isso em Roma. O Santo Padre tem grande preocupação com o avanço do socialismo. Ele tem usado o rádio, os jornais, a televisão e o cinema para fortalecer nossa posição. Fiquei fascinado com isso, é impressionante. É uma arte poderosa. Meus conhecimentos de dramaturgia ajudaram-me a ver claramente um caminho de aliança entre a arte e a Igreja, um caminho que sempre existiu. Basta conhecer a Capela Sistina e a Basílica de São Pedro, que são obras impressionantes. Elas dominam a mente de quem as vê, impõem devoção. Nosso Santo Padre é um homem de visão, percebeu o momento de mudar o caminho, mas não tanto. Ele usa a dramaturgia, tem um dom natural. Eu notei alguns cuidados dele que você me ensinou.

Adam, o superior, sorriu satisfeito, incentivando o pupilo a prosseguir a narrativa.

— Há anos, ninguém vê o Santo Padre senão com a sotaina. Dizem que, desde muito antes de assumir o papado, ele não usa roupas comuns. Ele não come ou bebe com outras pessoas, somente no seu apartamento com madre Pascalina, que todos chamam de "a serva do papa". É muito reservado. A exposição nos meios de comunicação é feita sob rígido controle. Nada é espontâneo, entende? Ele prega um sacerdócio no mundo, mas não do mundo. Toda a sua conduta pública enfatiza essa ideia. Ele se diferencia, se eleva, e as pessoas o reverenciam. Eu o admiro muito e acredito que, com proveito, poderemos usar mais esses conceitos aqui. Enriquecer as cerimônias públicas, levar o maior número possível de pessoas às manifestações de fé, grandes procissões, cerimônias elaboradas.

— Sim, sim, Lolek. É claro! São ótimas sugestões. Precisaremos adaptá-las à nossa realidade. Aqui, as grandes trincheiras são as universidades e os jovens. É uma geração rebelde, que está muito marcada pela guerra. Lembre-se de que eram crianças, são sobreviventes, querem mudar tudo e acreditam que assim não haverá mais guerras e sofrimento. Trabalhamos para reerguer nossa fé, fazer ressurgir a Polônia católica. Temos muito a encobrir, você sabe. A oposição a nós aumentou bastante. Ainda somos maioria, mas a oposição não poupa o Santo Padre e o clero pelo que fez o nazismo. Você sabe... Oficialmente, nossa arma foi o silêncio e precisa continuar sendo. Não nos interessa debater esse assunto. É das coisas que o silêncio sepultará. O

Santo Padre age bem em conduzir os sacerdotes nessa linha de pensamento.

— Eu viajei muito nesses anos longe daqui. Eu fui à França muitas vezes. Conheci o movimento dos sacerdotes operários, defendido por parte do clero francês. Pessoalmente, não considero uma boa iniciativa misturar vida religiosa e vida secular. O sacerdócio combina com o magistério, seguem uma mesma linha de ação. Outras profissões devem ficar no âmbito interno da Igreja.

— Sim, sim. Há séculos temos adotado essa conduta e temos sido vitoriosos com ela. Não é hora de mudar. Que me diz da política do Santo Padre? — indagou Adam.

— Ele é um homem forte e astuto. Identifica muito bem onde está nosso inimigo: os socialistas. Nós, na Polônia, sabemos bem. Na Rússia, no México, e há ameaças envolvendo as Américas do Sul e Central. É preciso detê-los. O Santo Padre tem pregado um sacerdócio conservador, voltado às questões religiosas. Agindo na consciência dos nossos congregados, seremos fortes. E, como disse, ele não poupa o uso da comunicação. Ele precisou se submeter a um doloroso tratamento dentário, usa dentes postiços e fez isso para tornar sua voz e dicção mais audíveis, preocupando-se com seu desempenho nos discursos e nas aparições públicas. Ele vive muito seriamente o velho jargão romano que diz que não basta à mulher de César ser honesta, tem de parecer. O Santo Padre dá essa lição. Não nos basta ser; precisamos parecer clero. Diferenciar-nos do humano, do comum. Há no imaginário das pessoas uma ideia preconcebida sobre como somos ou devemos ser, aliás, essa ideia existe sobre muitas coisas. É profundamente idealizada, por isso, facilmente os fazemos crer no que quer que seja, desde que conforme essa ideia internalizada. Isso nos é favorável. Relacionam-nos com o divino, com o poder supremo, com o desconhecido e atribuem-nos a capacidade de vencer o medo e a escuridão. Poucos gestos nossos serão suficientes para alimentar e gerar um mito e assim conduzir o rebanho. Pio XII faz isso muito bem, mas pode ser melhorado. Ele é um jurista, um diplomata, conhece intuitivamente a arte que está usando, não é um dramaturgo. Entende?

— Sempre empregamos artistas para aproximar o homem de Deus, da religião — comentou Adam, pensativo. — Pintores, escultores, arquitetos. Suas obras transmitem nossa mensagem, trabalham para nós. Mas, se entendi seu pensamento, você pensa que é hora de uma grande mudança.

— Sim, sim, Adam. Exatamente. O Santo Padre é visionário. Nosso mundo mudou muitíssimo, e isso se deve à comunicação. Antes, usamos as artes da pintura, da escultura, da arquitetura para contar nossa mensagem para o povo, para atingir letrados e iletrados. Hoje, há um canal mais eficiente: o rádio, a voz. Antes, precisávamos que as pessoas viessem a nós, ao templo, para receber essa mensagem, agora não. Nossa voz pode ir a qualquer lugar, a qualquer hora, entrar na casa de milhões de pessoas e ser entendida. O Santo Padre percebeu isso, e ele mesmo a tem usado. Não precisamos mais de artistas seculares. O clero precisa tornar-se artista, e a grande arte desse novo tempo é a dramaturgia. Aqueles entre nós que dominarem essa arte farão carreira e história. A imagem nos ajuda. A liturgia, os rituais sempre favorecerão, ou melhor, completarão a função das outras artes e da idealização do sacerdócio. Os sacerdotes pagãos de todos os povos antigos gozavam de poder e prestígio em razão disso. Nós os imitamos, sejamos claros entre nós. Recriaram-se mitos misturados à mensagem de Jesus e sobre ele simbologias e rituais. Temos muito a oferecer em termos de espetáculo. Grandes espetáculos! As imagens da coroação do Santo Padre, de Pio XII, correm o mundo. Eternizaram-se. Essas demonstrações de poder reacendem a fé do povo em nós. É esse o caminho.

Adam ouviu a entusiástica explicação de Lolek. Não era exatamente aquele o caminho que desejara para ele. Aquelas ideias estavam distantes do seu propósito de enviá-lo a Roma para fortalecer e intelectualizar o clero polonês na guerra contra o socialismo que se travava nas universidades. Considerou intimamente que seu pupilo estava distante da realidade e que necessitaria adequar os planos para ele. Um choque de realidade, uma confrontação com a realidade da vida de um padre paroquiano, algo que Lolek não conhecia. Sua formação ocorrera em tempos de exceção, e a vida em Roma tampouco oferecia essa experiência. Lembrou-se do jovem que abrigara havia quase uma década. Ele não gostava de passar trabalho. Essa lembrança acalmou-o, pois a conversa preocupara-o. Preferiu acreditar que era entusiasmo de ocasião. Observaria alguns dias antes de se decidir sobre o destino dele. Era seu superior, e não importava quão amigos fossem. Sua autoridade valeria e não tinha problemas em empregá-la.

Os dias passaram-se, e, para desgosto de Adam, as ideias de Lolek estavam longe do intelectual católico que ele desejara formar. Via-se diante de um populista sonhador e estava decepcionado. A tese de doutorado não concluída pouco ou nada o perturbava. Seu assunto favorito era incentivar o culto a Maria e sua apreciação por alguns místicos da Igreja como Padre Pio, que vivia no interior da Itália na atualidade, e o Cura d'Ars, da França do século XVIII — a este ele dedicava horas e horas de estudo. Impressionara-se com a devoção que ele despertava nas pessoas, então, seu foco de estudo eram as ações do religioso, não o pensamento dele.

"Ele parece um alfaiate copiando um molde", pensou com desgosto o superior, uma manhã, ao observar Lolek em suas pesquisas e conversas sobre o Cura. Adam decidiu que era hora de acabar com aquela ilusão, então, silenciosamente foi ao seu gabinete e colocou-se ante o mapa das congregações que tinha sob sua direção. Muitas delas necessitavam de padres. O olhar do superior fixou-se na mais distante delas, uma pequena e isolada aldeia rural. Poucos padres ficavam lá. Era excelente ao seu propósito de confrontar Lolek com a realidade. Ali ele viveria com o povo sofrido, que trabalhava pesado, ganhava pouco e desconhecia quase tudo. "Sim. O lugar ideal. Entre cocheiras e chiqueiros ele esquecerá o luxo de Roma", pensou Adam.

Homem de ação, Adam não cogitou uma segunda ideia. Sentou-se e redigiu a carta de apresentação de Lolek como o novo padre daquela aldeia. Em minutos, estava pronta, texto padrão. Envelopou-a e colocou sobre o console junto às demais correspondências.

Somente no fim da tarde, Lolek tomou conhecimento da carta. Recebeu-a pelas mãos de um aluno do seminário, que de hora em hora vistoriava as correspondências à espera de contato da família e de amigos.

— Senhor! — chamara o jovem tímido ao estender-lhe o envelope. — Está carta é para o senhor.

Sentado à mesa, lendo e comendo, Lolek, sem maior curiosidade, pegou a carta. Só podia ser de algum dos colegas de Roma falando sobre a malfadada tese que precisava concluir.

Lolek surpreendeu-se ao notar que o envelope não tinha selos e não fora postado no correio. Abriu-o e, ao ver o papel oficial do bispado, entendeu que Adam encerrava seu período de "férias". Esperava a designação para lecionar em uma universidade, mas sabia que teria de concluir a tese, por isso, a carta surpreendia-o. Ele leu o comunicado e sentiu o corpo gelar. Lembrou-se de suas experiências nas minas e na ferrovia e pensou que aquele lugar não seria muito diferente. Intimamente, irritou-se. Falaria com o superior.

Impetuoso, foi ao gabinete de Adam. Bateu e abriu sem esperar resposta.

Adam lia os jornais enviados pelo Vaticano. Largou-o e afastou os óculos, fitando-o sobre as lentes.

— Lolek.

— Adam, recebi essa carta — e mostrou o envelope.

— Sim. E somente agora você a leu. Eu a deixei lá de manhã. Esperei que viesse aqui durante toda a tarde — respondeu Adam mansamente.

A postura do superior lembrava um gato caçando, uma pose de desinteresse e dominação ao mesmo tempo.

— Eu esperava que você cumprisse o combinado — reclamou Lolek.

— Digo o mesmo, meu jovem. Você está aqui há quase dez dias, e ainda não o vi trabalhar um único dia na conclusão de seu doutorado. Pensei muito e decidi que será excelente para você um período de prática nessa comunidade. Se veio aqui para questionar, quero lembrá-lo de que recebeu uma ordem de seu superior. Cumpra-a!

Lolek engoliu em seco. Adam falava sério e era seu bispo. Não cabia discussão. Se ele resolvia enviar um doutorando aos chiqueiros, estava resolvido.

— Arrume suas coisas. Sua passagem de trem já foi comprada. Você segue amanhã. Na estação, haverá alguém para conduzi-lo ao destino. Espero que possa bem empregar sua admiração pelo Cura d'Ars. Pelo que sei, ele gostava de viver entre os pobres e camponeses — comentou Adam, ajeitando os óculos e voltando a ler o jornal.

Lolek entendeu que só lhe restava arrumar seus pertences, e, no dia seguinte, caminhou até a estação de trem com uma mala na mão. Encontrara o bilhete na mesa do café da manhã. Adam nem sequer fora se despedir dele. Os poucos alunos do seminário e o padre mais idoso desejaram-lhe sucesso e a proteção de Maria para seu início no sacerdócio e acompanharam-no até a porta.

Ele embarcou no trem e, enquanto sacolejava lentamente rumo ao interior da Polônia, pensava: "Será um bom teste ver como reage a população local às minhas ideias. Provarei a Adam que minha estratégia para vencer o socialismo é mais eficiente que a dele. A razão nunca mobilizou revoluções; esse campo é da paixão. É preciso insuflá-la, despertá-la. Depois de acesas as chamas, basta soprá-las na direção que se deseja. Será um período muito interessante. E breve. Não ficarei muito tempo por lá".

Alimentando essa disposição, Lolek chegou sorridente ao seu destino. O tempo mudara, e o céu cinzento e nublado transformara-se em chuva com raios e trovoadas.

— Que noite! — disse Lolek ao único homem que encontrara na estação.

— Um tempo horrível, padre. Chove há dois dias sem cessar e com o temporal que desaba não parará tão cedo.

— Não. Choverá a noite toda. Sabe me informar se há algum local onde eu possa passar a noite?

— A aldeia fica um pouco distante, padre. Se quiser, pode pernoitar aqui na estação comigo até o tempo melhorar. Andar nessa estrada escura e embarrada não é bom. O lugar é tranquilo, mas nunca se sabe.

Um raio riscou o céu e iluminou rapidamente a paisagem. Lolek avistou o pátio alagado em torno da estação, árvores e plantações mais adiante. Seu inusitado anfitrião estava sendo bastante razoável. Tinha que ser honesto: não sabia nem o rumo a tomar.

— Que a Mãe do céu o abençoe por sua generosidade! Eu aceito sua oferta. Sou o novo padre da aldeia — apresentou-se Lolek, informando seu nome ao homem.

— Eu sou Piotr, o responsável pela estação, padre. É um prazer recebê-lo. Venha comigo, por favor. Preciso fechar a estação. Esse era o último trem a passar por aqui esta noite. Minha casa fica ao lado. Venha! — respondeu o homem pegando a mala da mão de Lolek, que prontamente e sem protesto a entregou.

— Minha mulher está me esperando para o jantar — prosseguiu Piotr. — Com esse tempo e depois de um dia viajando, uma comida quente lhe fará bem.

— Por favor, não se incomode. Um hóspede inesperado e desconhecido já é bastante. Não é preciso incomodar-se em dividir a refeição, senhor Piotr.

— Padre, minha Evangelina ficará ofendida se o senhor não comer a comida dela. É boa cozinheira. Não se preocupe, pois aqui ainda temos fartura. Com certeza, haverá comida para o senhor.

Lolek sorriu e deixou cair os ombros. O gesto de simples aquiescência e o sorriso largo conquistaram Piotr. Enquanto arrumava seus papéis e desligava seus instrumentos de trabalho comentava sobre a vida religiosa local.

— Graças a Deus, o bispo lembrou-se de nós. Faz muitos meses que não temos um padre na aldeia. É um problema quando acontece alguma emergência. Temos muitos velhos e doentes aqui. Acho que existem em toda a Polônia depois desses anos horríveis.

— Ah, sim. Infelizmente, os escombros e a esperança é o que nos restam — concordou Lolek. — Como estavam fazendo os enterros e os últimos sacramentos?

143

— Padre, em tempos de guerra, eu imagino que nossa Mãe do Céu nos acolhe e nos encaminha. Nesse vale de lágrimas e sofrimento nem sempre temos a bênção religiosa. É motivo de muita revolta aqui. O senhor pense comigo: sofremos tanto, muitos morrem, e nem sequer um enterro cristão podemos dar a essas almas. Rezamos e pedimos a Deus e à Virgem Maria pelas almas, porém, o senhor sabe que isso não basta. Precisávamos de um padre. Graças a Deus o bispo enviou o senhor. Jovem e saudável!

Lolek ouvia a tudo em silêncio. Piotr era um homem simples, mas, pelas suas funções, estava acima da média dos moradores. Satisfeito, identificou nas palavras dele a ideia que defendia: as pessoas julgavam-se inferiores, precisavam de um padre, alguém entre elas e Deus, portanto, acima delas. Eram predispostas a crer e obedecer, tanto que bastavam seus trajes para que o homem abrisse as portas de seu lar a ele, sem perguntas.

Evangelina era uma mulher simpática, que o recebeu da mesma forma espontânea, confiante e submissa do marido, não poupou esforços para agradá-lo e mostrar-lhe que estava honrada por recebê-lo. Ela fez o máximo para dar-lhe uma noite confortável, colocando pedras aquecidas entre os lençóis e cobertores de lã da cama do quarto de hóspedes. Lolek retribuiu o gesto distribuindo fartamente orações e bênçãos ao casal.

A manhã seguinte agraciou-os com céu azul, vento frio e um sol tímido que iluminava o vilarejo. Logo cedo, após o café, Lolek mostrou-se disposto a seguir a pé até a igreja.

— Padre, eu arranjarei um bom aldeão que o leve até nossa igreja. Por favor, espere um pouco mais. Garanto-lhe que, antes do meio-dia, o senhor estará na casa paroquial — pediu Piotr mostrando a estrada enlameada.

— Não é preciso preocupar-se, meu bom amigo Piotr. Já trabalhei em minas e na ferrovia durante a guerra; estou habituado a locais difíceis. Eu gosto! Acredite. Não será uma estrada enlameada que me impedirá de assumir o serviço da Igreja o quanto antes.

Enquanto os dois homens discutiam, Evangelina saíra e retornava com o ferreiro da vila.

— Padre — disse ela dirigindo-se a Lolek. — Este é Dimitri, nosso ferreiro. Ele o levará até a igreja.

— Ah! Veja, padre, como minha esposa é rápida! Enquanto eu pensava no que fazer, ela já tinha solucionado o problema do seu transporte — falou Piotr orgulhoso da esposa.

— Nossa Senhora a cubra de bênçãos e a proteja com Seu manto sagrado! A senhora é a providência que Maria personifica no mundo — falou Lolek sorrindo e fazendo sinal da bênção sobre Evangelina. Logo depois, ele estendeu a mão ao ferreiro e o abençoou também. — Deus o abençoe, senhor Dimitri. Vamos. Desde ontem, tenho dado trabalho à senhora Evangelina. Cheguei aqui no meio do temporal, e esse bondoso casal me acolheu, me dando cama e comida. Além de tudo, os dois ainda se preocuparam com meu transporte. Basta de incomodá-los e de tomar seu tempo.

Impressionado com a humildade, a simpatia e as demonstrações de fé do jovem padre, Dimitri adiantou-se e pegou a mala que Piotr segurava.

— É claro, padre. Vamos. Não se espante. Vamos em um carro de boi. A estrada está um lamaçal, meu carro atolaria. A carroça é mais segura.

Lolek espantou-se, mas nada demonstrou. Puxou as saias da batina o máximo que podia e avançou pelas poças de água e lama até a carroça. Imitando todos os gestos de Dimitri, embarcou na carroça como se estivesse acostumado e acomodou-se no banco de madeira segurando a mala no colo, pois a carroça estava carregada de abóboras e sacos de batata.

— O peso ajuda na lama, padre — explicou Dimitri.

— Claro! Entendo. A igreja é muito distante?

— Não, senhor.

A carroça moveu-se pesada e lentamente pela estrada enlameada, enquanto Lolek agradecia sinceramente em pensamento o cuidado de Evangelina. Teria sido penoso ir andando no atoleiro.

Na entrada do vilarejo, Lolek viu muitas pessoas acenando-lhe e dando-lhe boas-vindas. Retribuiu, fez sinal da bênção algumas vezes à direita e à esquerda e notou que algumas pessoas se comoveram. Considerou um excelente sinal. Enquanto isso, Dimitri tagarelava sem parar. Não precisava de muito para incentivá-lo a prosseguir e crer que estava sendo ouvido com atenção, pois qualquer som lhe bastava. Não precisava sequer ser uma palavra.

Finalmente, pararam em frente à igreja. Alguns paroquianos, que tinham acompanhado a carroça, postavam-se ao lado da porta para recebê-lo. "Estavam mesmo ansiosos por um padre", pensou Lolek, enquanto desembarcava desajeitadamente da carroça.

Lolek surpreendeu Dimitri e meia dúzia de pessoas que os acompanhavam quando, ao cruzar o portão do pátio da igreja, largou a mala sobre um banco de pedra, se ajoelhou, fez o sinal da cruz, murmurou uma oração e beijou o solo enlameado. Depois, ele ergueu-se sorrindo e com naturalidade limpou a boca e a ponta do nariz com um lenço de algodão branco. Acompanhando Dimitri, cumprimentou, conversou e agradeceu, individualmente, cada um dos paroquianos presentes pelo esforço que fizeram para recebê-lo.

Lolek notou que os conquistara e ficou satisfeito. Começava ali o trabalho de sua vida: a construção de um mito.

CAPÍTULO 24
O PROFESSOR

Após o primeiro mês, Lolek sorriu satisfeito ao concluir a carta para Adam noticiando os trabalhos do mês e seu projeto de atrair crianças e jovens. Selou-a, colocou-a no bolso da batina e pegou no cabide próximo à porta o chapéu preto de abas largas. Depois, saiu em direção à estação de trem que também abrigava o serviço de correio, despachando os malotes de correspondência no trem da noite.

Ao ver a distância a figura de negro na estrada, Piotr apressou-se a pedir gritando da janela:

— Evangelina, traga chá e biscoitos aqui! Nosso padre está chegando.

Evangelina, que limpava um canteiro de temperos na horta, abandonou imediatamente o trabalho, levantou-se sorrindo e acenou positivamente ao marido. A passos largos, cruzou, por fim, a pequena distância até a porta da cozinha. Como o restante do vilarejo, ela estava encantada com o jovem padre humilde, bondoso, de uma fé impressionante e devoto de Maria. Gostavam do jeito simples e alegre com que se comunicava. Nem sempre entendiam suas homilias e sermões, mas não se importavam com isso. Quando ele dizia algo descontraído, todos riam, rezavam juntos e se sentiam amparados pelos sacramentos e protegidos por sua presença. Era o bastante para fazê-los felizes e gratos.

Lolek estava satisfeito com seu laboratório. Era a forma como pensava naquela experiência. Extraía das pessoas exatamente a reação desejada. Aquele primeiro mês fortalecia sua convicção sobre qual seria a forma de influir no futuro e combater o socialismo, sua preocupação central naquele momento.

Dias depois, quando Adam, sozinho em seu gabinete no seminário, leu a carta de seu pupilo, sua reação foi bem diversa.

"Mas o que ele pensa estar fazendo, Mãe do céu? Será um desmiolado sem noção da realidade? Não. Não posso ter me enganado a tal ponto. Há de ser entusiasmo da juventude. Nunca escondi dele onde era a luta real do nosso país. Não podemos ceder ao regime dos soviéticos. Será o fim da Igreja. Ele precisa entender isso de uma vez por todas. Temos de enfrentá-los no campo das ideias; não podemos deixá-los crescer nas universidades e escolas. Essa politização da educação não pode ser tolerada. O homem é mais do que política, poder temporal. A dimensão humana e a dimensão da alma não podem ser esquecidas. O homem sem a fé se assemelha ao animal; será apenas o animal mais inteligente da Terra. Não, não, temos que opor diques", pensava Adam após a rápida leitura da carta de Lolek.

Ele colocou a carta de lado e pôs-se a escrever a resposta. Cuidadoso, não desmotivou Lolek em seus projetos de "laboratório" na pequena e simples comunidade para onde o mandara. Por outro lado, não lhe escreveu nenhuma palavra de estímulo ou apreço. Limitou-se a parabenizá-lo pelo trabalho evangélico e passou a escrever sobre suas próprias aflições. Adam deu ciência a seu pupilo de alguns movimentos do Vaticano que, naqueles primeiros anos de pós-guerra, permanecia fiel ao silêncio, exortando o clero a manter uma postura de neutralidade e respondendo discretamente às críticas da imprensa e de parte da população, que se mostrava decepcionada com a ação da Igreja em relação aos horrores vividos nos últimos anos. Pediam divulgação da ação de Pio XII para proteger Roma dos bombardeios e do acolhimento de alguns judeus em conventos e monastérios católicos, escondendo-os dos nazis e evitando que fossem levados às fornalhas alemãs dos campos de concentração. Adam encerrou a carta cobrando-lhe a conclusão da tese de doutorado, pois precisava urgentemente de doutores católicos, do clero de preferência, para fazer frente à guerra de ideologias que se travava. "Lembre-se da razão pela qual foi enviado à Roma", dizia o superior ao finalizar a carta.

No entanto, os meses avançaram, e as únicas notícias que Adam recebeu foram das atividades da paróquia, da crescente aproximação do padre Lolek com os jovens, da promoção de caminhadas, acampamentos, peças de teatro e procissões.

Lolek era uma dessas pessoas aficionadas pela escrita. Ele começou nesse período e somente parou quando foi forçado pela doença. Sua produção é invejável em quantidade — alguns milhares de páginas por ano —, porém, a qualidade desses escritos é um capítulo à parte. Provavelmente, utilizou a escrita como catarse ou anseio de perpetuação de seu pensamento.

Adam, como seu superior, tinha conhecimento dessas atividades e tolerou-as até o limite de ganharem as cores de uma preocupação recorrente. Percebeu que havia nas atividades com os jovens uma grande ênfase na discussão da vida sexual, do amor conjugal, da contracepção, da homossexualidade. Ao final do quinto mês de Lolek à frente da pequena paróquia, Adam determinou ao seu auxiliar direto que fosse supervisionar pessoalmente as atividades dele.

Padre Frederico, um jesuíta ultraconservador e experiente, não acompanhara a formação sacerdotal de Lolek nos anos da guerra. Ele era um dos reforços do clero polonês para fazer frente ao avanço da ideologia comunista entre os fiéis e auxiliava Adam dirigindo a universidade católica da cidade.

O fato ocorreu no gabinete do bispado, quando Adam passou ao padre jesuíta toda a correspondência mantida com Lolek, sem fazer nenhum comentário.

O experiente sacerdote retirou o monóculo do nariz, guardou-o cerimoniosamente na caixa e, com expressão pensativa, colocou-o no bolso da camisa branca. Ele, por fim, suspirou e encarou Adam ao dizer:

— Preocupante. Conhecemos bem as tentações do início da vida sacerdotal. Esse jovem tem um grande potencial, mas corre também um grande risco de se transviar do caminho e tornar-se mais um problema para a Igreja.

— Concordo plenamente com sua avaliação, padre Frederico. Gosto muito desse jovem, pois é inteligente, carismático e cativa as pessoas com grande facilidade. Acredito no seu potencial, por isso, investi na carreira dele. Confesso que tolero, faço que não vejo alguns pecados sexuais do nosso clero desde que discretos. Não tolero escândalo. Entende?

— Sim, é claro. Compreendo perfeitamente. E você considera que a proximidade dele com os jovens...

— As jovens — interveio Adam enfatizando o gênero.

— Ahã... mais preocupante — comentou Frederico arregalando os olhos. — Bem mais!

— Sim. É uma paróquia pequena, meio rural. Início da carreira...

— Óbvio! Bispo, se o senhor me mostrou tudo isso é porque tem algum plano. O que deseja de mim?

— Que supervisione *in loco* nosso pároco. Tem autorização para agir em meu nome no que julgar necessário, caso detecte o problema que suspeitamos — respondeu Adam. — Sei que tem muitas atribuições, mas gostaria que priorizasse esse encargo.

Frederico coçou o queixo, pensou e respondeu:

— Partirei em alguns dias. Talvez na próxima quinta-feira, assim acompanharei as atividades do final de semana. Parece-me que é quando esse jovem tem realizado suas "atividades de aproximação".

— Excelente! Gostaria que isso ficasse entre nós, padre — pediu Adam.

Frederico olhou ao redor da sala e com ar descontraído disse:

— Não há mais ninguém aqui. Tomarei as providências para a viagem e direi que minha ausência é para tratar de assuntos da família.

— Uma justificada indução ao erro, sem ser uma mentira — comentou Adam com aprovação.

No entardecer da quinta-feira, Piotr recebeu, com cortesia e indescritível alegria, o padre jesuíta trajado com sua batina e seus sapatos austeros. Frederico beirava os cinquenta anos, tinha as têmporas grisalhas e algumas rugas no canto dos olhos. Para Piotr isso significava uma vida dedicada a Deus, à religião e ao próximo e devia-lhe, por isso, um respeito muito grande.

Frederico era um homem astuto, simpático e de fácil relacionamento e não teve grandes dificuldades para conquistar a amizade e a confiança de Lolek. O sentimento foi mútuo e sincero, embora Frederico não tivesse revelado que cumpria a função de supervisão de forma especial e extraordinária, deixando que Lolek acreditasse que se tratava de uma visita de rotina do auxiliar do bispo à sua pequena paróquia.

Acompanhou todas as atividades do jovem padre e constatou a procedência da preocupação de Adam quando, na tarde de domingo, acompanhou uma atividade de caminhada nas montanhas com um farto lanche de pães, queijo, salames e cervejas. A adoração de duas jovens pelo padre Lolek era evidente. Elas disputavam a primazia de ajudá-lo em qualquer atividade e bebiam suas palavras como se fossem um néctar, tal era o encantamento. E ele, por sua vez, alimentava essa paixão juvenil, dando-lhes atenção, gentilezas, disfarçadas carícias envoltas na figura paternal e assexuada do "homem de batina".

Frederico observou calado. Não poderia afirmar que a situação tivesse extrapolado a um relacionamento afetivossexual com alguma delas ou com as duas, mas também não afirmaria o contrário.

Lolek, no entanto, cativou o rigoroso jesuíta com seu entusiasmo, com a sinceridade de sua afeição pela pátria e com suas ideias de combater o regime comunista por outros caminhos que não o enfrentamento direto. Frederico vislumbrou um político astuto, algo que Adam ainda não vira. Faltava-lhe, porém, um confronto com a realidade. O jesuíta entendeu facilmente que Lolek fugira dos horrores da guerra e da solidão internando-se no seminário e que, durante o doutorado em Roma, usufruíra das boas condições do Vaticano, sem maiores preocupações.

Frederico, então, decidiu fazer algumas mudanças na rotina de Lolek. Durante um jantar de domingo, em que apenas os dois estavam na casa paroquial, Frederico começou a falar:

— Apreciei muito seu trabalho, Lolek. Precisamos desse entusiasmo em nossas paróquias. Você sabe que ainda vivemos um momento muito difícil em nossa pátria e não podemos nos omitir. Há uma luta séria contra o comunismo que bate à nossa porta a todo minuto. Nosso primaz tem incentivado essa reação enérgica, e você sabe que ele foi um líder da nossa resistência e é um devoto mariano exemplar.

Frederico fez uma pausa e analisou a reação interessada de Lolek.

— Sim, eu o conheço. Admiro-o muito — respondeu Lolek.

— Pois bem! Para cumprir essa orientação, temos trabalhado muito no bispado e, como é do seu conhecimento, carecemos de bons e jovens pastores como você, por isso gostaria que me acompanhasse a algumas visitas.

Lolek sentiu-se valorizado e ruborizou levemente. Com sua usual disposição, respondeu:

— Será um grande prazer. Gostei muito de você e acredito que trabalharemos bem juntos. Tivemos uma pequena mostra esses dias, não é mesmo? Como viu, a paróquia é pequena e tranquila, e não tenho com o que ocupar todo o meu tempo aqui. Tenho lido muito, gosto de escrever, mas, com tudo isso, o tédio, às vezes, me abala.

— Excelente! Isso será bom para ambos! Começaremos na quarta-feira. Regressarei amanhã à cidade e o encontrarei na estação na manhã de quarta-feira, pode ser?

— Claro. Estarei à sua espera.

— Ótimo! Usarei um carro do bispado. Aguarde-me próximo das 8 horas da manhã. O dia será longo. Prepare-se.

Um grande sorriso foi a resposta de Lolek. A ideia de sair do vilarejo rural era uma promessa de paraíso. Depois de viver os últimos cinco anos em Roma, conhecendo as principais capitais e os centros de peregrinação católica na Europa, os cinco meses bucólicos tiveram um sabor de tempo que não passa, de uma eternidade feita de repetição. Somente a paixão das jovens paroquianas o distraía, contudo, sabia que era um caminho perigoso. Não fora tão ingênuo para envolver-se com elas de fato e tinha consciência de que precisava sair daquele vilarejo.

Na quarta-feira, conforme fora combinado, Frederico estacionou o automóvel do bispado ao lado da estação, contudo, não havia ninguém do lado de fora esperando-o. A manhã estava muito fria, e ele deduziu que Lolek o aguardava no escritório de Piotr.

— Padre Frederico! Que surpresa! — falou Piotr ao abrir a porta. — Entre, por favor.

— Bom dia, Piotr. Eu lhe agradeço, contudo, minha demora é pouca. O padre Lolek combinou de esperar-me aqui às oito horas da manhã, mas me atrasei na estrada. Já são quase 8h30 — respondeu padre Frederico consultando o relógio de bolso.

— Imaginei que ele estivesse com você, refugiando-se do frio.

— Não, padre. Ele ainda não chegou. O senhor deve saber que nosso querido padre é uma pessoa excelente, mas não usa relógio nem costuma consultá-lo — falou Piotr sorrindo.

— É mesmo! Eu não sabia, Piotr.

— Então, acho melhor o senhor entrar e aguardar. Trouxe um café novinho, há pouco coado e colocado na garrafa térmica. Entre, sente-se e tome um café comigo. O padre Lolek deve chegar logo. Ele, em geral, se atrasa, mas não muito.

Frederico escondeu a insatisfação com a informação sobre a falta de pontualidade de Lolek, sorriu e aceitou a oferta de Piotr.

Enquanto conversavam, Frederico disfarçadamente consultava o relógio de parede do escritório. Vinte e cinco minutos depois, alegre e sorridente, Lolek bateu à porta. Cumprimentou-os e, notando as xícaras usadas sobre a mesa de Piotr, pediu:

— Meu bom amigo, o café de dona Evangelina é o melhor do vilarejo. Vejo que já apreciaram uma xícara. Será que sobrou para mim?

Frederico anotou mentalmente que Lolek não se desculpara pelo atraso de uma hora, não dera nenhuma justificativa e ainda considerava que podia despender mais tempo do dia tomando café.

— Não temos tempo, padre Lolek — anunciou Frederico levantando-se e disfarçando a reprimenda com um sorriso em consideração ao fiel que testemunhava o encontro. Ele prosseguiu: — Esperei-o bastante, e nossa agenda para hoje está atrasada. O café é mesmo muito bom! Agradeça e cumprimente sua esposa, Piotr. Padre Lolek e eu vamos embora, pois nosso dia será longo.

Frederico colocou o chapéu preto na cabeça, estendeu a mão a Piotr, abençoou-o e saiu. Lolek não se abateu com a reação de Frederico e, com total intimidade, foi até a bandeja onde estava o café e as xícaras. Serviu meia taça e tomou o líquido de um gole. Largou a xícara, olhou Frederico que controlava a irritação e em tom de brincadeira provocou:

— Foi um segundo só. Estou indo, padre Frederico. Obrigado, amigo — disse Lolek dirigindo-se a Piotr. Então, com passos largos e rápidos, alcançou Frederico a poucos metros do veículo.

Ao final do dia, Frederico parou o veículo em frente à casa paroquial do vilarejo, despediu-se de Lolek e anunciou:

— Na próxima semana, sairei mais cedo. Espere-me às 7h30 na estação. Sem atraso, pois nosso roteiro será mais longo e penoso. Por favor, corte o cabelo e faça a barba. Cuide que seus trajes estejam com boa aparência — advertiu Frederico olhando com reprovação as roupas manchadas e amarrotadas de Lolek. — Você é um padre, não é um vagabundo nem um artista boêmio. Sua aparência deve ser referência de limpeza e boa apresentação, assim como a pontualidade demonstra sua seriedade e seu compromisso.

— O barbeiro do vilarejo é um agricultor. Padre Frederico, se o senhor prestou atenção aos meus paroquianos, deve ter notado que o barbeiro precisa de óculos — respondeu Lolek saindo do carro. — Até a próxima semana. Gostei muito do dia. Espero ter sido útil.

Frederico assentiu com um leve gesto de cabeça. Não podia negar que o jovem padre era carismático, cheio de energia, e que motivara os religiosos visitados naquele dia.

— Aguardarei os resultados para responder se você foi útil ou não. O dia foi agradável, promete bons resultados, mas só fatos me convencerão — rebateu Frederico.

Lolek sentiu o ar gelado da noite que se aproximava rapidamente e, sem dar nenhuma importância à colocação de Frederico, abotoou o sobretudo, enrolou o cachecol no pescoço, enterrou o chapéu na cabeça, enfiou as mãos nos bolsos e seguiu caminhando apressado até a entrada da casa, saltando a mureta que circundava a propriedade ao lado da igreja.

A rotina de Lolek e Frederico consolidou-se e com ela uma amizade duradoura, apesar das diferenças de pensamento e conduta. Esse trabalho trouxe ao jovem padre uma experiência importante: ver a transformação de sua amada pátria, da católica e mariana Polônia em uma espécie de país satélite da União Soviética. A reconstrução das cidades, agora atrás da chamada cortina de ferro, mostrava em sua arquitetura os novos conceitos: tudo cinza, linhas retas, frias, secas, monótonas, claramente ideológicas. Eram construções estéreis, que despertavam instintivamente medo, pois não faltavam grades, arames farpados, muros e cercas lembrando que a liberdade era cerceada.

— Horrível! — comentou Frederico referindo-se às novas construções de edifícios residenciais. — Nem o pico de uma montanha coberto de neve é tão frio e sem graça. O Partido Comunista tenta acabar com nossa identidade polonesa, com a fé, com a individualidade; quer tornar tudo massivo. É um estado ditatorial. Estamos vivendo em uma zona de influência soviética extremamente forte e sentimos essa influência em todas as áreas, até mesmo nessa arquitetura horrorosa que estão nos impondo goela abaixo.

Surpreso com o que estava vendo, Lolek indagou:

— E onde está a reação do nosso povo?

— Subjugada, Lolek.

— Mas e o nosso teatro? Sempre foi vanguarda, resistência histórica. O que estão fazendo? Veja, Frederico! Estive um bom tempo longe, na Itália, e, quando retornei, nosso bispo enviou-me para o povoado que conhece. Estou muito surpreso em ver as cidades nesse estado. Esse vazio estético é assustador, assombra-me. Recorda-me um cemitério.

— Teatro?! Para assistir a alguma representação, você deve ir aos tribunais e às assembleias, Lolek — aconselhou Frederico encarando-o.

— Como? Não entendi.

— O único teatro que nos resta, infelizmente, são os julgamentos políticos. São cerimoniosos, um aparato digno do teatro monumental de que você tanto fala.

— Presos políticos?!

— Sim, Lolek. Iremos visitá-los hoje. Temos muitos campos de concentração ainda em funcionamento no nosso país.

— E quem são esses presos? Políticos da oposição?

— Qualquer um, Lolek. Em sua maioria, esmagadora maioria, eu diria que são pessoas comuns, sem pertencimento a partido político, que ousaram divergir ou apenas questionar o que estavam fazendo com elas, que desejavam ir embora para outro país, que queriam ser livres. Os políticos da oposição tiveram dois destinos: morte ou fuga. Isso foi desde a invasão, perdurou durante a guerra e se mantém. Atualmente, nossos presos políticos são pessoas do povo, trabalhadores, professores, cientistas...

— E dos religiosos? — perguntou Lolek. — Qual é nossa situação?

— É preciso prudência. Alguns foram mortos, outros presos e muitos foram embora. O Partido Comunista está infiltrando-se entre nós e interferindo, inclusive, na nomeação de bispos e arcebispos.

— Obviamente escolhendo os que apoiam o pensamento deles ou que os julgam inofensivos — comentou Lolek, surpreendendo Frederico, que se limitou a concordar.

O silêncio imperou quando se aproximaram dos altos muros de uma prisão, na verdade de um campo de concentração de presos políticos. Frederico sussurrou antes de parar o carro para a inspeção:

— Prudência!

Lolek olhou-o calmo e fez um discretíssimo aceno positivo com a cabeça. Frederico surpreendeu-se novamente com a atitude do jovem padre. "Hum, indícios de habilidade política. Algo a analisar. Adam não falou sobre isso", pensou Frederico.

***

Semanas depois, Frederico encontrava-se novamente a sós com Adam, no gabinete, e relatava a experiência com Lolek.

— É indiscutivelmente um jovem promissor, que necessita de orientação, especialmente na conduta sexual. Gosta de mulheres, e isso é indicativo de confusão, mas nada que uma boa assistência não possa resolver. Vigilância é minha recomendação. Sugiro também a transferência dele para assumir o cargo de professor na universidade.

— Certo! Mas ainda resta a titulação do doutorado. Ele não apresentou a tese ainda — falou Adam encarando Frederico.

— Podemos apresentá-la na nossa universidade e conferir-lhe o título — sugeriu Frederico.

— Você é o diretor. Se você diz que é possível, eu concordo.

Frederico sorriu. Aquele velho jogo continuava a diverti-lo: Adam sabia tanto quanto ele da viabilidade da solução sugerida, pois já tinham feito aquilo antes. Deixara a ele, contudo, a tarefa de sugerir para somente concordar com uma ideia que já estava amadurecida em sua mente. Ideia que provavelmente tivera quando o mandou supervisionar o pupilo.

Encerrou-se a curta carreira de Lolek na comunidade. Ele graduou-se doutor em Teologia defendendo a tese de que a pessoa é o único ser capaz de viver em comunhão com Deus, que a construção individual dessa comunhão encerra o cerne do drama da existência e que, portanto, retirar Deus das questões referentes à humanidade era, segundo ele, o fim último da proposta comunista soviética, que desejavam instalar na Polônia. Era o mesmo que negar a Deus e nossa essência humana. Um texto sofrível e místico, concluído com a inestimável ajuda de Frederico.

Iniciou-se seu ministério nas universidades católicas sob o jugo soviético.

CAPÍTULO 25
IRENA

O retorno de Lolek à capital foi rápido assim como as despedidas e promessas de visita ao pequeno vilarejo. Lágrimas e sorrisos foram despertados nos outros na mesma proporção. Intimamente, nenhuma diferença no jovem padre a não ser o acréscimo de aprendizado de que havia muitos caminhos na Santa Madre para solucionar o que fosse do interesse dos seus dirigentes, como a questão da graduação como doutor e outras tantas que vinha descobrindo.

A agitação da vida acadêmica agradava-o bem mais que a vida bucólica, além disso, permitia-lhe reaproximar-se dos grupos de teatro, algo de que sentia imensa falta. Portanto, essa foi sua primeira providência.

A nova rotina era cansativa para Lolek, pois ele dava aulas na capital e em outra cidade distante mais de 300 quilômetros. Tornou-se comum vê-lo caminhando apressado pelas ruas, usualmente atrasado para seus compromissos e abraçado a seus livros favoritos.

Lolek cativou seus alunos com facilidade e descobriu com eles a paixão pelo confessionário. Frederico, muitas vezes, o procurou na universidade e foi informado de que ele estava atendendo em confissão algum aluno.

— Aluno ou aluna? — perguntava Frederico ao funcionário.

A resposta era majoritariamente "alunas", o que, após alguns meses, fez Frederico começar a preocupar-se e reportar o fato a Adam durante uma visita do superior à universidade para reuniões ordinárias com os docentes.

— Teremos problemas nessa área. Não posso dizer que me surpreende, você sabe que não, pois, desde a época do seminário, percebo que ele não nasceu para uma vida sexualmente discreta — respondeu o bispo. — O que você apurou sobre essas confissões?

— São de jovens estudantes. Adolescentes, na maioria. Descobri que Lolek se tornou tão popular porque dialoga muito com seus confidentes, aconselha-os, e nem sempre essas confissões são voltadas para o perdão dos pecados. Falam de seus namoros e paixonites — respondeu Frederico.

— Não é o primeiro clérigo a fazer isso — contemporizou Adam. — Muitos fiéis gostam disso.

— Sim, eu sei, mas preocupam-me o assunto e as confidentes. Por justiça, devo dizer que as orientações dele, até agora, têm sido de acordo com o ensinamento católico: autocontrole, abstinência, castidade. Porém, noto que ele não hesita em envolver-se na vida privada das confidentes em seu aconselhamento. Alguns, a meu ver, absurdos.

— Tal como? — indagou Adam atento.

— Uma jovem veio até mim confusa após receber o aconselhamento de Lolek. Ela revelou sentir-se atraída por um colega de turma, contudo, o rapaz aparentemente não correspondia ao seu interesse. Quando essa moça "confessou-se" com Lolek, ele a aconselhou a insistir, dizendo-lhe que ela deveria "educar" o referido rapaz para ser seu companheiro. Isso é um absurdo! É incentivar uma conduta abusiva, autoritária, intromissão em relação a outra pessoa. É incentivar o desrespeito. Isso, contudo, me leva a pensar que essa é a conduta dele em tal caso. Você é o superior de Lolek e seu confessor, então, peço que o oriente nessa área.

— Farei isso, Frederico. E no propósito com que o trouxemos para cá, como está se saindo?

— Muito bem. Teoricamente um pouco confuso, mas contorna isso com muita habilidade. Por cativar tão facilmente as pessoas, ele as conduz com extrema facilidade. É um líder nato, muito carismático. Você sabe como as pessoas são emocionais. Lolek não joga no enfrentamento de ideias com os comunistas, contudo, consegue carregar os jovens consigo. Eles adoram as atividades que ele programa: muito esporte e arte. Criou um coral, e os jovens estão ensaiando uma Missa Gregoriana. Ele é habilidoso, bom diretor artístico. Criou também um grupo de estudos de filosofia, que envolve não somente alunos, mas outros professores. São atividades extraclasse que fazem os alunos girarem em torno dele praticamente toda a semana. Assim, ele bloqueia, neutraliza completamente a influência dos infiltrados pelo partido na mente dos jovens. É uma estratégia que está sendo bem-sucedida, embora não tenha sido para essa função que elegemos ele.

Satisfeitos com a conversa, os dois homens deixaram a sala em que conversavam reservadamente e foram ao encontro dos demais docentes da universidade para a reunião programada.

***

Naquela época, Lolek deixara de residir no seminário. Morava sozinho em um sótão alugado próximo à estação férrea e justificara a medida perante seu superior alegando seus difíceis horários e sua necessidade de dedicar-se aos estudos. De fato, ele lia muito e promovia frequentes e regulares reuniões para estudos em sua residência, um local muito simples, confortável e limpo, que lembrava em alguns aspectos o lar de sua família.

Diferente do que fizera na pequena aldeia, Lolek agora não usava a batina e era visto em trajes civis. Nos fins de semana, retomara sua grande paixão: o teatro. O antigo grupo fora reativado por alguns membros sobreviventes aos horrores da guerra em solo polonês, bem mais longa e ainda dolorosa. Da velha chama de resistência cultural ainda restavam brasas, e Lolek soprava-as com vontade firme, embora trabalhasse de mãos dadas com a tradição. A mensagem anticomunista era passada de forma velada, sem choque com a forte censura ideológica. Ele afastava as mentes daquele assunto e conduzia-as para outros temas, realizando, assim, uma forte reação passiva e tornando aquele corpo difícil de ser movimentado.

Com essa rotina, Lolek comparecia ao bispado apenas para cumprir as obrigações ou quando era chamado. Estava verdadeiramente satisfeito e feliz com sua vida. Gostava de lecionar e gostava sinceramente de seus alunos. Amava escrever e estudar e realizava-se plenamente no teatro, de modo que aquele foi, a meu ver, um período verdadeiro. A batina guardada no armário era um traje teatral fora de uso.

Nesse estado de alma, Lolek retornava da outra cidade onde lecionava. Era o entardecer de um dia particularmente frio, os últimos raios de sol desapareciam, quando entrou no trem. A noite prenunciava-se muito fria. Mais uma viagem com os pés congelados, gola do casaco erguida e as mãos firmemente enfiadas nos bolsos. Mas aquela era sua terra e a amava como era, por isso, resoluto e de bom humor, ingressou no trem.

O vagão estava lotado, fato incomum, e havia apenas um lugar disponível. Lolek aproximou-se e notou que havia uma pessoa sentada no outro espaço. Imediatamente, seu olhar foi atraído para os cabelos castanhos e brilhantes de uma moça, que pareciam sedosos e macios. Ele passeou discretamente o olhar pela agradável silhueta da jovem, apesar do pesado sobretudo cinza com gola de pele. O perfil do rosto mostrava lábios cheios e um nariz levemente arrebitado. A cidade onde estava era próxima da fronteira com a Rússia, e ali os traços poloneses miscigenavam-se com o tipo soviético, especialmente naquele tom de cabelo castanho acobreado e nos traços mais suaves do rosto. "Talvez ela seja russa", pensou ele. E, atraído pela moça, pediu educadamente:

— Boa noite, senhorita. Este lugar ao seu lado está livre?

A moça olhou para Lolek — ela tinha olhos esverdeados, o que o encantou — e respondeu:

— Sim, está livre.

— Ah! Que bom! Hoje estou muito cansado para fazer um trajeto de pé, mesmo que pequeno. Com licença — pediu e sentou-se acomodando os livros sobre as pernas.

A moça moveu-se para perto da janela, pois Lolek era um homem alto e grande, apesar de magro. A presença dele chamava atenção e, naquele exíguo espaço, tornava-se dominante. Notando a própria atitude, Lolek recuou de imediato, colocando-se mais próximo do corredor. Aparentando timidez na face e na voz, ele falou com um sorriso meigo:

— Desculpe-me. Sou grande e bastante desajeitado. A senhorita está confortável? Não a estou molestando? Sou muito estouvado e ainda preciso carregar todos esses livros... Ossos do ofício.

A moça olhou de soslaio para os livros e surpreendeu-se ao ver obras de Max Scheler, um filósofo que ela apreciava muito.

— O senhor é professor? — indagou a jovem, curiosa.

— Sim, sou. Acho que carrego em mim o cheiro das bibliotecas e do giz, embora esse deixe marcas nas roupas — brincou ele.

— Uma profissão nobre. O senhor ensina filosofia?

— Sim — respondeu ele satisfeito com a abertura da jovem. — Como descobriu? — e, para não parecer parvo em demasia, logo respondeu: — Ah, os livros! Claro! Conhece-os?

— Sim, gosto muito de Scheler.

— Que surpresa maravilhosa! Como pode ver, senhorita, ele é meu guru, meu mestre. Também gosto muito de suas obras. E, já que temos esse interesse comum e mais de trezentos quilômetros de viagem nesta noite fria, permita que eu me apresente: sou conhecido como professor Lolek. Meus alunos adotaram meu apelido de família, acredita? Até já esqueci meu nome de batismo.

Ela sorriu sentindo-se bem na presença ao mesmo tempo extrovertida e tímida do professor, um comportamento intrigante e charmoso.

— Irena Wyzynski. É um prazer conhecê-lo, professor.

— O prazer é meu também, senhorita. Diga-me como conheceu nosso autor favorito! Não é uma leitura popular.

— No trabalho. Uma amiga médica emprestou-me um livro dele. Já faz alguns anos que isso aconteceu e, desde então, leio as obras de Scheler sempre que posso. São livros caros, por isso, não li muitos, infelizmente. Gostaria de ler todos.

— Desculpe a curiosidade, mas em que trabalha? — perguntou Lolek.

— Sou enfermeira. Servi na Cruz Vermelha durante a guerra para fugir dos campos de concentração e acabei descobrindo minha vocação — respondeu a jovem.

— Para fugir? Você é judia? — indagou Lolek cauteloso.

— Não, sou católica, mas minha avó materna era judia. Eu morava com ela no gueto de Varsóvia durante a ocupação. Quando a situação piorou, foi ela quem me encaminhou para a Cruz Vermelha. Fez isso para salvar-me — respondeu Irena com nítido pesar na voz. — Ela casou-se com meu avô, que era polonês e católico. Era um casamento misto. Essas coisas de preconceito que fazem tanto mal... vivendo com ela aprendi que, acima de crenças e religiões, somos humanos e filhos do mesmo Deus. Mas esse é o pensamento da minoria, ainda. Meus pais emigraram para a América, e eu fiquei com minha avó. Nós iríamos para lá depois de resolvermos algumas questões de patrimônio. Resultado: ocupação. Minha avó tinha a esperança de resolver as questões materiais para dar à família melhores chances na América, contudo, não aconteceu uma coisa nem outra. Tudo ficou pior. Perdemos os bens, não conseguimos sair daqui, e a perseguição aos judeus piorou... Enfim, a história conhecida de todos nós.

— Sim, eu sei. Lamento. Também sofri grandes perdas nesses anos de guerra — respondeu Lolek e resumidamente falou de sua solidão e da busca por trabalhos que o deixassem longe da guerra. — Talvez isso possa parecer covardia, e talvez seja mesmo — admitiu ele —, mas nada me convence de que a solução das armas resolva problemas humanos. Sou pacífico, acredito na política, no diálogo. Os homens não foram criados para se matarem e se mutilarem.

Depois de ter vivido nos hospitais de campanha militar, de ter visto a devastação causada pelo monstro do ódio e da guerra, Irena ouviu aquelas palavras como se fossem o canto dos anjos. A moça lidava com homens enraivecidos, entristecidos, arrependidos, torturados, traumatizados, e ouvir um homem falar de pacifismo era um deleite, um encantamento. Lolek cativou-a e atraiu-a de imediato, e os dois continuaram conversando animadamente sobre temas profundos, trivialidades e memórias durante toda a viagem, sem sentirem as horas passar.

Quando chegaram à capital, Lolek convidou Irena para compartilhar com ele um jantar simples em um dos bares da estação. Ela aceitou o convite e depois permitiu que ele a acompanhasse até o local onde ficaria hospedada. Combinaram, por fim, de se encontrarem para um café no dia seguinte.

Um som gutural emitido pelo nosso atendido trouxe-me de volta ao presente. Deixei as recordações do Código Vermelho e guardei apenas a constatação de que, desde a invasão da Polônia até encontrar Irena no trem, no início dos anos 1950, aquela tinha sido a primeira vez que Lolek falava de sua experiência pessoal. Cogitei que, em mais de uma década, aquela tivesse sido provavelmente a primeira vez em que ele fora verdadeiro, inteiro, ele mesmo. Julguei que aquela informação seria importante para o tratamento dele e anotei para conversar com Georges.

CAPÍTULO 26
MARIA OU MULHER?

Lolek continuava no chão, na mesma posição, mas o choro cessara completamente. Ele parecia alheio à nossa presença, distante, e tinha o olhar fixo no teto. A expressão dele era vaga.

Como eu me perdera em minhas recordações sobre o trabalho feito a partir do dossiê, voltei-me para Ricardo e perguntei:

— O que você observou?

— O pensamento dele tem oscilado entre recordar suas amantes e louvar Maria. Como mariano, a devoção dele é fanática. Ele não pensa em lições de Jesus. O pensamento de Lolek é focado na teologia, eu diria, na mitologia criada em torno da figura de Maria, e isso o perturba bastante. Ele, contudo, teve o poder de afastá-lo das repercussões de seu próprio mito e de suas atuais consequências. Eu anotei uma discordância minha com a opinião de Georges. Lolek tem paixão em si. E muita, eu creio. Algo, no entanto, a sufoca ou mal direciona — respondeu Ricardo.

— Lembro que, em seu relatório sobre o dossiê, você registrou que tinha dúvidas sobre a devoção católica dele. Mudou de ideia?

— Sim, José. Em algum momento da vida de Lolek, dessa paranoia que ele construiu e viveu, ele agarrou-se profundamente a esse mito de Maria. Atrevo-me a pensar que seja uma forma de controlar seu desejo sexual e sua obsessão pelo assunto "sexo" e pelas mulheres que ele tem. Anotei para conversar com Georges sobre isso. Identifiquei uma ferida interna bem grande, talvez difícil de drenar.

— Aparentemente, o "celibato" fez mais mal do que bem a ele — pontuei. — Há nele um perfil de alguém simples, o que se poderia chamar de um cidadão comum. Você conseguiu enxergar essa pessoa, Ricardo?

— Diria que vislumbrei. Sabe, resguardadas as proporções, ele me lembra o personagem de O estranho caso do Dr. Jekyll.

— Dupla personalidade...

— Eu creio que não, José. Ele tem consciência dessa vida dupla, por isso não seria o caso de dupla personalidade. É algo mais simples, menos doentio e mais humano, eu creio. Por isso, mais difícil de aceitar.

— Você está considerando que todo problema seja exclusivamente moral?

— Inclino-me a isso. Um caminho extremamente tortuoso guiado por sentimentos, vícios e virtudes conflitantes e confusas, que geram emoções e fatos de igual teor nos quais ele se enredou tão profundamente quanto é o desconhecimento dele de si mesmo.

— Excelente avaliação, Ricardo — falou Georges acomodando-se entre nós.

— Olá, Georges. Não percebi sua aproximação — disse Ricardo.

— Notei que estavam muito compenetrados e decidi não atrapalhar. A conversa interessou-me e deselegantemente fiquei ouvindo — confessou Georges sorridente. — Como foi esse período em que o observaram?

— Nenhum contato. Eu e Ricardo apenas observamos a crise e acompanhamos os pensamentos de Lolek. Acreditamos ter identificado alguns padrões que poderão ser úteis ao atendimento — respondi a Georges.

— Hummm. No momento, vejo que ele está fixado em lembranças sexuais — comentou Georges investigando as imagens na mente do paciente. — Isso começou há pouco ou ...

— Ou. Ele se compraz nessas memórias de todas as formas que você possa imaginar, Georges. Algumas muito materializadas e constrangedoras para nós. Esse, contudo, é um trabalho terapêutico. Leia minhas anotações, agora. Isso poupará relatos — ordenou Ricardo, seco, entregando a Georges o material.

Calma e silenciosamente, Georges recebeu as anotações e leu-as com muita atenção. Ao final, voltou-se para mim e pediu:

— Posso ler as suas, José?

— Ah! Claro! — despreocupado e divertido, entreguei-as a ele, que rapidamente passou os olhos e leu em voz alta:

— "Sensualidade. Ver: Código Vermelho, Irena, Wanda, Tereza, Max Scheler, fenomenologia, devoção ao mito de Maria, conflito com o feminino, perfil de homem comum, um 'eu' falso". Obrigada, José. Para meu trabalho, isso foi relativamente útil.

Georges devolveu-me o material e pisquei-lhe o olho sorrindo. Respondi:

— Muito úteis para o meu.

— Vamos conversar na minha sala — convidou Georges. — Lolek permanecerá nessas lembranças por um longo tempo. São anestesiantes para a mente dele.

— Auto-hipnose? — indagou Ricardo imediatamente.

— Sim — confirmou Georges. — Veja o vazio do olhar dele fixo no nada. Fuga mental. Vivência de sensações que exaurem as energias. A isso se seguirá prostração; é fácil prever.

— Mecanismo interessante — sussurrou Ricardo. — Vicioso.

— Altamente vicioso. Tipicamente preguiçoso também — completou Georges despertando meu interesse.

— Preguiça?! Não me lembro de ter identificado esse comportamento nele — comentei.

— Às vezes, essa identificação é tão difícil quanto reconhecer a depressão em alguém irritado ou que busca momentos de euforia — disse-me Georges.

— Preguiça mental como substrato dessa criatura complicada? — indagou Ricardo pensativo. — Vamos observar.

Saímos acompanhando Georges e, em sua sala de trabalho, acomodamo-nos revelando antiga familiaridade. Ricardo sentou-se no divã, como se fosse seu; eu peguei a cadeira do fundo da sala e coloquei-a no centro, quase ao lado do divã; e Georges sentou-se em sua poltrona.

— Foi um bom momento da minha vida — falou Ricardo olhando em torno e recordando seu passado como paciente de Georges. Por fim, desabafou: — Ao mesmo tempo, lamento e irrito-me com Lolek. Ele tem uma oportunidade maravilhosa; a vida está oferecendo a ele uma nova chance de melhorar e ser feliz; ninguém o julga; desejamos ajudá-lo; e, apesar dos pesares, ele deve ter méritos, pois foi permitido socorrê-lo. Parece-me, contudo, que ando em círculos nesse caso, e isso é muito difícil para mim. Vocês me conhecem! Eu gosto de solução, não me concentro em problemas. Considero isso perda de tempo. Essa dança de um passo à frente e dois atrás me irrita.

— É realmente cansativo se você não tiver a frieza que dá a aceitação e o conhecimento — argumentou Georges. — Por que decidiu ajudá-lo, Ricardo? Sei que se empenhou nesse caso e que faz um bom tempo que trabalha com ele.

— Pois é, tenho pensado a respeito disso, Georges. Você sabe que ainda tenho uma ligação forte com a Itália. Eu amo muito aquele lugar da Terra, por isso, vou lá com certa frequência. Não há como separar Itália e Igreja Católica. Ainda carrego muitas marcas da minha última experiência, você sabe. Ainda não me desfiz da batina — gracejou Ricardo. — Embora ela represente hoje um uniforme de trabalho que me permite ser identificado, conheço essa instituição por dentro e por fora. Vivi como encarnado nela e muitos séculos como um de seus muitos fantasmas, de seus influenciadores ocultos. Maus conselheiros, eu reconheço. Fui mais um vivendo, ou melhor, prolongando uma existência finda por medo do futuro e das consequências dos meus atos. Por lá, ainda se respira o passado, e não é somente porque sobrevivem maravilhosamente preservadas riquezas arquitetônicas e artísticas ancestrais. É porque muitos espíritos permanecem presos às estruturas de poder, sexo, intrigas e violência que estão na base daquelas belezas. Há muito ódio e sofrimento nos porões, contudo, há também espíritos maravilhosos, de inteligência e sensibilidade ímpares, dedicados e profundamente amorosos trabalhando lá. Isso me atrai, afora o fato de que eu me propus a trabalhar resgatando seres que vivenciaram problemas semelhantes aos meus. Isso tem me feito um bem enorme, tem me dado paz e felicidade.

— Você acha que o caso Código Vermelho está sendo um desafio muito grande? — perguntei, notando que Ricardo fugia da resposta direta e objetiva que Georges esperava.

— Sim, ele é. Talvez eu tenha superestimado minha capacidade e me sinta impotente. Isso é frustrante e me irrita, José. Não o irrita também? — indagou-me Ricardo.

— Não. O caso Código Vermelho me desperta outras reações emocionais. Eu fico em estado de expectativa, de alerta, mas meu interesse no caso é diverso do seu. Meu foco é a história de Lolek, suas experiências, o que posso aprender com ela, o potencial para auxiliar, quando divulgada, na emancipação das consciências com relação a esses mitos que os homens encarnados ainda teimam em materializar na Terra. Meu foco é desmistificar, é mostrar o natural da vida e o processo de igualdade das leis da vida. É promover amadurecimento intelectual e libertação desse desejo infantil de proteção, de quem solucione e promova milagres diante dos fatos que cabe a cada um trabalhar. Desejo que ele melhore, obviamente. Seu estado me compadece, porém, não me irrita. São as necessidades dele, precisam de tempo, do tempo dele de vencê-las. É um espírito ainda tão materializado que seu comportamento me choca em alguns momentos, você viu — respondi honestamente.

Ricardo suspirou, mexeu-se no divã, procurando uma posição mais confortável, e ficou pensativo por alguns momentos. Um harmonioso e revigorante silêncio instalou-se entre nós.

— Será essa a diferença, Georges? — questionou Ricardo.

— Entre os sentimentos de vocês diante do caso Código Vermelho? O objetivo de cada um? — insistiu Georges nas indagações.

— Sim. Meu objetivo é o ser, é Lolek. O objetivo de José são as vivências dele, extrair lições para si mesmo e para seu próprio trabalho, em primeiro lugar. José não se envolve pessoalmente, por isso não tem reações pessoais...

— Eu tenho — interveio José. — Admiti que ele me choca, e isso é pessoal.

— Sim, mas é diferente, José. Você não se desgasta com ele, com a situação — comentou Ricardo. — Eu luto com meus sentimentos nesse trabalho. E são sentimentos ruins. Ele me irrita, me incomoda, desperta um lado que eu gostaria de ter superado e vejo que ainda não venci. Mas, sinceramente, quero ajudá-lo e acredito que isso será possível. Embora, a cada tentativa fracassada meu desânimo aumente.

— Ricardo, o que você sentiu quando viu Lolek e sua situação espiritual após a morte pela primeira vez? — questionou Ricardo.

— Piedade. Muita piedade! Era um horror aquela cena — falou Ricardo emocionado com a lembrança. — Talvez porque eu, no passado, tenha almejado o "cume da carreira", e, bem, poderia ser eu no lugar dele. Apesar dos pesares, tudo que fiz é quase nada comparado a ele. Então, também há gratidão, há orgulho de não ter errado tanto, de não ter sofrido desse modo atroz. Creio que, em algum momento, isso me fez sentir superior e me julguei capaz de fazer cessar o sofrimento dele. Pensei que bastaria minha vontade para resolver, no entanto, não vejo melhoras, há oscilações e... bem, sou incapaz de fazer frente a uma cultura de massa. Entendo que são a consequência dos atos dele, mas também são responsáveis por se manterem numa idade mental e espiritual de se comprazer em fantasias e lendas, no desejo infantil do inconcebível, do mágico, do milagroso, da necessidade de proteção e adoração de outro ser. Bom... confesso que me sinto frustrado por ele não melhorar e por isso sei que ainda sou tão infantil quanto os outros a que me referi.

Ricardo fez uma pausa, pensou, encarou Georges e falou:

— Por que não dizer o que sinto ainda? Linguajar bobo e vazio dizer que simplesmente me referi aos outros. Eu sou, intimamente, como os outros que condenei, porque os culpei pelo que sentia ser um fracasso meu.

— Muito bom, Ricardo! — elogiou Georges. — É excelente essa consciência de que na vida do outro não temos nem vitórias nem fracassos. Ela não nos pertence, não temos poder algum sobre elas. E é bom não ter. É suficiente ser responsável por si mesmo. Responsabilizar-se pelo outro, no nosso mundo, ainda significa, majoritariamente, comprometer-se. São poucos os que conseguem mérito e responsabilizam-se sem ser dominadores. Ainda mais nesses momentos de sofrimento e dor intensa como você citou. A maioria age com "extrema piedade", beirando o piegas, a superproteção e esquece a parábola do bom samaritano: ele acolheu o ferido do caminho, conduziu-o ao local apropriado, tratou o que era preciso para que fosse curado e seguiu sua vida, voltando depois para saber notícias dele. Isso demonstra a consciência de que a melhora, a cura, não está nas mãos de quem socorre, de quem ajuda, mas nas mãos do próprio socorrido. E não nos cabe abandonar nossa vida pela dele. Cabe-nos fazer o necessário, no momento, e seguir. Seguir sem esperar nada do socorrido, apenas desejar que melhore. O samaritano seguiu! Não ficou para quando ele acordasse ser saudado como seu salvador. Aí há orgulho. Ele não fez julgamentos sobre o que havia acontecido com o homem ferido; simplesmente viu que ele estava ferido e o socorreu. Não é assim a parábola? O resultado do tratamento não está nas nossas mãos, e isso nos liberta do "controle dos fatos" ou do "controle das coisas". É ilusão pura. O que devemos buscar e aprimorar é o autodomínio, o autocontrole, a autoeducação. Quando os fatos não nos dirigem, então, estamos bem e somos capazes de lidar adequadamente com as situações mais adversas quer em nós, quer nos outros. Entendemos o que é fazer o necessário e seguir adiante livre de expectativas de qualquer natureza. Não nos afetamos porque temos autodomínio, e isso nos dá autoridade moral. Não nos desgastamos.

    Observando a expressão de Ricardo, Georges calou-se. Admirava a inteligência e a sagacidade mental do outro, mas o mundo emocional de seu aprendiz ainda precisava de burilamentos.

    — Sim, entendo. Não há perda de tempo nem expectativa. Não há o misturar-se à vida do outro. É um corte limpo e preciso — falou Ricardo. — Fazer o necessário, encaminhar ao local certo e seguir, sem olhar para trás. Parece frio, mas é o correto.

— Não é frio, é ser piedoso. É equivocado achar que precisamos sofrer, sentir as dores, compartilhar padecimentos para nos identificarmos, nos compadecermos do outro — falei. — A piedade é um sentimento complexo. Na atual condição evolutiva da parcela majoritária da população, é um misto de amor, raiva, anseio do bem, frustração e uma síndrome do salvador, eu diria. Muito perigosa. A cultura ancestral, que vivemos por milênios, torna a pessoa que se salva nossa "escrava", "eterna devedora", e Jesus ensina a respeitar a liberdade do socorrido. Mais uma revolução cultural do meu ídolo rebelde.

— Gostei de ouvi-lo, Ricardo, mas voltemos ao nosso atendido — propôs Georges, satisfeito com a evolução de Ricardo. A repercussão emocional estava dando bons frutos de conhecimento e autoconhecimento para o antigo bispo.

Após uma breve pausa, Georges retomou a palavra:

— Eu acredito na sincera devoção dele ao mito de Maria. Esse mito ancestral está arraigado no inconsciente coletivo como representação do feminino ou da ação providencial da Natureza, na personificação de uma divindade feminina, no caso dele, na veneração a uma virgem. Uma "mulher" assexuada, que concebeu sem contato sexual e a cujo mito se atrelou uma virgindade eterna, uma "imaculada". Uma mulher inatingível. Para alguém com uma sexualidade normal, porém, numa faixa de evolução ligada aos sentidos e não ao sentimento, pode parecer exacerbada, mas não é. É simplesmente o macho instintivo, predador, desejoso de acasalar com qualquer fêmea que lhe desperte os instintos. Coloque isso numa vida cheia de repressão e ao mesmo tempo de facilidades e o que terá é o que viu: uma vida dupla. Ao cultuar fanaticamente a santa mulher, ele tenta redimir-se do uso da mulher, talvez até do abuso, de sua própria sexualidade em conflito por viver nesse mostra-esconde, sempre com medo. Para alguém da evolução dele isso é um tormento e deve tê-lo afetado seriamente. Eu li os escritos dele...

— O quê?! — eu e Ricardo indagamos surpresos.

— Sim, eu li o trabalho dele. Eu li o pensamento dele ou o que ele expressou e admito que nem tudo era de autoria dele. Eu o estudei. Nada melhor que ler o que uma pessoa escreve para conhecê-la. É sua forma de pensar e sentir... grafada, perene. Não é assim, José?

Obviamente, concordei, legitimando o dito popular: "Quem cala consente". Ricardo sentou-se, mantendo-se calado e atento a Georges.

— A mente de Lolek é pautada pelo sexo, e isso está claro na produção intelectual dele, na "tarefa missionária" autoimposta. A preocupação dele, pessoal, era totalmente direcionada a questões sexuais: aborto, controle da natalidade, sexo antes do casamento, divórcio, papel da mulher na sociedade, sendo ele altamente preconceituoso em tudo. Pregava uma "moral sexual", se é que é possível usar essa expressão, representada numa conduta totalmente antinatural, repressora e idealizada como perfeição a ser alcançada pela humanidade. Todos esses temas têm o sexo e a mulher como tópico central. A briga política é um campo transitório. Essas disputas acirradas revelam uma igualdade maior do que a diferença que querem apresentar: o autoritarismo, o desejo de poder absoluto, o desejo de submeter os outros. É uma visão maniqueísta. Ambos disputam a coletividade e o poder que ela representa. Ela é o centro, o objeto material da disputa. Lolek viveu um período de grande violência política, minha definição pessoal para guerra, porque violência sempre houve e ainda haverá por algum tempo na Terra. É da natureza da maioria de seus habitantes, e ela se exterioriza de diferentes formas em milhares de fatos isolados que falam dessa condição do ser humano. A violência da guerra fala da agressividade política, do manejo de exércitos, lutando por ideologias, partidos e pessoas. É diversa, voraz e é movida pela sede de poder, por ambições grandiosas e, frequentemente, por mentes profundamente doentes e por ditadores megalomaníacos e delirantes, que obrigam outros a reagirem com igual violência para impor limites. A contenção de uma mente insana pode exigir força, e a guerra, a meu ver, é absolutamente pessoal. É o mesmo fato potencializado inúmeras vezes e lançado em um ambiente coletivo. Lolek atuou nesse espaço, viveu isso, agiu e reagiu nesse contexto. Considerando o que disse antes, as ações dele provavelmente levaram a marca do macho acuado: a violência, a agressão. Pode ter sido na defesa ou no ataque. Sorrateiro...

— No clero tudo é sorrateiro. É a mão do lobo com luva de pelica — complementou Ricardo. — As pessoas não veem quem age: sociedades secretas, profissionais escusos, tudo dentro e fora dos muros da santidade. Mostra-se o muro, mostra-se a luva, contudo, jamais se mostra a mão. Sei como é. Ainda é assim. Quando fui bispo e cardeal, já era igual, e isso remonta a um passado muito, muito distante. Modificações não são bem-vindas. O jogo político é pesado... Você falou em tarefa "autoimposta". Isso me chamou atenção. Por que afirma isso?

— Mudança de rota no curso da viagem — respondeu Georges rindo. — Fato muito comum. Todos nós já vivemos isso. Ir contra a natureza e chocar-se nos rochedos do sofrimento. Quem ainda não fez essa escolha? Como disse Jesus: "Aquele que não tiver pecado atire a primeira pedra"[8]. É parte do nosso aprendizado lidar com a liberdade e uma das razões da lentidão de nossa evolução.

Ricardo passou a mão no rosto. Acredito que, tal como eu e Georges, recordou seu passado e as mudanças de rota em suas propostas reencarnatórias. O silêncio do momento levou-me de um pensamento a outro e de volta ao Código Vermelho.

---

[8] Jo 8:1-11.

CAPÍTULO 27
A VIDA OCULTA

Irena tornara-se companhia constante de Lolek nas horas vagas. Ela era enfermeira no hospital local e, como havia muitos doentes e feridos de guerra ainda em tratamento, trabalhava muito e quase não circulava pela cidade. Estava, contudo, feliz. O trabalho que amava era sua medicação para as dores das perdas; cuidar dos doentes trazia-lhe alívio. Irena aprendera com eles que havia pessoas que tinham perdido mais do que ela naquela guerra sangrenta. Ela tinha saúde física e mental. A esperança renascia em seu íntimo, e cresciam a simpatia e a atração que sentira por Lolek, tornando-se paixão e alimentando sonhos de uma nova vida.

O namoro transcorria tranquilo. Lolek estava visivelmente apaixonado. Ao lado de Irena, o olhar dele recuperara a expressão da adolescência, do amante do teatro que desejava ser um dramaturgo. Encontravam-se à noite. Ele a esperava em um restaurante simples, no mercado, ou na pequena praça. Eram locais próximos do hospital e convenientemente pouco frequentados ao anoitecer. Os dois andavam por ruas desertas até o pequeno apartamento de Lolek, que mudara as noites de estudos filosóficos para encontros à tardinha na universidade. A alteração de rotina agradara a Frederico, que desconhecia o motivo.

A vida atribulada de Lolek, que lecionava fora da cidade, ajudava-o bastante. Nos finais de semana, quando estavam livres, os dois acampavam nas montanhas, faziam longas caminhadas pela zona rural e visitavam cidades que não conheciam. Quando estavam sozinhos nas montanhas, nos campos ou em cidades desconhecidas, ele agia livremente como um homem apaixonado. Na capital, sempre carregava muitos livros e casacos, mantendo, dessa forma, as mãos constantemente ocupadas. Assim, se eventualmente encontrasse alguém conhecido, somente seria visto caminhando e conversando com uma jovem enfermeira. Ele evitava sorrir. Mantinha a cabeça baixa e andava levemente curvado, o que ela atribuía à diferença de altura entre eles. O chapéu ajudava a esconder ainda mais o rosto.

O fato de ambos não possuírem família facilitava o relacionamento. Irena não notava esses pequenos detalhes no comportamento do namorado. Estava feliz, apaixonada, e sentia seu afeto correspondido. A solidão e a dor emocional estavam atenuadas. Como a maioria das pessoas, ela desejava viver, amar e ser livre com Lolek.

Confiava nele e, sob sua perspectiva, não tinha razão para desconfiar: ele era fiel ao relacionamento deles, era um bom homem e seria um excelente marido e pai de seus filhos.

Adam e Frederico estavam satisfeitos com seu pupilo: Lolek tornara-se o professor e intelectual dedicado que eles desejavam e escrevia muitos artigos para os jornais religiosos combatendo o socialismo. Aliás, era incansável no trabalho escrito, dedicava-se com afinco, o que justificava aos seus superiores sua progressiva mudança de foco. Acreditavam que ele amadurecera. Nada sabiam sobre Irena.

Lolek vivia calmo e feliz naquele arranjo. Trabalhar como professor e articulista dava-lhe uma boa renda e lecionar em duas cidades ajudava-o a manter a situação. Considerava que tinha uma boa vida: uma amante bonita, carinhosa e inteligente, indubitavelmente apaixonada e que não se interessava pela Igreja; um bom trabalho; uma renda razoável; saúde e liberdade. Não sonhara com tanto quando batera às portas do seminário.

Aos olhos de Lolek, todos estavam bem e felizes. Sentia-se seguro no domínio da situação dúbia e conseguiu mantê-la por um tempo considerável.

A cada dia mais satisfeito com a vida, ele vislumbrou na realização de outro doutorado uma oportunidade de ter maior tempo livre para dedicar-se a escrever seus artigos, poemas (que publicava sob pseudônimo na imprensa leiga), peças de teatro e ao projeto de escrever um livro. Analisou a situação e decidido procurar seu bispo.

Nessa época, Adam sofria penosamente de um câncer no pulmão, mas insistia em manter-se à frente do bispado. Ele era apoiado por uma equipe de clérigos capitaneada por Frederico, que o auxiliava, pois temiam a escolha de um bispo simpático ao regime soviético para substituí-lo. A divisão no clero polonês à época era significativa, por isso, Lolek foi recebido nos aposentos particulares do superior. Encontrou-o, pálido, magro, muito abatido, com uma tosse insistente denunciando a crescente dificuldade respiratória, porém, estava lúcido e empenhado em sua cruzada contra o socialismo soviético. Adam sorriu ao ver Lolek e apontou-lhe a cadeira próxima da cama.

— Como está, Adam? — perguntou Lolek segurando-lhe a mão, enternecido com o estado do amigo.

— Resistindo, meu caro. E você? Como está? Tenho lido seus artigos em nossos jornais. São excelentes! Parabéns! Frederico está muito satisfeito, apesar de não gostar que os alunos o chamem de "tio" e da proximidade da vida privada deles, que você insiste em manter — Adam fez uma pausa acometido por uma crise de tosse.

Lolek esboçou um sorriso tolerante a crítica à sua relação com a juventude e viu sobre a cômoda uma bandeja com uma jarra de água coberta por um guardanapo e um copo. Serviu e estendeu a Adam, esperando que a crise cedesse.

— Obrigado — agradeceu o bispo segurando o copo com a mão trêmula e recuperando a respiração. — Fale você, Lolek. Conversar provoca essa tosse maldita.

Lolek agradeceu os elogios, ignorou a crítica e relatou seus projetos, enfatizando a necessidade de tempo para dedicar-se a eles e que compreendia e concordava com tudo o que Adam defendeu ao longo dos anos: era preciso maior rigidez no combate ao socialismo e na defesa das ideias e dos valores da teologia da Igreja. Notou satisfeito que algumas declarações foram recebidas com sorriso e brilho no olhar de Adam, indicando aprovação.

— Bem, em síntese, é isso, Adam. E, além de vê-lo, minha visita também tem o propósito de pedir-lhe autorização para a realização do doutorado em filosofia. Sinto que me falta maior domínio nessa área. No doutorado, poderei rechaçar com prestígio os filósofos materialistas e socialistas que estão ganhando muito terreno entre os jovens. Sei que muitos colegas criticam minha escolha de ficar mais tempo com os alunos do que com os colegas de sacerdócio, mas penso que é entre eles que sou mais útil à nossa causa. Ao clero acredito que seja suficiente o trabalho escrito, especialmente nosso jornal — argumentou Lolek, defendendo o real motivo de sua presença diante do bispo enfermo.

Adam ouvia em silêncio o que Lolek dizia, apenas movendo a cabeça sutilmente em direção ao antigo pupilo. Ao final da fala, ele encarou Lolek e falou com voz rouca:

— Faça-me o pedido por escrito.

Lolek deu um largo sorriso e sacou um envelope do bolso da única e surrada batina que tinha e usava naquele encontro, porque usualmente vestia trajes civis.

— Eu me antecipei — declarou Lolek entregando a carta a Adam gentilmente. — Assim não irei desgastá-lo com outra visita para tratar desse assunto.

Adam balançou a cabeça concordando. Sabia que aquele era o interesse central, então, pediu:

— Deixe-me sozinho. Preciso descansar. As forças faltam... — e a tosse retornou interrompendo sua fala.

Lolek prontamente se ergueu e, tomando a mão de Adam, lhe beijou o anel reverentemente.

— Estimo suas melhoras, Adam. A igreja polonesa precisa de você.

Adam recostou-se nos travesseiros e fechou os olhos. Lolek saiu com a impressão de que o amigo vivia seus últimos dias e não se enganou. Na semana seguinte, em agonia, o bispo parou de respirar.

Bispo Basiak, seu novo superior, concedeu-lhe a licença pedida. O sucessor contrastava com o bispo falecido. Era um homem jovem, político experiente, que não confrontava o regime socialista; apenas fazia uma resistência passiva. Bispo Basiak possuía um excelente relacionamento com o Papa Pio XII, e os dois comungavam das mesmas ideias e dos mesmos métodos de trabalho.

Sob a gestão do bispo Basiak, a carreira de Lolek recebeu muitos privilégios, começando pelo segundo doutoramento e seguindo com irrestrito apoio às ideias de intensificação de trabalho com a juventude, à adoção de grandes eventos na linha do teatro monumental e ao uso dos meios de comunicação, propostas alinhadas com o poder central da Igreja.

Na relação com Irena, contudo, surgiram conflitos. As colegas de trabalho começaram a convidá-la e ao noivo — como ela se referia a Lolek — para festas, jantares e passeios, e as reiteradas negativas dele, sob desculpa de que precisava dedicar-se aos estudos e aos artigos para a imprensa, começaram a levantar suspeitas e a perturbá-la.

Enquanto atendiam às pacientes de uma ala cirúrgica, Irena conversava com Vânia. De repente, ela se deu conta de que sua carência afetiva e a paixão a haviam cegado para alguns fatos.

— Que lástima que você e seu noivo não foram ao aniversário da Thereza. Estava ótimo! Divertimo-nos como havia anos não fazíamos.

— Eu imagino. Queria muito ir, mas esse novo doutorado dele está exigindo muito. Passamos o final de semana lendo Max Scheler — respondeu Irena.

— O quê? Quem? — indagou Vânia com ar de incredulidade.

Irena sorriu, já habituada àquela reação. Sabia que as colegas e seus noivos ou maridos prefeririam programas mais descontraídos como tomar cerveja, jogar cartas e conversar trivialidades ou a respeito do trabalho. Muitas delas eram casadas com profissionais da saúde ou funcionários administrativos do hospital. Estabelecerem relações e casamentos nos ambientes de trabalho era um fenômeno bastante comum naquela década de pós-guerra e guerra-fria. As pessoas tornavam-se próximas, compartilhavam experiências, todos tinham perdas a suprir, e o envolvimento afetivo era questão de tempo.

Irena justificava a si mesma o isolamento social do casal porque "o noivo" era um professor universitário, um intelectual, e não teria afinidade com seu grupo de trabalho. A reação de Vânia fortalecia essa ideia, e Lolek a referendava, agradecendo-lhe a compreensão e enchendo-a de mimos para fazê-la esquecer os questionamentos e convites das amigas. Lembrando-se dele, sorriu e, com ar tolerante e levemente superior, respondeu:

— Max Scheler é um filósofo alemão, Vânia.

— Ah! Seu noivo escreve para jornais, não é mesmo?

— Sim.

— Tenho curiosidade de ler os artigos dele. Você fala tanto disso, diz que ele é tão inteligente, tão compreensivo, que entende tanto de política, de arte. Você poderia trazer um jornal para eu ler? Deve...

Irena sofreu um choque súbito com aquele pedido e não ouviu mais a amiga. A moça deu-se conta de que nunca lera nada escrito por Lolek e nem sequer vira uma publicação. Sentiu-se intimamente mal, desconfortável. Por um lado, sentia-se egoísta porque não se interessara por conhecer o trabalho do noivo; por outro lado, tinha sido picada pela dúvida: por que ele nunca lhe mostrara um jornal? Nem ao menos sabia o nome do veículo.

— Irena? Irena? — chamou Vânia, preocupada. — Você está bem? Ficou estática e pálida de repente.

— O quê? Ah! Não foi nada, Vânia. Uma tontura — respondeu Irena.

— Tontura? De novo? Você deveria consultar um médico. Procure a doutora Marta — sugeriu Vânia, solícita. — Tenho notado que você tem tido frequentes mal-estares. Já desmaiou. Deve estar muito cansada.

A observação de Vânia piorou o estado emocional de Irena, despertando nela mais dúvidas e inseguranças.

Dois dias depois, Lolek regressou à capital, e, como de costume, ela esperava-o na estação central. Assim que a avistou, ele sorriu, acenou e aproximou-se, carregando muitos pertences. Cumprimentou-a com um beijo na face muito rápido e discreto.

Enquanto andavam, Lolek tentou conversar sobre vários assuntos com Irena, mas a moça respondia-lhe com monossílabos. Ele percebeu-a distante e preocupada e sua última tentativa foi falar das leituras das obras de Max Scheler, contudo, ela não demonstrou interesse, então ele decidiu ficar em silêncio.

Ao chegarem ao apartamento, depois de largar suas coisas sobre a mesa, Lolek puxou-a para seus braços e beijou-a. A reação de Irena, contudo, foi diferente. Ele ergueu o rosto da noiva com o indicador, fitou-a e perguntou:

— O que houve? Você está diferente. Algum problema?

Irena baixou a cabeça envergonhada por desconfiar, por não ter se interessado pelo trabalho dele, no entanto, precisava superar e esclarecer a questão dos artigos.

— Eu... — começou titubeante. — Eu... não sei como falar.

Uma sombra da desconfiança desceu sobre a expressão de Lolek: "Será que ela descobriu?", pensou.

— Fale. Nos amamos e confiamos integralmente um no outro. Diga-me o que aconteceu. O que a preocupa tanto, Irena?

Ela respirou fundo, voltou a fitá-lo e falou de supetão:

— Foi no trabalho. Uma colega pediu-me para ler seus artigos, porque tem procurado nos jornais e não encontrou nenhum assinado por você. Eu... eu não soube o que responder. Envergonhei-me de nunca termos falado sobre isso, de nunca os ter lido. Nós estudamos juntos, conversamos, contudo, nunca li nada que você escreveu.

Uma onda de alívio invadiu Lolek, que suspirou e sorriu, beijando o alto da cabeça de Irena e admoestando-a com carinho:

— E você se preocupou com algo tão simples? Não deveria. Bastava pedir-me! Também nunca me ocorreu mostrar-lhe meu trabalho. Nosso dia a dia é tão cheio, ficamos tanto tempo afastados, sinto tanto sua falta que, quando estamos juntos, não penso em mostrar-lhe alguma publicação. Mas isso é fácil de resolver!

Lolek soltou-a e foi até uma das maletas de onde tirou um jornal. Abriu-o, separou uma página, entregou-a a ela e disse:

— Aí está. Foi publicado essa semana. Leve para sua amiga.

Irena, sentindo-se livre das dúvidas e profundamente envergonhada por tê-las acolhido, pegou a página. Ela identificou um jornal bastante conhecido, especialmente por pertencer a um membro importante do antigo partido católico. A moça, contudo, surpreendeu-se ao não encontrar o nome de Lolek no artigo sobre arte e em um poema.

— Eu uso um pseudônimo para evitar problemas com os alunos. Você sabe como são os jovens. Prefiro evitar complicações com a função na universidade — explicou Lolek antecipando-se à questão.

Irena sentou-se e leu com atenção. Reconheceu muitas ideias sobre as quais conversavam e encantou-se com o poema, considerando-se a musa do poeta.

Em silêncio, largou a página e correu de volta aos braços de Lolek, beijando-o com o costumeiro ardor e com entrega.

CAPÍTULO 28
REVELAÇÃO

Bispo Basiak não demorou a suspeitar da conduta de Lolek e das razões para suas atitudes publicamente esquivas. Viu-o inesperadamente duas vezes nas ruas da cidade, sem que fosse notado, pois estava no carro de um fiel. Chamou-lhe a atenção as roupas civis do pupilo. Na segunda ocasião, viu-o com uma jovem que inegavelmente o acompanhava com expressão de adoração e de muita intimidade. A soma dos fatos levou o bispo a solicitar a intervenção de Reginaldo, seu "homem de confiança".

Reginaldo seguia a linha de atuação de Romano junto ao papa. Sorrateiramente, ele seguiu o padre e em uma semana apresentou a dom Basiak um relatório completo e detalhado da vida oculta de Lolek.

Após ler o material ilustrado com muitas fotos comprometedoras, que não deixavam dúvidas sobre que tipo de relação havia entre Lolek e Irena, e com o histórico completo da mulher, o bispo largou as páginas, levou as mãos à cabeça e resmungou irado:

— Uma judia! Que cômodo! Você acredita que essa Irena não saiba que ele é padre, Reginaldo?

— Tenho quase certeza. Ela é uma pessoa ingênua e tem bom conceito. Colhi informações em fontes seguras no hospital. A vida dela é o trabalho e o padre. Ela fala do "noivo" aos colegas como sendo um professor universitário, um leigo — respondeu

Reginaldo. — Eminência, peço-lhe que veja a informação do médico diretor do hospital ao final do relatório.

Bispo Basiak foi direto à página indicada e sua irritação aumentou consideravelmente.

— Idiota! Estúpido! Boçal! Como pode ser tão descuidado!

O bispo passou as mãos pelos cabelos, deteve-se na nuca e inclinou a cabeça para trás, fitando o teto em silêncio. Instantes depois, retornou à posição correta, reuniu as folhas e guardou-as em uma gaveta trancada à chave. Por fim, encarou Reginaldo e disse:

— Excelente trabalho, Reginaldo! Como sempre! Você não me decepciona. Está dispensado. Obrigado.

Reginaldo agradeceu e retirou-se. O bispo, então, ordenou ao secretário que chamasse urgentemente o Monsenhor ao gabinete.

Frederico estranhou o chamado e atendeu-o no mesmo dia. Quando caiu a tarde, sentou-se em frente ao bispo, escondendo a inquietação íntima com o chamado.

— Monsenhor Frederico, mandei chamá-lo porque precisamos conversar sobre o padre Lolek. Sei que, desde meu antecessor, você tem, digamos, auxiliado a carreira do jovem — anunciou bispo Basiak sem rodeios.

— Sim, é fato. O bispo Adam e eu investimos bastante na carreira de Lolek e felizmente temos sido recompensados — respondeu Frederico com cuidado.

— Academicamente, eu concordo com essa afirmação, porém, a conduta de Lolek tem atentado contra os votos sacerdotais, Monsenhor.

— O quê? Como? — indagou Frederico surpreso. — Não tenho nenhuma queixa de suas alunas.

— Alunas não são as únicas mulheres do mundo, Monsenhor, mas sua pronta reação me faz suspeitar de que guardava algum temor em relação a elas. Estou errado?

— Procuro evitar esses problemas, bispo Basiak. São profundamente desagradáveis e desgastantes. De fato, o bispo Adam pediu-me para acompanhar com atenção o padre Lolek nessa... questão. Não houve, até onde sei, nada concreto, mas a insistência dele em abordar o tema sexo e a vida sexual e amorosa dos jovens acendeu luzes de alerta na época. Desde então, tenho observado a conduta dele com as jovens.

— Novamente, estamos de acordo, Monsenhor. Então, como o senhor já guardava cuidados sobre a fidelidade do padre aos votos sacerdotais, não precisarei me estender no assunto. Gostaria que lesse isso... — e retirou da gaveta o relatório de Reginaldo, entregando-o a Frederico em seguida. — Obviamente, é sigiloso. Aguardarei sua leitura para deliberarmos sobre as medidas necessárias.

Frederico recebeu as páginas com algum pesar e sem surpresa. Deduzira que se tratava da vida sexual de Lolek. A mente funciona com extrema rapidez, e ele pensou coisas tais como frequência a casas de prostituição, relacionamento com alguma prostituta — ao estilo das cortesãs do passado — e promiscuidade sexual. Nada disso o surpreenderia nem seria o primeiro caso em suas mãos. Recordou-se das medidas tomadas em tais situações e considerou sugerir a transferência de Lolek para a outra universidade onde lecionava, no interior. Então, pegou o documento calmamente, e sua expressão tornou-se cada vez mais fechada conforme o lia. Ao se deparar com a última página do dossiê, a ira e o desagrado contidos refletiram-se em seu rosto.

— É um boçal! — declarou referindo-se a Lolek, sem saber que repetia a expressão do superior.

— Sim, ele é — concordou bispo Basiak. — Como homem, mas é útil como intelectual. Investimos muito nele e precisamos contornar esses fatos antes que se tornem públicos. E você sabe, isso é apenas uma questão de tempo. Escândalos desse tipo são sempre péssimos, mas, neste momento, ainda mais, pois estamos nos recuperando do desgaste da questão dos judeus, do nazismo, e ainda temos os socialistas como herança maldita. Eles usarão isso como uma bomba atômica contra nós. Esse boçal ainda tinha que se envolver com uma judia! Ele é um intelectual útil, porém, é um boçal como homem.

— Algum plano, bispo Basiak? — perguntou Frederico, objetivando a conversa quando entendeu que a expulsão de Lolek estava descartada e que o bispo pretendia contemporizar aquela situação delicada.

Bispo Basiak fez um sinal com o dedo e pediu a aproximação de Frederico, que se inclinou debruçando-se sobre a mesa e imitando o bispo, que lhe sussurrou suas ordens.

***

Confiante na estratégia que desenvolvia em sua vida dupla, Lolek não esperava as mudanças velozes que se sucederam. Ele retornava da sua viagem semanal ao interior, quando estranhou não encontrar Irena na estação. Preocupou-se, pois, nas últimas semanas, ela vinha queixando-se frequentemente de mal-estares, o que o deixava apreensivo com a saúde da moça. Temia a contaminação de alguma doença no hospital.

Lolek aguardou alguns minutos, tentando convencer-se de que era um simples atraso. Não esperou, contudo, mais que cinco minutos e seguiu pelo caminho que ela fazia, pensando em encontrá-la ou chegar rápido ao apartamento. Havia alguns meses, eles moravam juntos e, embora Irena falasse em casamento, não exigia. Ele levava a situação com ouvidos de mercador.

Aflito, Lolek subiu as escadas de dois em dois degraus. Quando abriu a porta e olhou o interior, seus joelhos amoleceram e o coração bateu aceleradamente.

Irena estava sentada no sofá, pálida, com os olhos vermelhos e inchados, e segurava um lenço amassado, que denunciavam que chorara muito. Agora, estava apática e sentada entre dois homens. À sua direita, Monsenhor Frederico, com sua calma e frieza habitual, e, à sua esquerda, tinha Reginaldo.

Lolek entendeu que recebia um xeque-mate do bispo. O jogo estava acabado. Era recolher os cacos e sujeitar-se ao que lhe fosse ordenado pelos superiores. Tinha consciência e a disposição para sujeitar-se. "Não sou o primeiro nem o único padre do mundo com uma amante. Nem todos tinham a felicidade de encontrar uma Pascalina e tomá-la para ser conhecida como sua serva e tratada como uma papisa", pensou respirando devagar para recobrar-se do choque. "Vamos negociar", decidiu em pensamento.

Lolek largou suas maletas sobre a mesa, puxou uma cadeira e sentou-se em frente a eles, mas na outra extremidade da sala, colocando uma significativa distância entre os demais. Encarou Frederico e Reginaldo e, dispensando as formalidades da educação, indagou diretamente:

— Qual é a proposta do bispo?

Irena olhou-o incrédula, afinal, ele nem sequer lhe dissera uma palavra. Parecia que ela se tornara invisível, o que a fez romper em pranto novamente. Irena, contudo, não recebeu nenhuma atenção dos homens.

— Essa jovem seguirá conosco para um convento nas montanhas, onde aguardará o casamento que será arranjado com alguém de confiança. A situação no hospital já foi resolvida. Ela está em licença para tratamento de saúde. Após o casamento, se mudará de cidade. Receberá uma casa e uma ajuda mensal para criar a criança e manter silêncio.

— Criança? — indagou Lolek.

— Eu estou grávida, Lolek. Pretendia contar-lhe hoje. Estava preparando um jantar especial, quando eles chegaram, me contaram e mostraram essas coisas — falou Irena chorosa, apontando documentos eclesiásticos, fotos, artigos que provavam vinculação de Lolek à Igreja.

Ele baixou a cabeça, em silêncio. Depois, encarou Frederico e indagou:

— E eu?

— Você ficará fora da cidade por alguns meses.

— Só isso? — questionou Lolek.

— Sim. O bispo foi muito benévolo no que diz respeito à sua proposta, mas alertei a senhorita Irena e aproveito para alertar a ambos: ao menor sinal de escândalo, à mera suspeita de que alguém tenha quebrado esse pacto, consequências irreparáveis acontecerão para vocês. Entenderam?

Reforçando as palavras de Frederico e, para não deixar dúvidas do que se tratava, Reginaldo encarou-o e ajeitou as armas que portava na cintura e mantinha ocultas pelo casaco.

"Não há negociação", pensou Lolek, resignado. Por fim, respondeu friamente:

— De acordo.

Irena desesperou-se, descontrolou-se e xingou-o de todos os nomes infames que conhecia. A moça literalmente vomitou sua ira sobre ele.

Frederico e Reginaldo acompanharam impassíveis as cenas, e Lolek não reagiu às ofensas, mantendo-se imóvel e em silêncio. Ele deixou que a moça esmurrasse seu peito, chutasse suas pernas, cuspisse nele, ouviu e não registrou nenhuma palavra do apaixonado e dolorido desabafo de Irena.

Após alguns minutos, Frederico, julgando suficiente a atitude de Lolek, fez um sinal a Reginaldo. O homem de confiança do bispo ergueu-se, tirou do bolso um lenço e um frasco, embebeu-o e aplicou sobre o nariz e a boca de Irena, contendo-a até a droga fazer efeito. Quando ela perdeu a consciência, o homem ergueu-a nos braços e cruzou a porta, carregando-a como se fosse um saco.

Frederico levantou-se, encarou Lolek e falou com severidade:

— Estou decepcionado com você, mas não deveria. Arrume suas coisas. Você partirá hoje.

CAPÍTULO 29
PRÊMIO

Sem saber qual seria seu destino, Lolek embarcou no carro estacionado em frente ao prédio, carregando suas roupas e seus livros. As chaves do apartamento ficaram com Frederico, e Lolek não viu o rastro de Reginaldo e Irena e também não perguntou.

Alta hora da noite, reconheceu os portões de um campo de concentração de presos políticos distante da capital.

— Aqui você aguardará a presença e as orientações de dom Eugenio — informou Frederico, secamente. — Mantenha-se calado sobre o que aconteceu, se quiser prosseguir conosco. Acate as ordens do chefe do campo e aguarde. Pode descer.

Lolek baixou a cabeça e obedeceu. Ficou de pé, com o saco de roupas à direita e o de livros à esquerda, olhando o carro partir. Estava em punição, sabia disso. Não era preciso que lhe dissessem. Então, calmamente, Lolek colocou seus sacos nos ombros e caminhou até o posto da guarda para se apresentar.

— Boa noite, padre. Aguardávamos o senhor — cumprimentou-o o soldado.

Lolek respondeu educadamente, mas circunspecto, fugindo do seu comportamento bonachão. Aguardou o soldado discar um número e informar a chegada dele.

— Aguarde, padre. Virão conduzi-lo.

Pouco depois, um oficial de baixa patente e de físico truculento chegou ao posto.

— Vamos, padre! Vou conduzi-lo à sua cela — ordenou o oficial.

— Cela??? — indagou Lolek, arregalando os olhos. — Por quê?

— Ora, ora, não me diga que não sabe? Vocês, padres, são muito engraçados! — ironizou o oficial. — Desordeiros protegidos por uma batina e pela Igreja, mas, felizmente, não são todos. Há homens de bom senso na Igreja. Precisaremos tolerar ainda mais um tempo essa instituição maldita, essa verdadeira droga na mente do povo — desabafou o homem, manifestando sua opinião sobre o clero e o papel da Igreja no país.

Lolek encarou-o em silêncio. Havia meses, visitava aquele lugar com Frederico e conhecia os horrores que aconteciam nos campos de concentração. Exceto pelos fornos de extermínação em massa e pelo uso de seres humanos como cobaias em pesquisas "científicas", o restante era idêntico aos campos nazistas. O risco de morte era alto e fuzilamentos ocorriam com facilidade e sem processo legal. Direitos humanos eram ignorados. Lolek, então, entendeu que não era o momento de interpretar o herói, mas o arrependido dócil e manso.

— O bispo o denunciou e o entregou como suspeito de conspirar contra o governo, difundindo ideias contrárias, aliciando e insuflando rebeldia entre os jovens. O senhor está preso para averiguações. Se resistir, serei obrigado a usar a força — falou o homem, mostrando as algemas em seu cinto ao lado da pistola.

Lolek pegou seus sacos, colocou-os sobre os ombros, encarou o homem e falou com firmeza e calma.

— Não será necessário usar essas coisas comigo, senhor. Sou um religioso, um pacifista e sou inocente dessa acusação. Eu o seguirei espontaneamente e em paz.

— Assim espero. Não pense que não as usaria porque é um padre. Garanto-lhe que meu prazer seria maior. Siga-me — ordenou o oficial.

O soldado, que observava a cena, admirou a conduta do padre.

Por três meses, Lolek aguardou, hora a hora, a visita do bispo Basiak. Escondia a ansiedade e a insegurança sob uma aparente confiança e mantinha um comportamento extremamente dócil e gentil com os soldados e oficiais. Diariamente, ajoelhava-se, beijava o solo sujo e recitava, por horas, as orações em latim. Sinceras, somente as rogativas a Maria. Retornava ao personagem do "padre de devoção invejável".

Os guardas cochichavam sobre o comportamento de Lolek e a injustiça de trancafiarem um homem de Deus. Apesar do rigoroso treino ideológico, renasceu neles a supersticiosa fé polonesa e, longe da fiscalização dos oficiais graduados, indagavam-se: "Não seria um grande pecado o que faziam com aquele homem? Afinal, não havia provas, as acusações eram vagas e podia-se acreditar em perseguição política".

Lolek notou a sutil mudança dos carcereiros. Sua comida melhorara, e ofereciam-lhe pequenos agrados: vinho, livros, doces. Ele abençoava os doadores das benesses e começou a rezar missa em sua cela na hora da ave-maria. Rezava em polonês, oficiando no melhor estilo do teatro da resistência. Suas primeiras *performances* tiveram apenas um espectador, o mais supersticioso dos guardas, fato que não se devia ao acaso, mas a uma escolha meticulosa. Para substituir as hóstias, ele abstinha-se de uma fatia de pão da ração matinal. Guardava-a envolta em um pano branco ao lado da garrafa de vinho que lhe fora presenteada e na qual se inspirara para executar a ideia de influenciar os homens à sua volta.

Na primeira vez, quando abençoou o pão e o vinho realizando o ritual da eucaristia, o guarda arregalou os olhos e, no canto escuro do corredor da prisão, fez o sinal da cruz escondido. Notou que outros detentos observavam o padre em silêncio e que apenas um sorria debochadamente.

Com o passar dos dias, outros guardas começaram a arranjar desculpas para ouvir a celebração de Lolek. Os demais presos não o viam — apenas ouviam a liturgia e os cantos —, e alguns o acompanhavam.

Quando esses fatos chegaram ao conhecimento do diretor do campo, ele imediatamente ligou para o bispo Basiak.

— Senhor bispo, nossa conversa será breve. É sobre o padre que está conosco aguardando sua decisão. Ele está causando transtornos. Gostaria que providenciasse a conclusão do processo.

— Transtornos? Que tipo de transtornos? — indagou o bispo.

— Subversão, bispo. Ele tem rezado missas diariamente na cela. Além disso, está se tornando uma lenda. Não quero mais esse homem aqui. Leve-o para outro lugar, caso a solução do processo ainda demore. Aguardarei até o final da semana. Se nada for feito, tomarei minhas medidas.

Do outro lado da linha, o bispo Basiak sorriu, enquanto seus olhos brilhavam divertidos. Não esperava aquela manobra e admirou a visão política de Lolek. Ele sabia angariar o poder usando a fé alheia e a religião. Pretendia dar-lhe um castigo maior, mas, considerando os fatos, obrigava-se a reconsiderar. Chamou Frederico ao gabinete para traçarem novos rumos à situação e, após lhe relatar o telefonema, declarou:

— Amadureceu o pregador.

Bispo Basiak entregou uma lista extensa de atividades públicas na qual se faria acompanhar do padre Lolek. Frederico analisou-as e ponderou:

— Com todo respeito, bispo Basiak, não considera perigoso fazer isso? Lolek tem um estilo populista e teatral. Além do mais, sabemos que ele é dado a problemas com o sexo oposto. Essa agenda o tornará muito visível. Sabe a que estou me referindo.

O bispo Basiak jogou-se para trás na cadeira e riu.

— Sim ele é populista e teatral. Pio XII também é. Quanto aos "problemas" dele, acredito que aprendeu a lição da discrição. Sou cristão, padre Frederico, não atiro a primeira pedra — respondeu com um sorriso sarcástico.

— E se ele voltar a procurar aquela jovem e o filho?

— Reginaldo se encarregará do caso. E não se preocupe: apesar das ameaças, não gosto de sangue. Há muitos meios de acomodar essas situações. Os anos que passei na prisão ajudaram-me a conhecer os homens, Frederico, e a identificar suas habilidades. O plano de Adam era bom, mas ele estava subestimando o rapaz. Lolek pode ajudar-nos muito se explorarmos o que ele tem de melhor e é do seu agrado.

— Torná-lo um homem público? É esse o seu plano?

— Sim, Frederico. Ele é criativo, inovador nas atitudes, sabe envolver as pessoas e é persistente. Vejo nele uma inclinação autoritária, mas isso alinha-se aos propósitos e à estrutura da Igreja proposta por Pio XII. Eu darei asas ao pássaro engaiolado. Pode buscá-lo. Ele trabalhará diretamente comigo.

Frederico obedeceu guardando para si o temor provocado pela direção traçada pelo bispo.

Coincidentemente, Frederico chegou à prisão no horário em que Lolek oficiava a missa na cela. Foi até lá acompanhado por um guarda e observou o silêncio no corredor e um prisioneiro que ouvia e sorria debochadamente. Quando encarou o homem, viu em seus olhos a pura descrença e a acusação solene de exploração da fé humana. Isso o incomodava, por isso, era um burocrata, um administrador, não um missionário evangélico. Com esforço, afastou o olhar do prisioneiro e concentrou-se na cena à sua frente e a ouvir a pregação.

— Padre — chamou o prisioneiro. — Seu colega é muito bom... com a oratória. É um excelente ator. Ele promete chuva no Saara e calor na Sibéria. E veja! As pessoas acreditam! É um grande canalha! Não deveria estar preso. É um desperdício o que a Igreja está fazendo.

Frederico ouviu calado, pois não contestaria a verdade. Não era seu estilo. O silêncio era a resposta satisfatória. A uns pareceria altivez, superioridade; a outros daria a dúvida e o prazer de não terem sido contestados.

O guarda que o acompanhava indagou confuso e com temor supersticioso estampado na face:

— O que faço, padre? Interrompo a... a... ? — sussurrando, completou: — A... santa missa?

Notando a reverência com que os prisioneiros — à exceção daquele que o confrontara —, os guardas e até alguns oficiais assistiam ao que Lolek fazia em sua cela, Frederico respondeu:

— Vamos esperar o final.

Liberto, Lolek cumprimentou Frederico e acompanhou-o obediente e silencioso até o bispado.

Aqueles meses haviam produzido algumas mudanças em Lolek: aprimoraram o político, o conhecedor e o manipulador da plateia e, acima de tudo, deram-lhe a convicção de que a sobrevivência na Igreja, em bons postos, é dada aos fortes, que são capazes de manterem-se em pé sozinhos e comandarem os outros. Refletiu sobre a teoria e a prática do papa Pio XII.

Morreu na prisão o jovem que apenas desejava uma vida longe da guerra e do exército e desabrochou o homem do clero, forte, autoritário e disposto a ocupar cargos de comando. A submissão era apenas aparente, parte do caráter do personagem que se consolidara naqueles meses.

Lolek também sufocou a paixão mesclada de amor sincero que tinha por Irena. Soterrou no fundo da memória a lembrança dos poucos anos de feliz convivência que tivera com ela, quando agiu com naturalidade e honestidade, apesar de ter ocultado os votos sacerdotais. E mais fundo enterrou os questionamentos quanto ao futuro dela e do filho que esperava. A dor de consciência foi relegada pela necessidade de sobreviver.

Por trinta dias, Lolek aguardou a presença do bispo sem temores, ciente de que estava sendo punido e seria perdoado, como tantos outros casos semelhantes. Mas, passado esse tempo, sem que o bispo Basiak tomasse qualquer atitude, o medo de ser esquecido e a ideia de que superestimara sua importância para o clero polonês floresceram. Foi quando começou a observar e tecer um plano de ação para perturbar o diretor do campo de concentração. Sabia que eles odiavam e temiam a religião e a influência que um sacerdote tinha na mente popular, por isso, passados quarenta dias de prisão, abandonou a leitura dos livros e o hábito de escrever e passou a demonstrações de fé: começou a passar um longo tempo ajoelhado diante de uma parede de concreto cinza, como se fosse o altar da basílica de São Pedro, e adotou todos os hábitos do padre Pio, um religioso místico que vivia no interior da Itália e a quem atribuíam muitas curas e alguns fenômenos paranormais. Visitara o religioso muitas vezes e ficara impressionado com a fé, a confiança e a bondade que irradiava do olhar daquele frei humilde e pobre. Impressionara-o as longas filas em torno do convento e a adoração das pessoas. Padre Pio era uma inspiração viva, um Cura d'Ars de carne e osso, do século XX. Copiou-o, inspirou-se nele. Adotou exteriormente, na frente dos leigos, a conduta que admirava no místico italiano e, como o mais fiel seguidor da política de Pio XII, passou a representar o homem que estava no mundo, mas não era do mundo.

Levado por Frederico à presença do bispo Basiak, Lolek portou-se com absoluta submissão ao superior. Ouviu as admoestações e prometeu discrição e silêncio sobre o passado recente. Selado o compromisso, recebeu do bispo o prêmio por sua conduta: trabalhar no bispado, retomar a cadeira de professor nas universidades e participar da promoção, organização e realização de eventos públicos. A carreira religiosa tornar-se-ia pública. Em outras palavras, Lolek foi promovido. Teria mais benefícios, mais rendimentos e a possibilidade de conquistar prestígio.

Os olhos de Lolek brilharam. O bispo Basiak foi recompensado com um servidor de dedicação absoluta, embora persistissem alguns de seus velhos vícios: atrasos e o interesse por mulheres.

Esse interesse foi mascarado. Publicamente, Lolek adotou a linha de pensamento mais conservadora da Igreja, colocando a questão da castidade e da vida sexual em um plano de idealização, inatingível à natureza humana, literalmente irrealizável. Mas estava de pleno acordo com a concepção de um homem que não pertencesse ao mundo comum, alguém distinto da condição humana, um santo. E santidade é um conceito cultural, uma criação da imaginação, uma fábula.

E foi assim que Lolek cresceu, tornou-se um pregador popular e midiático. Dois anos depois, foi nomeado bispo, por indicação direta do bispo dom Basiak em carta a Pio XII.

CAPÍTULO 30
RUMO AO PODER

Interrompi minhas divagações. Meus amigos continuavam absortos na reflexão sobre as mudanças de rota e as fugas da programação reencarnatória. A história de Lolek era um grande desvio. Talvez o maior que eu conheci até o momento.

— Georges, você fala hipoteticamente ou buscou averiguar? — indaguei.

— Deduzi pelos fatos que presenciei, mas solicitei a confirmação da mentora espiritual dele. De fato, as tendências de Lolek apontavam para um caminho na arte e na política, e essa seria sua grande prova no contexto em que nasceu. A mudança de rumo, contudo, foi total, e o uso de suas melhores habilidades foi mal-empregado. Interesse pessoal, apego ao poder. A mentora revelou-me ser um erro recorrente na história dele. E Lolek ainda acumulou conflitos pelo caminho e tristes comprometimentos — respondeu Georges.

— O caminho da religião é um desvio tentador, uma grande e larga porta — observou Ricardo. — Falo por experiência própria e pelas observações dos casos que tenho trabalhado com vocês.

— Sem falar nos casos em que o pensamento religioso entrava o avanço das ideias e causa conflitos mortais — falei pensando em voz alta. — Causa mais sofrimento do que auxilia o progresso.

— É a velha questão, meu amigo! Religiosidade é caminho de evolução e liberdade; religião é prisão cultural. É o mundo de faz de conta, o sobrenatural, o maravilhoso. Esse é o mundo daqueles que não se amam, que não desenvolveram a capacidade de amar e descobriram o que é amar-se. Usando a linguagem atual das ruas: é o caminho dos que acreditam no Papai Noel, dos que sofrem quando descobrem que ele não existe. José, as igrejas e as instituições que se denominam religiosas estão lotadas de seres que não se amam, que não têm autoestima, por isso, são tão doentes da alma, tão depressivos, tão medrosos. Usando pouco das funções e capacidades mais nobres do ser humano, eles permanecem presos às reações das faixas animais da evolução, agindo e reagindo por necessidade, medo e raiva. Não usam a liberdade que possuem. Como tantas outras coisas na experiência de viver, eles temem ser livres. Em alguns casos, é mais fácil ser conduzido, ser rebanho, ser doente. Clamar socorro, jamais estender a mão socorrendo. Ter um mundo e uma moral excessivamente idealizada para justificar a própria inferioridade e viver dependurado em "santos", em "poderosos", em "ídolos", em "gurus" de qualquer denominação religiosa ou de instituições assemelhadas. Não são somente nas religiões historicamente conhecidas que vemos esses fenômenos da evolução; ele é presente em outras instituições e ideologias humanas também. É o humano escravo de si mesmo falando e produzindo cultura — comentou Georges.

— Uma cultura violenta que verte sangue sem limites há milênios. A Bíblia deveria ser impressa em tinta vermelho-sangue chamando a atenção das pessoas para a mensagem violenta e discriminatória que dissemina. Eis a razão das muitas guerras domésticas e das coletivas entre nações e países. As pessoas não percebem que santificam a violência, o preconceito, a discriminação e não percebem que, mesmo as correntes ditas cristãs, ocultam o pensamento de Jesus. Sepultam-no entre milagres e a uma distância intransponível ao homem chamada "santidade". Jesus é o filho de Deus, e nós somos os outros. Os homens, que seguem esse caminho e vão às profundezas dele, como eu e muito mais Lolek, criam mitos. Mitificaram Jesus e cercaram-no de outros mitos e ídolos, como o mito de Maria. Tudo isso divide e confunde os homens e oculta a mensagem de libertação de um espírito superior, a rebelde transformação individual que ele ensinou e a mensagem de liberdade de religião que ele levou ao extremo e pagou com a vida física. Para ele foi um preço insignificante, pois tinha consciência da imortalidade do espírito e da transitoriedade da vida física. Lolek apegou-se a um mito e desejou fazer de si mesmo um mito — e o fez. Agora, a realidade humana pesa nele e é quase intolerável — ponderou Ricardo.

— Ele confessou-me que nada esperava após a morte física — recordou Georges. — Misticismo não é fé. Ele foi um político poderoso, que usou e abusou de suas habilidades. Infelizmente, não pensou nas consequências de todas as manobras políticas que realizou.

— A aliança de religião e política é tão velha quanto o apego aos mitos. Ele usou a política para servir aos interesses pessoais e como um elemento fortalecedor do próprio mito, mas causou milhões de mortes — comentei.

— Você fala da questão africana? Dos contraceptivos? — perguntou-me Ricardo.

— Sim, também. Ele entravou o progresso. Ao disseminar o catolicismo na África, Lolek agiu com extremo rigor na questão sexual. Aliás, esse rigor marcou seu reinado. Ele diferiu de seu precursor, Pio XII, que desejou ser o líder supremo da Igreja. Lolek desejou ir além. Ele queria algo pessoal. Queria ser um líder mundial, transcender os limites da Igreja. As décadas de tumulto no leste europeu fizeram outro tanto de mortos — respondi.

— Muitas pessoas têm enorme dificuldade de aceitar a existência de vítimas, mas elas existem. Do contrário, não haveria a liberdade de errar. Não concordo com o conceito de vítimas inocentes, porque todos têm o livre-arbítrio. Não somos obrigados a seguir alguém ou alguma coisa, e nosso único compromisso é com nossa consciência. É nela que estão gravadas as leis com as quais devemos nos harmonizar para vivermos bem. Ao acatarem a política de Lolek, seja na África, na Europa ou nas

Américas, eles fizeram uma escolha. Abdicaram de exercer a liberdade de pensar e decidir para seguir as orientações de um guru, de um santo, de um líder, enfim de outra pessoa. Isso tira delas a chamada "inocência". Essas pessoas, contudo, continuam sendo vítimas, consequência de uma ação absolutamente infantil, vaidosa, autoritária, disseminadora de misticismo, quando se lidava com uma questão letal para a vida física: o vírus HIV. Negar a ciência e defender o intervencionismo de Maria no mundo material são ideias dignas da *Ilíada* e da *Odisseia* — falou Georges. — Na torrente de vibrações que o atacam e atordoam, vi milhares delas destilando revolta contra as ideias que acolheram e cobrando dele todo sofrimento que vivenciaram e vivenciam. Milhões de crianças infectadas. Ele podia ter evitado, afinal, estava colocando o papado e a si mesmo como uma instituição da política internacional, materializando a velha consagração de ser o soberano dos soberanos. Lolek, no entanto, alimentou mortes.

— Esse anseio pelo poder se expressava em suas atitudes — falei, recordando-me da ocasião em que ele se tornou bispo. Aquela atitude se repetiria ao longo do restante de sua existência.

Lolek tornara-se um membro conhecido do clero, embora continuasse a usar roupas civis e a residir sozinho. Publicamente, portava-se como um religioso de extrema devoção, o personagem forjado na prisão. Usava as vestes clericais somente para o confessionário ou quando participava de atos políticos acompanhando o bispo. Essa popularidade dava-lhe poder, à medida que se tornava extremamente necessário aos líderes da Igreja polonesa. Aprendera também a lição da vida sexual discreta, ao, passados alguns meses, retornar à "liberdade". Quando sentiu que tinha bases seguras para abordar o assunto, questionou Frederico em particular:

— Tenho consciência de que fizemos um voto sagrado de silêncio no episódio do sótão, Frederico, mas espero que compreenda que não agi de forma inconsequente, não como pensam. Eu gosto de Irena. Fomos felizes. Não sabia como contar a ela que eu sou padre e não sabia que ela estava grávida. Procurei ser muito discreto. Ninguém sabia. Não andava com ela como se fôssemos um casal. Primei por não mantermos relações com outras pessoas, e meus vizinhos não sabiam que eu era padre. Não fazia propaganda da profissão até recentemente e gostaria de saber o que houve com ela — pediu Lolek, encarando Frederico. — Acredito que eu tenha esse direito. Tenho cumprido com nosso compromisso.

    Frederico coçou a cabeça, suspirou, fez cara de surpreso e incomodado, mas intimamente aguardava aquela conversa. Andou pela sala com as mãos nos bolsos e parou em frente à janela que dava vista a um jardim interno da universidade. Lolek tinha o olhar cravado nas costas do reitor, mas estava frio e controlado, sentado na cadeira em frente à mesa de trabalho da sala da reitoria.

    — Ela está bem e seu filho também. Chama-se Adam. Está com cinco meses, eu acho — respondeu Frederico.

    — Um menino! — falou Lolek, sem emoção. — Conte-me o que aconteceu com ela.

    — Nada de mais. Ela foi levada a um convento onde ficou por cinco meses. Ela é muito teimosa e rebelde. Revoltou-se profundamente com a Igreja e chegou a ser violenta com as freiras que a receberam. Comigo também. Demorou muito a aceitar a solução que lhe propus. Ela o amava e sofreu muito, muito mesmo — enfatizou Frederico, recordando-se da mulher desgrenhada e enfurecida trancafiada numa cela do convento. Irena gritava e amaldiçoava a Igreja e os padres.

    Fora difícil lidar com Irena. Frederico não gostava de sujar as mãos com sangue, mas tinha pensado em induzi-la ao suicídio. No entanto, a imagem da vida sendo gerada nela tornara-se rapidamente perceptível e o comovera. A criança não tinha responsabilidade pelo relacionamento e pelas ações destrambelhadas dos pais. A moça fora ingênua e apaixonada e estava pagando caro por isso. Ela era a imagem da dor e da solidão, e seu desespero era compreensível. Por essa razão, Frederico esperou a raiva de Irena dar lugar ao choro, e a depressão instalar-se na mente da jovem para, então, ministrar-lhe calmantes no final da gestação. Ele convenceu-a a aceitar o casamento e a vida que arranjara para ela e o bebê em uma cidadezinha afastada da capital.

— Mas ela cedeu. A maternidade a fez ceder. Irena está casada cuidando do filho. Não deve se preocupar com ela. Cumprimos a promessa de ampará-la — tornou a falar Frederico.

— Onde eles moram? — questionou Lolek.

— Melhor você não saber disso, Lolek. Não falarei mais. Por favor, não insista.

Alguns meses de silêncio cobriram o caso Irena.

Lolek prosseguiu exemplarmente dedicado à carreira, com os velhos problemas encobertos pela batina, satisfeito e satisfazendo seus superiores. Quando o bispo Basiak o chamou ao seu gabinete, em uma reunião com o cardeal, para comunicá-lo de que Pio XII aceitara a indicação de seu nome para bispo, Lolek recebeu a informação imperturbável e sério. Somente o brilho do olhar revelava sua satisfação. Ele simplesmente olhou o bispo Basiak e indagou:

— Onde devo assinar?

O bispo Basiak estendeu-lhe o documento, sorrindo e extremamente satisfeito. Estava realizado, pois recebera uma prova de prestígio de Roma e conseguira burlar a política local, a influência do Partido Comunista na nomeação dos bispos. Além disso, a maturidade de Lolek, após o episódio com a jovem enfermeira, era prêmio e prova da correção de sua atitude na condução do caso.

Após a assinatura, os dois abraçaram-se silenciosamente. O bispo Basiak sussurrou ao ouvido de Lolek:

— Continuaremos trabalhando juntos por uma Polônia livre, meu amigo.

— Assim será, bispo Basiak! E sob as bênçãos de Nossa Santa Mãe Maria — respondeu Lolek, do mesmo modo.

— Sucesso em sua missão — desejou o bispo Basiak. Afastando-se de Lolek e encerrando a entrevista, recomendou:

— Cumpridos os rituais da nomeação, você assumirá imediatamente a diocese.

— Eu farei tudo ao meu tempo — argumentou Lolek, enfrentando o bispo Basiak com o olhar onde estava escrito: "Eu tenho a mesma autoridade que você. Não aceito mais suas ordens".

— Claro! Foi força do hábito — falou o bispo Basiak à guisa de desculpa.

A atitude pedante e imediata de Lolek por um lado irritou o bispo Basiak, que esperava gratidão, pois, sem a intervenção dele, aquela nomeação não teria ocorrido; por outro, mostrou-lhe que Lolek tinha consciência do poder da autoridade e imediatamente se colocara na condição de par. Era o pendão político que ele e Frederico reconheciam no pupilo. Davam-lhe asas.

O superior observou-o com ar reflexivo. A conduta do padre acendera sinais de alerta em seu cérebro. Ele não titubeara, não usara nenhum argumento de falsa humildade ou modéstia. A aceitação sem hesitação chamara-lhe a atenção. O novo bispo não era somente um pregador carismático e um intelectual preparado: era um político com sede de autoridade e poder. Como superior, acompanhava o trabalho dele e tinha restrições: ele era um bom orador e pregava liberdade e insuflava a conquistá-la. Suas falas descreviam o melhor de todos os mundos alternativos. O ideal do ideal. Defendia que o caminho para redenção da humanidade passava por ajudar cada homem a realizar a grandeza que carregava em si, que era sua herança divina. Mas como?

Lolek descobrira a força de vender ilusões. Essa humanidade de gigantes poderosos e livres não condiz com o estado evolutivo da Terra. É uma promessa utópica, irrealizável, contudo, era uma mensagem perigosa para ser semeada em um regime ditatorial. Inegavelmente, ele era um político corajoso. Na prisão, ele aguçou a percepção e a manipulação psicológica das pessoas para movê-las à sua vontade. Conhecia cada dia mais a proteção e o salvo conduto garantidos pela batina e não temia usar nenhuma das duas ferramentas. Passaria a carregar o manto vermelho sobre os ombros, garantia de liberdade e poder pessoal.

Na cerimônia de consagração de Lolek como bispo, a catedral estava lotada. Intimamente, Frederico receava que Irena aparecesse, por isso, andou entre os fiéis, conversando, cumprimentando, mas, acima de tudo, inspecionando. Por fim, constatou satisfeito que ela não aparecera. Quando cumprimentou um dos últimos fiéis quase junto à porta da igreja, sentiu-se desconfortável ao reconhecer o homem da prisão.

— Eu lhe disse que seu colega era bom, padre — falou o homem encarando Frederico. — Lembra-se de mim?

— Sim, nos encontramos na prisão. Fico feliz de vê-lo em liberdade.

— Eu também.

Frederico avançou apressado cumprimentando os demais fiéis que se abarrotavam por ali e retornou aos lugares reservados ao clero. Ao final da consagração, quando o cardeal anunciou o lema escolhido por Lolek para sua vida, *Totus tuus*[9], identificou a voz do homem ecoando na igreja em um alerta debochado:

— Ei, Lolek! Não deixe que ninguém o derrube! Cuidado, hein?!

Um murmúrio de indignação elevou-se revoltado pela ousadia do indivíduo de interromper a cerimônia. Frederico olhou diretamente para o lugar onde estava o ex-prisioneiro, que sorria e, displicente, se encaminhou para a saída da catedral. O lema escolhido por Lolek para inspirar sua vida clerical a partir daquele dia remetia ao duplo compromisso com o bispo Basiak: uma vida de dedicação exclusiva ao clero e sexualmente discreta.

Abriam-se os caminhos e a porta larga, extremamente larga, da explosiva mistura entre política e religião para nosso atendido. Ele cruzou-a com prazer inigualável e avançou transformando seu personagem em um mito. As consequências que acompanhávamos na espiritualidade mostravam o que significa o velho jargão "nada é por acaso". Nosso hoje, esse tempo eterno, é quando temos plena liberdade de escolha e quando recebemos de forma condicionada as consequências boas ou

---

9 Totalmente teu.

más das escolhas feitas no passado. Passado que pode ser o instante que acabou de fluir.

    Após a consagração, Lolek detinha poder decisório. A consciência desse poder brilhou em seus olhos naquele instante e só se apagou com a morte física

CAPÍTULO 31
PODER E PAIXÃO

Amaral avisou Georges que o atendido saíra da crise e desejava vê-lo.

— Que notícia boa! — comemorou Ricardo.

— De fato! É a primeira vez que ele faz esse pedido. Vou vê-lo — respondeu Georges calmo.

— Posso acompanhá-lo? — perguntei sorrindo.

— Talvez eu não devesse responder à sua pergunta, José, afinal, em alguns casos você é, literalmente, minha sombra. Entendo o potencial benéfico que esse caso possui. Ele quebra ilusões, abre algemas de crenças, questiona a criação de ídolos e mitos em nós mesmos. Inegavelmente, libertar mentes desses conceitos ou, ao menos, fazê-las questionar esses fenômenos da cultura humana é, no meu entender, algo saudável e preventivo de sofrimentos mentais. Parece-me até ridículo que se tenha de afirmar e reafirmar tantas vezes a mesma coisa: somos todos humanos, criados da mesma forma com um idêntico destino: chegarmos à perfeição possível à criatura. Estamos sujeitos às mesmas leis universais; não há privilegiados na natureza; a vida é uma sequência de experiências e existências nas quais prosseguimos a obra divina em nós. Isso é maravilhoso! É tão maravilhoso quanto observar o espaço ou o fundo do mar e estudar as leis naturais que presidiram esse fenômeno que é a vida material e espiritual. Entretanto, parece-me que a mensagem ainda não alcançou o número suficiente de mentes ou desabrochou plenamente nas que alcançou, então, é preciso continuar repetindo e contando de diferentes formas a mesma verdade: todos somos espíritos, filhos de Deus. Só há essa espécie em toda a Terra, em todo o universo, na matéria e fora dela. Espiritualmente, podemos nos assemelhar a crianças crescendo, a adolescentes, a adultos ou a seres com maturidade plena. Amar-se ainda é a grande necessidade humana, José. Quando as pessoas tiverem amor por si mesmas, esses fenômenos populistas cessarão, pois todos usam essa carência humana básica e se apresentam como santos, salvadores, missionários, pai ou mãe de todos. A eles não interessa o caminho do amor ou a revolução do amor, como diz Layla. Tentam consciente e inconscientemente opor-lhe entraves, porque amor e liberdade são intrínsecos. Um não se desenvolve sem o outro. Vamos, amigo! Preciso ver como anda operando a revolução da ignorância em nosso atendido. Ele está muitos passos atrás da revolução do amor. Já identificamos essa condição.

— E eu? Estou liberado, Georges? — perguntou Ricardo.

— Por ora, sim. Obrigado pela ajuda!

— Excelente! Vejo vocês mais tarde — despediu-se Ricardo, saindo imediatamente.

— Ele está cansado. O caso está pesado para ele — comentei.

— O povo diz que quem corre por amor não cansa. É um fato. O amor realimenta. Neste caso, Ricardo correu por piedade. Como ele ainda não possui esse sentimento puro, não é somente uma expressão do amor ao próximo. Eu diria que quem corre por piedade cansa, José.

Um sorriso foi minha resposta. Um dos entraves da evolução emocional era a decantação do sentimento de piedade. Primeira manifestação de amor aos semelhantes, ela anuncia uma nova etapa de crescimento na criatura: o declínio do egoísmo e o crescimento do altruísmo. Porém, até que o egoísmo cesse, ainda se ouvirão ecos de orgulho, vaidade, autoritarismo, incompreensão real e nítida da condição do outro mesclados com a piedade. Isso faz nos sentirmos ansiosos, frustrados, impacientes e com frequência irritados com aquele que nos causa piedade. Nessa etapa, há muita preocupação e nem tanta ação. Um engano frequente é querer resolver a situação sem perceber que ela não nos pertence, porque ainda somos afetados por nossas emoções e crenças destrutivas. Eis a razão da frustração, da revolta, do cansaço. O amor, em sua face altruísta, libera o ser desses sentimentos, porque ele faz o bem por fazê-lo feliz, e quem está feliz com o que faz não cansa, é produtivo, vive um ciclo de retroalimentação de emoções, pensamentos e ações construtivas, que impulsionam seu pleno desenvolvimento. Ricardo vive uma fase de transição; de atendido, ele tornou-se atendente. Não se faz esse caminho sem lutas. Há um enorme desejo de ajudar, há bons sentimentos, contudo, para auxiliar, é preciso mais. Ele deseja ver progresso em nosso atual atendido, mas cada um tem seu tempo e age conforme sua evolução. Isso exige compreensão, tolerância, paciência e aprender a lidar com a frustração, a impotência e a raiva quando o outro não responde ao tratamento como queremos, apesar do nosso esforço e desejo. Essa barreira interna, mais do que o trabalho ou a convivência com o atendido, talvez o desgaste, consumindo sua energia.

Conversando amistosamente, chegamos à sala de Lolek. Georges entrou e demonstrou satisfação ao vê-lo composto, calmo, sentado no leito, com as mãos sobre os joelhos. Fiquei próximo da porta, enquanto Georges acomodava-se ao lado dele e largava sobre o leito um pacote. Depois, pousando suavemente uma mão sobre a mão do paciente, perguntou-lhe:

— Como está, Lolek? Recebi seu recado.

— Acho que estou melhor, não tenho certeza. Obrigado por ter vindo, Georges. Estou muito cansado e confuso. Às vezes, tenho a sensação de que estou neste estado, ou, como você diz, neste mundo após a morte, há séculos; outras vezes, tenho a sensação de que estou revivendo minha própria história já vivida, e isso me atordoa, porque não sinto a mesma satisfação ao viver tudo de novo. Você consegue me entender?

— Sim. Você vive um momento de extrema perturbação e grande sofrimento, no qual se misturam ainda efeitos do processo de desencarnação...

— Do quê? — indagou Lolek, enrugando a testa.

— Quando ocorre a morte física e o espírito desprende-se da matéria, chamamos isso de desencarnação. Deixe-me explicar-lhe algumas coisas básicas, ou melhor, recordá-lo delas, pois todos nós já vivenciamos esses processos naturais inúmeras vezes. Lembrar é questão de tempo e vontade. Não se aflija. Quando estamos no mundo físico, nós nos revestimos de um corpo material, que formamos desde a concepção do óvulo, moldando-o à nossa vontade e às nossas necessidades. Nele imprimimos nossas marcas boas e más e, conforme o feto se desenvolve molécula a molécula, nós, seres espirituais, nos ligamos ao corpo com o qual viveremos no mundo material por um determinado número de anos. Resumidamente, isso é encarnação e/ou reencarnação, já que vivemos na matéria muitas, muitas vezes mesmo. Cada retorno é uma reencarnação, uma existência física dentro da vida espiritual. Desencarnar é desvencilhar-se desses laços que nos ligaram, molécula a molécula, a um corpo físico. Desfeitos ou rompidos, ocorrem a morte do corpo e nosso retorno à condição de seres espirituais livres da matéria densa. Esses processos causam perturbação, confusão. Quando renascemos na condição de bebês, deixamos o mundo espiritual, onde estivemos por muito tempo indefinido. Para alguns, esse tempo pode corresponder a séculos; para outros, poucos anos conforme as necessidades de cada ser. Deixamos afetos, amigos, amores e embarcamos em uma viagem ao encontro de outros seres que podem ser amigos ou nem tanto. Vamos ao encontro de nossos pontos fracos para fortalecê-los e não apenas encontraremos nossos amores, não viveremos um constante estado de bem-estar. Chegamos em estado de total dependência física e, ao longo da formação e desenvolvimento do corpo, perdemos temporariamente a memória dos fatos, identidade física e psicológica. Só recuperaremos nossa memória algum tempo após o desencarne, quando estivermos em boas condições mentais e emocionais. Isso perturba, isso causa confusão emocional muito grande que se refletem em "períodos problemáticos na infância e especialmente na adolescência" para algumas pessoas. Bem, saltemos para o outro extremo, para esse momento que você viveu e ainda vive. Você atingiu uma idade considerável na vida material...

Lolek olhou as próprias mãos envelhecidas, manchadas e marcadas pela artrose. Ergueu uma e viu que ainda tremia. Abriu o botão da manga da batina e puxou-a até a metade do antebraço, examinando-o detidamente. Georges observou-o em silêncio.

— A velhice! Que fardo! Eu vivi bem até o surgimento das doenças, Georges. Elas me abalaram muito. Impuseram-me muitas dificuldades. Não foi fácil disfarçar os sintomas. Alguém como eu não podia demonstrar fragilidade, não podia sofrer... como os outros. As marcas da passagem do tempo eram uma aflição. Confesso que não as aceitava. Intimamente, não me reconhecia naquele corpo que, dia a dia, dificultava a expressão da minha vontade, a realização dos meus desejos. Você fala em espíritos livres da matéria, e eu entendi por que me sentia preso, limitado, desconfortável naquele corpo que não era eu, não era mais uma expressão minha. Antes, não! Eu era feliz com meu corpo, nem prestava muito atenção a ele...

— Deuses não sangram, não é mesmo, Lolek? — indagou Georges, sorrindo.

— É, Georges. Eu não podia sangrar, pois isso mostraria minha condição humana. Mas foi ainda mais difícil, porque não vivi sozinho. Muito pelo contrário. Minha vida foi em meio a multidões. Havia sempre ao meu redor e para servir-me mais pessoas do que eu lembrava os nomes. Havia, contudo, um número considerável que subiu comigo e era próximo. Eu pensava neles como o rabo do foguete. Eu ia à frente, porém, eles também me impulsionavam. Sem o rabo o foguete, caí. Sem aquele séquito, eu cairia. E se eu caísse, se eu morresse, elas também cairiam. Teoricamente, ninguém ficaria em seus postos, em seus cargos, e isso gera uma tensão permanente. Quando há situações conflitosas, guerra de interesses, intrigas, os romanos costumam dizer que "naquela panela tem algo fervendo". No ambiente que eu vivi havia um caldeirão fervendo.

O humor de Lolek fez Georges sorrir, mas ele manteve-se calado. O paciente, então, prosseguiu com suas memórias.

— Nos últimos anos, o caldeirão borbulhou, ferveu e derramou muitas vezes. Eu precisava controlar o fogo para manter-me e aos outros. Somente um entre meus auxiliares me dizia que aquilo era absurdo, que não havia como negar a condição humana e me aconselhava a renunciar e viver minha vida longe dos holofotes, das câmeras de televisão e das multidões. É um inovador, alguém capaz de pagar o preço das próprias opiniões. Eu não. A quebra da tradição não foi por ato meu, eu acatei-a. Diferente dele, eu não conseguia, sendo honesto. Eu não queria reconhecer o fim do meu reinado, pois isso, para mim, seria a morte em vida. Talvez um sofrimento maior do que os medicamentos para conter a doença, para possibilitar-me o domínio daquele corpo velho que, dia a dia, eu abominava mais. Porém, agarrava-me a ele desesperadamente, pois a consciência me dizia que só a morte me libertaria, que ele se tornara minha prisão. Eu não queria morrer e não acreditava em céu, inferno ou purgatório. Eu sabia que todos haviam sido criados por um ato humano que eu tinha o poder de desfazer. Aliás, se discutia bastante alguns deles, porque estavam completamente obsoletos. Eram criações para atender a uma realidade e a um contexto de interesse econômico e social do passado da Igreja, e já não se justificava ensiná-los. No entanto, eu não tinha coragem de desfazê-los. Eram mitos, tanto quanto eu mesmo. Mas... estou fugindo da conversa e não quero fazer isso. Eu não queria morrer. Amei demais minha vida e por que não dizer a mim mesmo? Muitas vezes, me perguntei como tudo aquilo tinha acontecido e admirei minha capacidade de fazer da minha vida o que fiz. A doença, no entanto... Ah! Quando fui diagnosticado com o Mal de Parkinson, meu martírio começou. A depressão rondava-me. A temperatura do ambiente subiu, e a panela ferveu como nunca. Anunciaram minha morte próxima, especularam sobre minha renúncia, afinal, eu estava velho e doente. Minha história, contudo, pesava e se impunha. Nosso grupo era forte, e não tive um reinado tão longo à toa. Por outro lado, o povo ama e idolatra o sofrimento e o martírio, então, quando assumimos publicamente a doença, tornei-me um mártir, um exemplo de sacrifício e abnegação na visão popular, quando era exatamente o oposto. Minha popularidade aumentou estratosfericamente. Eu, no entanto, sabia que a doença avançava, e o tempo também, o que me deprimia muito. Só minhas viagens ainda me animavam e despertavam a velha força de transformar as situações a meu favor. Somente quando a demência começou a dar sinais, com perda de memória e confusão, admiti executar meus planos de último ato. Imagine um líder mundial demente, que não sabia mais qual era o dia ou o ano em que estava vivendo! Inimaginável, não é mesmo? Eu seria morto antes disso tornar-se público. Assim, enquanto ainda havia lucidez e algum controle, resolvi aceitar e comandar meu último minuto. Questão de dignidade.

— Tal como nos mitos, você aceitou mostrar mutilações, mas não sangrou. Não me responda agora. Peço-lhe que pense apenas: será que sua opção pelo suicídio assistido foi questão de dignidade ou de vaidade?

— Minha inspiração foram os antigos romanos. "Dignidade", diziam eles. É uma tradição. Precisamos preservar a dignidade do papado; é uma instituição milenar. Temos máculas na história, eu sei, mas nenhuma de um papa ensandecido. Eu não seria o primeiro.

— Sim, Lolek, os antigos romanos admitiam o suicídio como algo honroso, um ato para preservar a dignidade. Interessante é que os grandes filósofos e pensadores dessa civilização não optaram por esse caminho. Foram mortos, contudo, muitos políticos romanos, de fato, suicidaram-se a pretexto de preservarem a dignidade. Outra coisa interessante no caso deles é que preservar a dignidade significava morrer no poder, na fortuna, no prestígio ou sem enfrentar os martírios que a doença física impõe. Os papas da Igreja deram sequência a essa cultura. Isso é triste, no meu ponto de vista. Dignidade para mim tem outro significado. Não veria indignidade na renúncia, admitindo a impossibilidade física de governar, de gerir a própria vida. Doenças, físicas ou mentais, são construções nossas e transformam-se em mestras para nossos espíritos. Vivendo-as aprendemos, como seres espirituais, a domar nossas paixões. Regra geral: alimentamos as paixões destrutivas, e o que é uma alavanca para nosso progresso, torna-se, por algum tempo, causa de sofrimento, causa estados transitórios de perda da sanidade mental e emocional e destrói nossos corpos, porém, somos seres espirituais, imortais. Dessas experiências resultam progresso, aprendizado, autoconhecimento ou a repetição delas até que atinjamos esse resultado positivo...

— Não vejo como um estado de dor física e moral, como a depressão que vivi e, pior do que ela, a insanidade mental que se prenunciava, poderiam trazer-me ou trazer para qualquer outra pessoa os benefícios que citou. Sempre me perguntei para que serviam na Terra. São pessoas inutilizadas. São doenças incapacitantes, progressivamente incapacitantes. O que alguém ensandecido aprende? — indagou Lolek, encarando-me francamente. — Só serve para despertar a piedade ou a raiva alheia.

— Você fala considerando apenas uma existência, tem seu olhar limitado. Eu lhe falei há pouco que nascemos na matéria inúmeras vezes. A ideia da reencarnação é muito, muito antiga. O fato de a humanidade tê-la discutido em todas as épocas e em diferentes lugares e culturas mostra-nos que há uma insatisfação natural com muitos fatos, como os que citou e viveu. A ideia da finitude da experiência humana na morte física é um paradoxo se comparado à sabedoria que se patenteia na natureza.

— Na natureza nada se cria, tudo se transforma — interrompeu-me Lolek citando Lavoisier. — As práticas de embalsamamento e preservação do corpo nos poupam desse destino e nos dão esperança da ressurreição. Nisso eu acredito. Quero um dia retornar à vida. À minha vida.

— Bem, meu caro, as leis materiais das ciências são estudos das leis divinas. A inteligência de Lavoisier não criou a ação da natureza. Ele observou-a, estudou-a e aprendeu como funciona a química que a rege. Ele e tantos outros são espíritos que alcançaram evolução intelectual para compreender os mecanismos de funcionamento da vida material. Lavoisier, como um típico inovador do pensamento humano, pagou com a vida por sua ousadia de escandalizar e subverter a cultura de uma época.

— Sim, eu sei, Georges. Foi decapitado e em sua sentença de morte escreveram que a "França não precisava de cientistas". A Igreja aplaudiu.

— Pois é. Aplaudiu a execução de muitos cientistas, porque eles mostravam e mostram um mundo natural, sem deuses, semideuses, musas. Ou um mundo sem santos, beatos ou seres privilegiados. A ciência destrói a interpretação vulgar dos mitos. Sobre Lavoisier também se escreveu que a sociedade humana precisaria de mais de um século para produzir outra cabeça igual à que fez cair em um segundo. A inteligência de Lavoisier, contudo, não acabou naquela guilhotina, pois teria sido um imenso desperdício. Aliás, nessa visão não reencarnacionista, o substrato é a concepção de Deus como um perdulário, um ser que em tudo que fez demonstrou sabedoria e aproveitamento de oportunidades, de tornar útil a coisa mais abjeta, como os excrementos. Somente com a espécie humana — o ápice de sua obra —, Ele desperdiça, mostra-se perdulário. Lolek, as leis naturais não operam somente na vida material; elas são as mesmas e operam identicamente na vida moral. Então, lembrando o cientista que você citou, nenhuma de nossas experiências são perdidas; elas transformam-nos. Os casos a que se referiu de sofrimentos físicos e mentais, que parecem não ter utilidade na vida material, são preciosos para o espírito, que tem consciência do que vive, embora sofra as consequências materiais por algum tempo. Essa experiência terá de ser refletida, analisada. Encontrando as causas que a geraram, ele aprenderá a trabalhá-las, a transformá-las, e, como não vivemos isolados, essas situações afetam os outros, e elas despertam, sim, piedade. Reflexões sobre a razão daquela experiência humana? Até mesmo o questionamento da justiça de Deus é válido e pode abrir portas em mentes muito fechadas, endurecidas. Por inúmeras razões, essas experiências são necessárias ao espírito. São bênçãos incompreendidas.

— É degradante ser alvo da piedade alheia — pontuou Lolek.

Georges riu com gosto, e Lolek encarou-o incrédulo, advertindo-o severamente:

— Isso não é uma piada. É sério. Você gostaria de ser alvo da piedade dos outros?

— Mas a piedade não é uma virtude? — devolveu Georges sorrindo. — As virtudes não devem ser cultivadas?

— Sentir piedade é uma virtude, ser alvo da piedade não. É humilhante! — respondeu Lolek mantendo o tom.

— Isso não é contraditório? Como é possível ensinar que piedade é uma virtude, que somente tenho que sentir pelos outros, se, em algum momento, eu recebê-la isso me tornará um ser... como você disse... degredado? Isso é o reverso da inveja? Por que da inveja muitos se dizem alvo, mas não admitem senti-la. Como a inveja é tida como um sentimento "feio", um pecado, eu não devo senti-la. Entretanto, posso ser alvo dela porque ter coisas que despertam esse sentimento feio nos outros me eleva. É essa a lógica? — questionou Georges, encarando seu paciente firmemente.

Lolek sustentou por alguns instantes o olhar de Georges e depois desviou. O silêncio fez-se na sala. Georges recostou-se na parede e aguardou.

"*Touch*é!", pensei. Georges recolocou em discussão a vaidade como um desvio de comportamento capaz de distorcer a compreensão da realidade material e emocional, subvertendo valores.

— Lolek, por enquanto, nossa conversa parará nesse ponto. Eu tenho outros compromissos, e você precisa de tempo para refletir sobre o que conversamos. Peço-lhe que reflita sobre nossa conversa. Trouxe-lhe um presente. Espero que goste e aproveite.

O paciente voltou a encará-lo. Curioso, Lolek recebeu o pacote das mãos de Georges e apalpou-o discretamente.

— Obrigado! Quando voltarei a vê-lo? Se eu voltar a ser torturado por aquelas vozes posso chamá-lo? Conseguirá afastá-las de mim? — questionou Lolek.

— Tranquilize-se, Lolek. Siga minhas recomendações e ficará bem. Não tema! Você usava muito essa recomendação; aplique-a a si mesmo agora. Não tema! Sim, se houver necessidade, pode chamar-me antes do nosso novo encontro.

— Que será? — insistiu Lolek.

— Em alguns dias, está bem — cedeu Georges respondendo com um parâmetro material ao pedido do paciente. Era necessário ao grau de compreensão dele naquele momento.

Georges beijou-lhe o alto da cabeça e saiu. Eu observei Lolek um pouco mais.

Ele voltou a atenção ao pacote que tinha em mãos, desatou a fita rústica e desembrulhou.

— Livros! — murmurou satisfeito.

Vi-o feliz, um sentimento frágil, mas genuíno de alegria irradiava de Lolek ao depositar, lado a lado, as obras recebidas. Dramaturgia e filosofia. Os olhos dele brilhavam.

Pareceu-me esquecido do pedido de Georges, pois empilhou caprichosamente os livros ao lado do leito e acomodou-se escolhendo um deles para ler.

Sorri, admirando o quanto Georges era positivamente ardiloso. Deixei Lolek entregue ao prazer da leitura das obras selecionadas.

CAPÍTULO 32
CONFISSÕES

— O Santo está quieto — comentou Ricardo, sentando-se ao meu lado à sombra de uma árvore frondosa nos jardins da instituição. Um recanto mais isolado, somente campos e árvores, silencioso, excelente para meditar.

— Tem ido visitá-lo, Ricardo?

— Sim. Ele tem lido bastante. É um devorador de livros.

— Hummm — resmunguei. — Preferiria ouvir que ele estava lendo com calma, refletindo, mas talvez eu queira demais para o momento.

— Conversamos sobre os livros. Ele comentou que leu *Macbeth* com outros olhos depois da conversa com Georges. Achei interessante a passagem que ele assinalou em Confúcio. "Se um homem aprende com os outros, mas não pensa, ele ficará confuso. Se, por outro lado, um homem pensa, mas não aprende com os outros, ele estará em perigo". Memorizei!

— Isso é bom! Identificou-se com a mensagem. Lolek conseguiu fazer as duas coisas: ensinou muita gente a não pensar, jogou-as em confusão, é o perigo. Lolek foi e continua sendo um cego em questões da espiritualidade. O problema é que se alçou à tarefa de conduzir multidões igualmente cegas, movimentando mídia e política pesada sob os mantos da crença. Encenando ser um homem santo, comprometeu-se muito. Tem muito trabalho à frente por ele mesmo, e, mais adiante, sua consciência exigirá reparação do que fez. Mas isso é questão para o futuro. Diga-me: ele manteve-se sem crise?

— Sim. Desde que comecei a acompanhá-lo, esse tem sido o período lúcido mais longo, José. A última crise foi intensa, pesada. A confrontação com os outros o desequilibrou profundamente. Ele está calmo agora.

— Terapia de choque — falei rindo ao recordar que Georges concedera o pedido arrogante de Lolek, sabendo antecipadamente quais efeitos geraria.

— Boa definição! — respondeu-me Ricardo sorrindo. — E eu me esmerei em pesquisar a trajetória de Lolek do anonimato ao topo do poder. Julguei que Georges precisava saber dos fatos para entendê-lo, afinal, eu contei-lhe toda a minha vida. Agora, descobri que ele não se interessa pelos fatos, só pelos sentimentos e pensamentos. Fazer o quê? Aprender, não é? Jacobino me daria essa resposta, nem preciso perguntar.

— Nosso orientador com certeza lhe diria: "Aprenda trabalhando com Georges" — reforcei. — Seu trabalho foi muito útil para mim. Obrigado por tê-lo feito, no entanto, sabemos que nenhum daqueles fatos poderá ser refeito, ser mudado, afinal, pertencem ao passado. O que precisa ser depurada é a fonte que os originou: o espírito de Lolek. Georges atua na causa, não no passado. A causa é atemporal, é imortal. Os fatos ajudaram-me a mostrar o mito sangrando. É verdadeiramente incrível o quanto é necessário repetir que todos são humanos, iguais perante as leis da vida e filhos bem-amados de Deus. Todos! Absolutamente todos!

— E desconfio que Georges aproveitou o caso de Lolek para tratar-me, identificar as emoções dele, acompanhar seu pensamento e relacioná-las às suas atitudes ajudou-me a identificar melhor as minhas. Até esse caso, eu recolhia, amparava e, depois que chegavam à instituição, me afastava. Com Lolek, voltei a vê-lo, acompanhei sua luta, e essa tarefa de auxiliar na observação abriu meus horizontes, lançou luz sobre minha ignorância a respeito de emoções mais complexas como a piedade, a dignidade, a paciência, o observar e o respeitar sem interferir, aguardando que os fatos se adequem... Ou melhor, que as pessoas entrem em conformidade com a vida e adequem os fatos à nova condição íntima. Aliás, seria bom irmos encontrar Georges. Está próximo o encontro com Lolek.

Lancei um olhar àquela paisagem calma e cheia de energia, encarei Ricardo e, tocando-lhe o braço, disse:

— Vamos!

Encontramos Georges à porta do quarto de Lolek. Entramos. Observei que ele estava calmo, sentado na cama, na sua tradicional pose, com as mãos sobre os joelhos. Havia, contudo, pequenos detalhes: estava pensativo, com os pés descalços e sem o manto. A sala estava mergulhada em uma penumbra confortável. Os raios de luz da janela incidiam sobre os sapatos vermelhos ordeiramente arrumados a um canto da sala, tendo ao lado o manto vermelho dobrado.

— Como está hoje, Lolek? — perguntou Georges sentando-se no leito.

— Em silêncio interior. Quero agradecer sua ajuda.

— Essa é uma boa notícia. Fico feliz que nosso trabalho o ajude a melhorar — respondeu Georges enfatizando "nosso trabalho", um sutil alerta de que o paciente precisava trabalhar pela própria melhora.

— Consegui pensar no que me disse. Tumulto mental é o pior sofrimento, é insuportável. Acredito que estava a um passo da loucura, mas estou me sentindo bem, no domínio de mim mesmo. Você foi a melhor coisa que me ocorreu depois do meu último ato. Apesar de muito estranha, sua terapêutica aliviou meu sofrimento.

— Você quer falar-me sobre suas reflexões?

— É preciso? — questionou Lolek.

— Você não é obrigado a nada, Lolek — esclareceu Georges.

— Então, vamos falar de outro assunto. Lembra-se de quando me pediu para ser hospedado em outra ala? Ainda tem esse desejo?

Ao meu lado, Ricardo sorriu, pois o assunto era o mesmo. Georges somente mudava o enfoque, questionando as atitudes reveladoras dos sentimentos, o que o levara a agir.

— Por favor, não. Este quarto é desconfortável, feio, parece uma caverna pré-histórica se comparado aos ambientes em que vivi no passado, mas entendi que é um lugar de proteção. Eu o abençoo. Não quero sair daqui.

— Lolek! Lolek! — disse Georges analisando seu paciente. Notei que o olhar dele recaiu sobre a pilha de livros, depois sobre os pés descalços. Ele sorriu e comentou: — Descalço como um menino!

— Faz tanto tempo! — respondeu Lolek contemplando os pés descalços. — É bom! Senti-me sobre meus pés, senti o piso sob eles. Uma sensação de liberdade. Fazia muito tempo que não tinha esse tipo de conexão. Por que você me chama de Lolek? Aliás, aqui todos me chamam assim.

— Bem, quando você chegou, nós o tratávamos, às vezes, como Santo. Na maioria das vezes, nos referíamos a você como Código Vermelho. Depois, descobrimos esse apelido de infância: Lolek. Agora que o conheço um pouco mais, prefiro chamá-lo assim — respondeu Georges.

— Sim, Ricardo informou-me que aqui não há títulos. A hierarquia obedece a fatores bem diferentes dos da vida material. São exclusivamente morais, e não há subordinação ou submissão por hierarquia. Ele não é mais cardeal, e eu não sou Sua Santidade. Tudo ficou para trás, perdido no tempo.

— Títulos, prestígio social são questões culturais transitórias; não valem nada na vida espiritual. Posso continuar a chamá-lo de Lolek? Pode dizer-me qualquer nome que queira. Nomes também não importam. Tivemos milhares. Escolha à sua vontade.

— Lolek é meu apelido de infância. Você sabe que eu tive problemas na escola por causa do meu nome. Não atendia aos chamados dos professores, não reconhecia meu nome civil. Demorei bastante para entender que eu tinha dois nomes: um em casa, entre as pessoas que eu amava e cuidavam de mim; e outro na escola, onde não conhecia as pessoas. Eu precisava ficar atento, muito atento, para responder corretamente ao chamado. Várias vezes, fui advertido e até castigado por não atender a meus professores. Fui uma criança feliz até a morte da minha mãe, Georges. Depois, papai adoeceu de tristeza, tornou-se melancólico, como diziam na época, e isso se agravou muito quando ficamos sós. Hoje, diriam que ele estava em depressão.

Meu pai definhou até a morte e entregou-se à doença, sem luta. Foi nesse período que comecei a construir minha vida fora de casa. Eu vivia num lar triste e preocupado com a mãe. Em meu lar, ele era uma sombra, encerrado no quarto chorando ou vagando pela casa. A escola e as atividades extraclasse davam-me prazer somente por me permitirem estar longe de casa. Se meu pai autorizasse, eu fazia toda e qualquer coisa para ficar o maior tempo possível distante. Isso se intensificou ainda mais na adolescência, quando ficamos apenas eu e ele. Na época da invasão da Polônia, entendi que meu pai desejava me proteger e me amava. Vivemos tantas tragédias domésticas que endurecemos para sobreviver. Como fomos os últimos sobreviventes de nossa pequena família, cada um de nós, de certa forma, precisou tornar-se forte para manter a si mesmo. Não olhei as necessidades dele e penso que meu pai também não olhou as minhas. Eu não tinha nada a oferecer a ele além do medo, e ele também não tinha outra forma de mostrar-me seu amor, além do medo de perder-me. Quando ele morreu, meu medo tornou-se realidade. Eu estava absolutamente só no mundo. Foi uma dor estranha, muito estranha. Era também a libertação do medo. Não havia mais o que temer, entende?

— Você não morreu, a vida prosseguiu. Isso o fortaleceu ou o endureceu intimamente? — perguntou Georges.

— Endureceu — respondeu Lolek, sem pensar. Depois, reconsiderou: — Analisando melhor, tornou-me mais forte.

— Forte. Como você identifica essa força interior em sua vida, Lolek?

— Consegui tudo o que desejava. Sou um vencedor.

— Então, tudo o que você viveu foi desejado? Você queria ser um religioso? Queria a ascensão que conquistou? — insistiu Georges.

— Sim, eu tive tudo o que desejei, mas, ouvindo-o falar, parece que desejar é o mesmo que planejar. Minha vida foi construída em meio ao caos da guerra. Durante minha infância e adolescência, ela se gerou. As pessoas falavam, temiam, ainda choravam fatos e pessoas que eu não conheci e que morreram na guerra anterior. Depois, a partir da adolescência, por quarenta e cinco ou cinquenta anos... tenho dificuldade de precisar essa data. Os fatos não são estanques; eles repercutiram por diferentes lugares por muitos anos. Até os anos 1980, eu arriscaria dizer. Vivi a Segunda Guerra em todas as suas fases, a dita imperceptível, a guerra propriamente dita e a guerra fria, desdobramentos dos mesmos fatos e das mesmas causas: nazismo e socialismo, regimes totalitários.

Lolek interrompeu suas confissões e refletiu alguns instantes. Vi as cenas em seu pensamento: ele recordava o adolescente medroso e o adulto que desejava sobreviver em um mundo caótico. Depois, rememorou seu envolvimento com os políticos, com os principais atores sociais daquela época e sorriu. Havia incredulidade e satisfação em sua expressão.

— Curiosamente, a guerra deu-me tudo — reconheceu Lolek. — Até um determinado período de minha vida, não planejei nada do que obtive. Diria que foi até me tornar bispo. Até ali, eu agia conforme o momento se apresentava e agarrava a melhor oportunidade. Não sou tolo. Veja: eu não tinha família, dependentes de nenhum tipo, e isso me dava liberdade. A incrível liberdade de não sofrer. Nada do que eu fazia repercutia próximo de mim. Eu era invulnerável ao sofrimento. Pensava que sorvera toda a minha taça de dor até a adolescência. A doença mostrou-me minha vulnerabilidade, como já disse. Ser imune ao sofrimento torna o homem muito forte.

— Você acreditava realmente que era invulnerável ao sofrimento? — questionou Georges. — Você pensava que o sofrimento provinha da relação próxima, do amor aos outros?

— Sim, era exatamente o que eu sentia. Somente amei minha vida e a mim mesmo e, após meu primeiro doutorado, comecei a pensar que uma força divina, especial, atuava na minha vida. Que Nossa Senhora me protegia e interferia a meu favor. Anos depois, meus inimigos tentaram me matar, e eu sobrevivi. Naquela ocasião, o medo reapareceu, e minha fé em Nossa Senhora foi minha salvação. Esse episódio tornou-me convicto de que eu era um protegido dela e que ela tinha um propósito para minha vida. Nossa Senhora serviu-me muito.

Vi Georges anotar algumas palavras na cabeça. Não resisti, aproximei-me e li: "I W T, escolhido? Propósito próprio".

Ricardo fez o mesmo e cutucou-me mostrando-me suas anotações: "Irena, Wanda e Tereza, as amantes mais conhecidas dele". Fiz um sinal positivo; tinha pensado o mesmo. Era óbvio.

— Aconteceu alguma coisa nessa época que o levou a pensar nisso? — perguntou Georges interessado.

— Uma visita.

— Conte-me, por favor. Quero entender sua relação com Maria — pediu Georges.

CAPÍTULO 33
PADRE PIO

— Eu conheci o Padre Pio quando fiz meu doutorado em Roma. Viajei muito na época acompanhado de outro colega polonês, Stanislaw. Nessa época, Adam era cardeal, e não nos faltava verba. Peregrinamos pelos principais santuários e pelas curiosidades ligadas à Igreja católica na Europa.

"Nesse tour não poderia faltar uma visita a San Giovanni Rotondo, na Itália. Nessa época de pós-guerra, Padre Pio vivia em um convento com o mesmo nome da pequena cidade e era um caso de devoção popular. Era um homem, não uma imagem, uma relíquia.

"Ele foi a pessoa que mais me impressionou nesta vida. Acredito que ele era um santo. Realmente um santo. Era um homem franzino, de uma família pobre e inculta. Tornou-se frade por vocação e pertencia à Ordem dos Frades Menores Capuchinhos. Tinha saúde frágil, e os jejuns impostos pela ordem só agravaram seus padecimentos. Ele, contudo, jamais se queixou. Como frade, ele, obviamente, era um homem estudioso, mas não foram esses conhecimentos que me impressionaram. Foi o conhecimento profundo que Padre Pio tinha sobre a alma humana, sobre gente. Fascinaram-me os poderes dele.

"Desde que o conheci até sua morte, sempre mantive contato com Padre Pio. Antes dele, durante minha infância na Polônia, havia um beato a quem minha mãe e inúmeras pessoas atribuíam poderes de cura. Eu era menino e gostava daquele homem que vivia rodeado de pessoas em sofrimento. Ele as acalmava, mas não se comparava a Padre Pio. Ele tinha a capacidade de ler as almas. Era um clarividente.

"Geralmente, ele ouvia os peregrinos em confissão, trabalhando doze horas ou mais, sem descanso. Lembro-me da admiração que me causou a imensa fila para confessar-se com ele. Eu entrei na fila e descobri por que tantas pessoas passavam horas de pé, no sol ou na chuva, ao redor do convento, para falar com ele. Não era uma confissão comum. Ele fazia rapidamente todos os rituais, mas, com muita frequência, não precisava ouvir o relato dos pecadores, pois já conhecia seus pecados. E, tal como fez comigo, fez com muitos outros. Ele lembrava a verdadeira razão de estarmos lá, falando das razões e dos fatos que não havíamos revelado.

"Fiquei tão impressionado com aquela visita que dediquei muito do meu tempo a ler sobre Padre Pio. Até hoje, a voz dele ecoa em meus ouvidos. Minha confissão foi algo protocolar. Eu era um curioso e por isso estava diante dele. Essa era a verdade. Depois de minha fala, ele ignorou o protocolo e disse: 'Você escolhe caminhos fáceis e segue suas tendências sem refletir. É muito talentoso, mas há muito tempo seu talento está fora de lugar. A política o envolve como uma teia de aranha rapidamente tecida, e você gosta do poder e das facilidades. Terá uma brilhante e longa carreira na Igreja e ascenderá aos mais altos postos, contudo, seu talento estará fora de lugar, meu jovem. As sepulturas transbordam de boas ações deixadas para depois... Se o demônio não dorme para nos perder, Nossa Senhora não nos abandona nem um instante sequer. Lembre-se disso. Lembre-se de que seu pai o entregou a ela'.

"Jamais esqueci aquelas lições. Várias vezes, em minha vida, fui encontrar Padre Pio. Eu não ia à Itália sem visitá-lo. Suas chagas me fascinavam. Como podia um homem franzino sangrar por tantos anos e não morrer? Ele nem sequer teve anemia. Contava que sofria dores atrozes nos estigmas, que padeceu de dores por anos nos lugares onde elas surgiram, sem que os médicos conseguissem encontrar uma causa para aquilo. Um dia, a dor foi muito intensa, e as chagas nos pés e no peito se abriram e sangraram. Ele passou dias em estado de êxtase quando isso aconteceu."

Lolek fez uma pausa nas recordações, voltou-se a Georges e indagou:

— Você sabe o que é êxtase?

— No contexto do que está me narrando, acredito que esteja usando a expressão para se referir a um transe. O estado de êxtase místico. Eu sou estudioso do magnetismo. Estudamos o estado de êxtase. A pessoa fica imóvel, incomunicável, tem todas as aparências da morte. É a isso que se refere?

— Sim.

— Por favor, prossiga a história, Lolek. Esse encontro foi muito marcante para você. Interessou-me.

— Esses estados se repetiam com certa frequência na vida dele. A capacidade de Padre Pio de curar pessoas, de ir encontrá-las sem sair do lugar...

— Ele tinha faculdade de bilocação? — indagou Georges.

— Sim. Vejo que você tem domínio do assunto. Isso é bom. Não precisarei preocupar-me em explicar-lhe. Na vida dele há muitos casos, centenas de testemunhas. Os pilotos aliados relatavam que o viam ajudando-os em combate, dando-lhes ânimo e dizendo que Nossa Senhora os ajudaria a afastar o perigo. Eu tive a oportunidade de conversar com um general que pretendia suicidar-se e que foi impedido, porque, quando ia cometer o ato de atirar na própria cabeça, surgiu do nada, no campo, um padre que conversou longamente com ele, restaurando-lhe a esperança e a força interior. Convencido do que dizia o padre, o militar baixou a arma e, quando foi agradecer-lhe a intervenção, notou que estava sozinho. Por esses acasos da vida, já ao final a guerra, quando, de fato, a vitória aliada não era mais uma esperança, mas uma questão de dias, ele estava no sudeste da Itália e foi assistir à famosa missa do Padre Pio e o reconheceu. Ele me disse que esperou muito até a igreja esvaziar-se para se aproximar do padre, e, quando parou diante de Padre Pio, ele sorriu e, antes que dissesse qualquer coisa, o abençoou e falou: 'Foi muito bom ter feito a melhor escolha. Fico feliz por você'.

"Ele também me ajudou quando Wanda adoeceu, ou melhor, ajudou-a a meu pedido. A fé dele na intervenção de Nossa Senhora nos acontecimentos da vida e a prova viva dos poderes dele, em que eu mesmo fui testemunha e as centenas de histórias e testemunhos, convenceram-me de que Padre Pio era um fenômeno de fé verídico. Um santo! O sucessor de São Francisco de Assis. Aliás, eles têm histórias muito semelhantes, salvo que Francisco de Assis era um homem rico, um soldado, e seu chamado era para restaurar a Igreja. Padre Pio tinha origem muito humilde, não recebeu chamado algum, e sua vida tornou-se um chamado à fé, eu diria. Ambos, contudo, receberam os estigmas de Cristo e exalavam perfume. As pessoas que testemunharam as aparições de Padre Pio narravam que o perfume indescritível que ele exalava enchia o lugar e demorava a evaporar após a partida dele. Perfume de santidade real. Padre Pio preocupava-se com o sofrimento humano, por isso, devotou-se tanto ao confessionário, para aliviar o sofrimento moral da humanidade. Depois, ele entendeu que precisava aliviar também o sofrimento físico, pois muitas doenças se originavam desse interior torturado. Criou um hospital, um lugar belíssimo, que não lembra em nada esses hospitais cheios de equipamentos e longos corredores sonorizados por gritos, gemidos, som mecânico e odor de remédios. O hospital do Padre Pio, a Casa Alívio do Sofrimento, é esse o nome, é um prédio lindo, de extremo bom gosto, com os mais belos materiais de construção, cercado de jardins floridos e perfumados. Ali realmente uma pessoa doente se restabelece. Eu achei incrível como um homem tão simples, que passou a vida toda em casas pobres e em celas de conventos, pôde conceber aquele lugar.

"Você perguntou-me de onde vinha minha ligação com Maria... vem do convívio com Padre Pio. A fé e a vida dele mostraram-me que Maria era uma força real. A Polônia é um país devoto a Maria. Minha família, especialmente minha mãe, era devotada a ela. Foram apenas sementes, talvez. Foi com Padre Pio que me tornei realmente um mariano.

"Mas, durante todos os anos que acompanhei a vida dele, praticamente vinte anos, aprendi que mais do que todos os fenômenos sobrenaturais que aconteciam com ele, maior até mesmo que os estigmas, a influência de Padre Pio sobre as pessoas vinha do confessionário. E também me dediquei inspirado nele e no Cura d'Ars. Ele não era o que se poderia chamar de um padre bonzinho, que absolvesse todos os pecadores. Aliás, é prática a absolvição dos pecados sejam quais forem mediante penitência. Mas Padre Pio não agia assim. Ele recusava o perdão sacerdotal, recusava a absolvição, não prescrevia penitência, conversava muito e severamente com o pecador. Estranhamente eles saiam pensativos e aliviados de um modo que eu não entendia. Padre Pio dizia que recusava perdão a quem não estava sinceramente arrependido. Ele acreditava, e tinha razão, que a não absolvição os tornava mais autênticos e dispostos a mudar de vida."

— Muito sábio! Eu conheço a Casa Alívio do Sofrimento — informou Georges. — Concordo com você, é um belo lugar. Um conceito adequado de local material e espiritual para atender a quem sofre.

Lolek correu o olhar por sua cela e encarou Georges, que sorriu e respondeu.

— É um conceito que seguimos aqui. Você viu que não temos somente salas como esta, contudo, admitiu que eu tinha razão em mantê-lo aqui. Embora seja feia, esta cela lhe oferece proteção.

— É verdade!

— Você se confessava com ele? — perguntou Georges.

— Não. Ele somente me ouvia e me dava conselhos repetitivos. Penso que fazia isso com todos. Dizia-me sempre que as sepulturas transbordam de boas intenções deixadas para depois e que eu não fizesse isso.

— E como você interpreta esse conselho?

— Como parte das lições que ele dava a todas as pessoas: valorize o tempo, faça o bem e confie em Deus e na intercessão de Maria.

— Você nunca pensou que ele pudesse estar se referindo à vida depois da morte e dos desvios que, muitas vezes, fazemos entre a proposta espiritual e a vida material? — questionou

Georges. — Afinal, ele usufruía de grande liberdade espiritual mesmo encarnado, então, tinha consciência da vida espiritual.

— Eu nunca pensei nisso, Georges. Já lhe disse. Entenda! Eu vivia para as coisas imediatas e grandes. Minha mente era ocupada pelas questões da política internacional, da política da Igreja, das minhas ideias. Minha agenda era intensa, e eu sempre tive muita energia, consequência de gostar de viver ao ar livre. Foi algo bom que o período de trabalhos forçados da guerra me deixou. Vida depois da morte não era tema frequente nem mesmo nas minhas homilias. O paraíso, o inferno, o purgatório, o limbo, essas questões de teologia não ocupavam minha mente. Eu pensava no imediato e em como viver. Padre Pio fez-me crer em algo transcendente, porque me dava provas materiais, entende? Ele era uma ponte viva que eu podia tocar. Para mim, era um santo na Terra. A Igreja não fez mais do que reconhecer o fato. Não aceitei barreiras em sua canonização. Ele deixou-me num momento crucial da minha vida, em 1968, e fez-me muita falta. Eu orei muito pedindo para vê-lo após sua morte e sua intercessão por mim. Até escrevi uma oração para São Pio de Pietrelcina, contudo, não obtive essa graça. Acredito que os palácios de Roma não eram dignos dele, porém, sentia-me fortalecido.

— Desculpe-me. Você me disse isso na primeira vez em que conversamos. Eu não esqueci. Às vezes, converso com pessoas que dizem isso, mas guardam dúvidas. Bem no fundo de si mesmas, elas pensam no depois da morte física, por isso, insisti. Você conviveu com alguém cuja vida era repleta de fenômenos transcendentes. Poderia tê-los questionado ou eles poderiam tê-lo feito pensar no além — justificou Georges.

— Não. Eu não tinha tempo. Padre Pio aliviava-me, fortalecia-me. Assim como aconteceu com tantos outros peregrinos, ele nunca me absolveu de meus pecados. Ele não era bonzinho, porém, estar com Padre Pio fazia-me um bem imenso. Ele marcou-me, mas não da forma como você questiona. Durante a vida dele, a Igreja dividia-se em relação ao culto popular que se gerou ao redor dele. Muitos o perseguiam e atacavam, sem piedade. Acusavam-no de manter relações demoníacas e outros o perseguiam desejosos de destruí-lo. Houve uma conspiração do clero contra ele. Plantaram substâncias na cela durante um de seus transes e acusaram-no de forjar os estigmas com ácido. Temiam o poder de influência de Padre Pio sobre as multidões na Itália. O bispo da região temia que ele denunciasse os problemas da Igreja aos fiéis, especialmente os dele. Era um idiota, um cego completo. Lutou muito contra o padre, contudo, foi inútil. Padre Pio jamais respondeu ou se defendeu; simplesmente continuou seu ministério de aliviar o sofrimento humano. Esse bispo movimentou poderosas forças da Igreja contra ele e conseguiu que o Vaticano emitisse decretos restringindo as ações do padre, que só podia rezar missas públicas e oferecer o sacramento da confissão. De resto, ficava confinado à cela do convento. No entanto, ainda que isso o fizesse chorar muito, como me contaram seus colegas, não o impediu de continuar trabalhando para minorar o sofrimento, tampouco fez cessar os fenômenos que tanto incomodavam o clero. Ele era um presidiário da Igreja. Uma vez, questionei-o e ofereci-lhe minha ajuda. Já tinha um bom prestígio em Roma, poderia interferir. Ele sorriu e me disse: "Meu algoz sofre. Sofre terrivelmente! E eu não posso ajudá-lo, porque ele padece de males irreais, de medos. Ele me agride, porque pensa que sou uma ameaça ao poder dele. Isso não me interessa, contudo, os sentimentos dele o fazem sofrer. Se conversasse comigo, em vez de me agredir pelas costas, eu poderia ajudá-lo. Ele, no entanto, foge de mim. Então, só me resta vê-lo travar essa batalha inglória. Enquanto ele luta, eu confio em Nossa Senhora, em São Pedro, em Deus e peço que o Senhor me salve! Sei que Ele me estende a mão, aperta a minha com força e me faz caminhar alegremente. Então, sigo meu caminho, fiel à proposta de procurar fazer sempre melhor: hoje melhor do que ontem, amanhã melhor do que hoje. E espero que meu algoz perceba que não vou lutar nem vou ameaçá-lo de qualquer forma. Os desmandos dele são mais um monte de boas intenções esquecidas que transbordarão de sua sepultura, como de outras tantas. Eu lamento, pois é tempo desperdiçado, é sofrimento que se renovará. Não precisa preocupar-se comigo, Lolek. Cuide de viver bem sua vida. Cuide para que ela seja igual ao de pequenas abelhas espirituais, que levam para sua colmeia apenas mel e cera. Que suas atitudes e seus pensamentos encham sua vida de docilidade, paz, concórdia, humildade e piedade. Não tema por mim".

— Você memorizou muitas coisas que ele lhe disse — falou Georges. — Ele é um espírito sábio, que lhe deu simples e excelentes lições e exemplos edificantes de conduta coerente, verdadeiramente superior. Repetiu-as, porque são o caminho da evolução. Muitos as deram, dão e ainda darão aos espíritos encarnados na Terra. Você viveu algo que ele lhe ensinou? — questionou Georges.

— Eu obedeci ao pedido dele. Enquanto viveu, não me intrometi em sua relação com o clero. Não o acusei nem o defendi publicamente. Após a morte de Padre Pio, quando me tornei arcebispo, um príncipe da Igreja, lembrei-me da profecia dele no dia em que nos conhecemos, quando eu era um simples padre como ele. Padre Pio já estava morto e sua memória continuava sendo conspurcada. Naquele dia, pensei que Padre Pio não fazia nada incompleto. Eu estava realmente no topo da carreira eclesiástica e, novamente, estava enganado e ele certo. Então, quando pude, fiz o possível para santificá-lo, pois ele merecia. Assim, o clero cessou sua luta contra Padre Pio. Aquele foi um dia em que senti uma grande felicidade com meu papel no mundo. Senti-me em paz.

Georges ergueu a sobrancelha. Pareceu-me surpreso, talvez incrédulo com a personalidade que analisava. Fez um silêncio prolongado e ficou pensativo. Lolek não se perturbou e entregou-se às suas memórias. Surpreendi-me, então, ao vê-lo ajoelhar-se no piso, mãos postas, o queixo colado ao peito, murmurando em oração: "Ensine-nos, nós lhe pedimos, a humildade de coração para sermos incluídos entre os pequeninos de que fala o Evangelho, aos quais o Pai prometeu revelar os mistérios do Seu Reino. Ajude-nos a ter um olhar de fé, capaz de reconhecer prontamente nos pobres e nos sofredores a face do próprio Jesus. Sustente-nos nos momentos de luta e de provações e, se cairmos, faça com que experimentemos a alegria do sacramento do perdão. Transmita-nos a terna devoção a Maria, mãe de Jesus e nossa. Acompanhe-nos na peregrinação terrena em direção à Pátria abençoada, aonde também esperamos chegar um dia para contemplar eternamente a Glória do Pai, do Filho e do Espírito Santo. Amém".

Fixei meu pensamento nele e vi que Lolek orava ao Padre Pio. Uma evocação sincera.

CAPÍTULO 34
CONFISSÕES II

Georges observou respeitosamente o momento de devoção de Lolek. A verdade diferia de sua teoria anterior. Lolek era um macho acuado, mas a devoção dele a Maria não era uma busca de sublimar seus conflitos com o feminino. Ele era místico. Um Tomé moderno: acreditou no que viu. Um ignorante em assuntos de espiritualidade que a luz de Padre Pio ofuscou. O bondoso espírito, enquanto encarnado, conseguira despertar-lhe bons e sinceros sentimentos de amizade e tolerara a idolatria dele na esperança de auxiliar o progresso daquela alma tão desviada de seu caminho.

Depois de recitar a oração, a expressão de Lolek estava serena. Com alguma dificuldade, ele ergueu-se, pois ainda carregava as limitações do corpo idoso e doente fortemente gravada em sua mente refletindo-se no corpo semimaterial, e caminhou pela sala. Quando voltou a sentar-se, comentou com Georges:

— Por que não fiz isso antes? Essa oração tem o poder de acalmar-me. É como se eu retornasse à presença de Padre Pio. A lembrança é tão forte que quase sinto o perfume que exalava dele. Tive o privilégio de senti-lo várias vezes. Uma experiência poderosa e transformadora. Por que não me lembrei dele e da oração quando estava em desespero?

— Atrevo-me a dizer-lhe que você travou sua mente no desespero, no problema. Agindo assim, dificilmente encontramos a saída, a solução. Nosso orientador costuma dizer que fazer o óbvio é sábio. Você ficou tanto tempo em um dos mais belos templos da atualidade e não pensou em fazer uma oração, não pensou no óbvio. Só conseguia sentir o desespero causado pelos clamores dirigidos ao mito que havia criado. Estava focado no problema, e isso fazia-o crescer e parecer insolúvel. Não lhe permitia ampliar horizontes. Você não pensava ou sentia algo além daquela tortura desesperadora causada pelas vibrações emitidas por milhares de pessoas encarnadas e desencarnadas. Não volte a se torturar. O sofrimento era uma necessidade de sua consciência. Uma ação terapêutica para seu futuro é propor-se a não movimentar nem explorar a fé alheia em proveito pessoal, afinal, essas atitudes não permanecem impunes. O tribunal da consciência espiritual sentencia, e a pena tem cumprimento imediato. Gostei de conhecer sua experiência com Padre Pio. É um espírito sábio, contudo, gostaria de retomar algumas perguntas para nossa conversa...

— Fique à vontade — incentivou Lolek, confortável na condição de entrevistado. A oscilação era genuína, e o personagem criado era forte.

— Chamou-me a atenção a passagem em que você disse acreditar que Maria tinha um propósito para sua vida. E você tinha um propósito, Lolek?

Lentamente, ele dirigiu o olhar para Georges. Passaram-se alguns minutos antes de ele responder:

— Os desafios da vida, ou melhor de sobreviver, atropelaram-me. Nosso único pensamento era sobreviver ao próximo dia. Mais adiante, pensávamos no dia em que vivíamos e chegamos ao absurdo de buscar a sobrevivência imediata, da hora seguinte. Não tínhamos a possibilidade de fazer planos, e isso me condicionou a agir para o imediato, a escolher o melhor para mim, a não titubear nas decisões. Assim, sobrevivi à guerra. Somente despertei desse transe alucinado de sobrevivência a qualquer preço nos anos 1960, no auge da Guerra Fria, da corrida armamentista nuclear, da corrida pela conquista do espaço. Enquanto alguns voavam de foguetes, centenas cavavam túneis, espionavam, traçavam planos de fuga mirabolantes dos países comunistas e milhares continuavam morrendo. Minha bolha de sabão estourou nessa época, e foi quando comecei a agir com um propósito real para exterminar o comunismo. Até então, eu tinha sido um religioso de ofício, um professor, um confessor, um pregador midiático, como me chamaram depois, mas não tinha planos; eram atuações somente. Uma representação, meu trabalho. A convivência com as reuniões do alto clero, com os concílios promovidos pelos papas da época, com João XXIII e Paulo VI lançaram-me em um ambiente político intenso e despertaram-me, afinal, eu estava lá dentro, mesmo que não tivesse andado conscientemente até lá. Adam e Basiak impulsionaram-me. Grande parte do que eu fazia e vivia era impulsionado pelo propósito deles. Eu gravitava como um satélite, e eles emitiam os comandos. Ao mesmo tempo, muitos padres e líderes sindicais, estudantis e comunitários começaram a gravitar em torno de mim. Tornei-me, dessa forma, uma liderança no clero polonês. Frederico e Reginaldo, fiéis escudeiros da minha vida privada, ainda me acompanhavam nessa época. Comecei, então, a ter meus propósitos de ação.

— O que você fez? Por que tinha escudeiros para sua vida privada, Lolek?

— Os soviéticos faziam apologia ao amor livre e ao aborto, e isso, obviamente, atraía as pessoas. Era a liberação do prazer sem responsabilidade. Quer algo mais atraente, mais sedutor para as multidões que a frouxidão moral? Bem, nessa época, João XXIII convocou o Concílio Vaticano II. Roncalli era um italiano bem típico do norte da Itália. Era decidido, inovador, tinha uma carreira diplomática e servira em muitos países do leste europeu. Eu conhecia-o superficialmente. Diferente de Pio XII, ele, de fato, auxiliou os judeus na época da guerra. Muitos deviam sua vida a ele. Roncalli não foi conivente com a política de silêncio e velado apoio aos regimes totalitários. Ele não era um Padre Pio, mas também não era Pio XII. Talvez ele se alinhasse a Churchill, guardadas as proporções de ação de cada um. Ele pretendia renovar verdadeiramente a Igreja e uni-la; procurou obter o perdão dos judeus para os atos da Igreja durante a Guerra; não aprovava excomunhões, anátemas; queria a participação de igrejas excluídas e a união dos católicos, quer esses fossem romanos, ortodoxos ou anglicanos; e queria mais: a união também com as igrejas protestantes. Enfim, pretendia um concílio com a presença de todas as igrejas cristãs para discutir livremente novos caminhos para a humanidade. Ele pensava que a Igreja livre e aberta tinha potencial para desenvolver e mudar a sociedade e a história. Imagine! Que utopia! Não sei como se livrou de todas as intrigas e ciladas para abortar suas ideias. João XXIII teve um reinado curto, não suportou muito tempo, entretanto, as ideias dele acenderam todos os alertas no Vaticano, e muita coisa ferveu naquela panela. Uma questão se impôs desde o início: qual atitude deveria adotar o clero polonês, especialmente, nós, os bispos que lá estavam, em relação ao comunismo soviético? Aquela proposta de abertura foi o estopim para que o clero polonês se fechasse e se consolidasse como representante da Igreja Católica atrás da Cortina de Ferro. Nossas opiniões eram conhecidas: éramos contra o diálogo e a favor do combate ao comunismo. Eu catalisei todos os discursos e meus dons teatrais me davam enorme influência como orador. Resumo: nenhum discurso foi mais intransigente que o meu. O pregador mais radical, o mais intenso, o defensor do personalismo. Defendi que o homem precisava encontrar a transcendência e crer em um destino para Deus, um discurso religioso extremamente fácil que se justificava, pois, era um religioso falando. Interessava-me questionar como explicaríamos que esses mesmos seres humanos destinados a Deus tivessem produzido Auschwitz, o Gulag[10] e os horrores que se viam sob a Cortina. Defendi maior participação dos leigos na Igreja, reformas litúrgicas e, obviamente, ênfase nas atividades pastorais com grandes eventos, criar oportunidades teatrais, promover esportes e envolver os jovens. Comparadas com as ideias de Roncalli, minhas propostas eram ideias de criança, contudo, foi assim que me tornei um líder nacional do clero polonês. Nós, poloneses, tínhamos uma vida muito discreta, muito austera, uma

---

10 Glavnoe Upravlenie ispravitel'no-trudovykh LAGerei (Administração Central de Campos de Trabalho Corretivo). Eram campos de trabalho forçado para criminosos, presos políticos e para qualquer cidadão que se opusesse ao regime da União Soviética. A maioria deles localizava-se na Sibéria. Existiram de 1919 a 1960. Segundo o Regime Comunista Soviético, 1.053.829 pessoas morreram nos Gulags entre 1934 e 1953. O sistema entrou em declínio após a morte de Stalin.

hierarquia rígida como clero. A anarquia que presenciei em Roma naquelas reuniões apavorou-me. Eu lembrava da Roma de Pio XII. Roncalli não sobrevivia na minha comparação pessoal a dom Eugenio; ele assemelhava-se ao primeiro ministro de um regime parlamentarista. Acredito que não enxergava muito bem onde estava pisando ou era, de fato, como diziam dele, um incorrigível esperançoso de um mundo melhor. Talvez ele pensasse em converter aquele ambiente em um local de política séria e feita com ética. Um iludido! Eu, que acompanhava a vida de Padre Pio, sabia bem que o clero italiano era sórdido e cheio de intrigas. Nós, poloneses, éramos diferentes. Nossa realidade nos moldava à união e à condução férrea dos liderados. Questão de sobrevivência. Nosso escudo era o mito da religião na mente do povo, que nos protegia e garantia nossa sobrevivência na luta contra os regimes inimigos. Éramos uma Igreja porco-espinho na Polônia, entende?

Georges meneou a cabeça concordando e manteve-se em silêncio. Lolek prosseguiu:

— Eu me mantive distante daquela balbúrdia romana. Frio e distante como minha amada Polônia. Era realmente um absurdo o que faziam os bispos naquela época. Roncalli era permissivo, dizia-se democrático. Achei um horror que eles falassem livremente à imprensa. Não havia uma voz única, um comando. Era uma balbúrdia, uma guerra de informações verdadeiras e falsas. Imagine que até mesmo as sugestões de alguns bispos para o Concílio surgiam na mídia e tornavam-se alvo de críticas, algumas até justas — o rosto de Lolek iluminou-se bem-humorado com a lembrança. — Um bispo sugeriu que se discutisse se haveria vida inteligente em outros planetas. Imagine que absurdo! Era época da corrida espacial, e creio que ele estivesse interessado em promover a evangelização dos extraterrestres. Sinceramente, tive vontade de questionar se havia vida inteligente na diocese dele, porque era difícil crer que estava ali alguém com aquela mentalidade. Parecia não viver no mesmo mundo que nós. Houve sugestões patéticas de todo tipo e aquele Concílio se arrastou por anos. Nele eu cresci como expressão política dentro do clero que vivia sob a Cortina de Ferro.

237

Tornei-me arcebispo, porém, não sem oposição interna. Nosso primaz não concordava com minha indicação, julgava-me um intelectual fraco, que eu não passava de uma marionete nas mãos do arcebispo Basiak. O Concílio, contudo, dera-me uma notável base eleitoral, e, contrariado, ele aceitou-me. Roma referendou e tornei-me arcebispo. Os comunistas adoraram, porque eu jamais fizera uma confrontação de ideias, na linha do primaz ou do falecido bispo Adam. Minha influência no Concílio cresceu. Eu contemporizei meus discursos, comecei a ter meus propósitos. Tinha consciência de que possuía o poder de um príncipe da Igreja e comecei a agir como tal. Dom Basiak estava morto, e eu estava livre e crescera muito. Senti-me muito confortável e aceitei o exercício do poder como algo natural. Movimentei-me com uma habilidade inata naqueles círculos e passei a defender a ideia de que não era papel da Igreja pregar para os que não creem. Dizia que queria somente a companhia dos meus semelhantes, dos que comungavam da minha fé, e proclamava que não desejava e mesmo que se evitasse moralizar ou sugerir que nós, católicos, detínhamos o monopólio da verdade. Minha inspiração em Pio XII era evidente e, seguindo uma estrada conhecida, cheguei ao mesmo lugar.

— Algo lógico, meu caro, mas ainda não me disse por que precisava de escudeiros para sua vida privada — insistiu Georges, retornando ao assunto. – Você foge desse assunto. Várias vezes em nossas conversas o assunto surge, contudo, é desviado. Lolek, eu sou muito curioso, já lhe disse isso, e essa estratégia de desviar o rumo de nossa conversa deixa-me ainda mais curioso. Sua história interessou-me tanto que, quando soube que você tinha escrito trabalhos, teses, artigos, livros, poemas e peças de teatro, eu os procurei e li alguns.

Lolek balançou a cabeça surpreso. A vaidade e o orgulho estamparam-se em sua expressão. Ele não fez nenhum gesto de falsa humildade ou modéstia.

— Sim, eu escrevia muito. Todos os dias.

— O assunto dominante no seu trabalho é o amor conjugal, a vida sexual e temas correlatos.

— Eu escrevia sobre isso, porque era uma forma de combater o socialismo. Eles pregavam o amor livre, o sexo livre, o aborto...

— Em resposta, você recrudescia a defesa dos princípios católicos levando-os ao extremo, a uma condição, desculpe-me o termo, absurdamente desumana em questões de sexualidade. Você defendeu ideias utópicas sobre esse tema, que, se levadas a sério, seriam causa de adoecimento físico e psicológico dos indivíduos. Não pensou que alguns ou muitos dos seus leitores e fiéis poderiam se suicidar pelo desespero gerado por uma meta de conduta inatingível? Entretanto, você me contou que a batina era uma aliada para conquistar amantes; que convivera muito bem com casais homossexuais e de ambos os gêneros no clero; que tivera amantes, embora houvesse feito voto de castidade; que aprendera a tolerar os deslizes sexuais de qualquer ordem em seus colegas de sacerdócio, enfim, há conflito entre a teoria e a prática. Onde está sua verdade, Lolek? — questionou Georges.

CAPÍTULO 35
CONFRONTAÇÕES

— É uma boa pergunta, Georges. Não sei o que é a verdade. Você sabe? Eu penso que é muito confuso dizer onde está a verdade. Pertenci a uma instituição que prega há milênios que possui o monopólio da verdade, que é a representante de Deus na Terra. Veja que essa ideia é absurda. Concorda?

— O monopólio da verdade? Sim, é um absurdo. Não penso a verdade dessa forma. Não penso que exista uma verdade na Terra. Deus não tem representantes na Terra. Ele não é inválido, incapaz, não delega poderes ou precisa de propagandistas — respondeu Georges.

— Certo, mas isso é verdade para milhões de pessoas que precisam delas para viver — rebateu Lolek. — Porque não têm chão, não têm Norte, são desorientadas.

— E a ilusão é boa orientadora? Para onde ela conduz as pessoas? Em minha lógica, leva à desilusão, ao sentimento oposto. Será que não cabem responsabilidades às religiões pela lenta evolução moral da humanidade? Será que todas as pessoas que enchem as mentes alheias de dogmas, mitos, superstições e crenças em milagres, no sobrenatural, no maravilhoso ou no seu oposto, no infernal, no demoníaco, nas possessões e exorcismos não têm responsabilidade pelo que causam na mente delas? Você nunca se questionou sobre os efeitos de suas palavras nas multidões que o ouviam? Sobre as pessoas que sua influência, por meio dessa instituição, alcançava por vias diretas e indiretas?

Lolek baixou a cabeça, e o silêncio imperou por um tempo considerável. Troquei olhares com Georges e, como ele se mantivesse calmo, simplesmente aguardando a resposta, fiz o mesmo. Georges aprofundava as perguntas, cercava Lolek, mantendo a linha de questionar ações e sentimentos, e agora incluía a responsabilidade autoral e a disseminação de ideias. Aquele, a meu ver, era o grande comprometimento dele. Disseminar ideias é gerar sentimentos e atitudes nos outros, e isso nos torna coautores de infinitos atos. Aquele horror que o rondava era a mais leve consequência. Eu comparo o ato de disseminar ideias, como ele fizera, ao uso de arma biológica, de um vírus ou uma bactéria extremamente potente. Os agentes biológicos agasalham-se no corpo, destroem tecidos, causam infecções, doenças e até a morte. Ideias nocivas são como bactérias e vírus psíquicos de larga ação, pois se alojam no intelecto humano, uma faculdade do espírito, causando perturbação mental e/ou emocional que pode transcender a vida física. Causam fanatismo, desespero, suicídio.

Por certo, alguém poderia me contradizer e lembrar que muitas pessoas conseguem força nas religiões para lidar com experiências difíceis. É um fato. Não é outra a causa de tantas salas de milagres e locais de peregrinação pelo mundo. Porém, ouso discordar. Não penso que a religião ofereça força interior; ela se torna uma bengala, um antídoto para a fragilidade emocional que ela explora. A desilusão que, cedo ou tarde, acontece acarreta danos que passam obrigatoriamente por indiferença, raiva, descrença, entre outros. E esses sentimentos também gerarão pensamentos e atitudes, marcadas, em geral, pelo egoísmo e pelo materialismo.

Nunca se viu tantos templos na história humana como na atualidade, mas qual é o resultado efetivo deles para a construção da paz no íntimo do ser humano?

O progresso realizado na humanidade não vem da religião. As artes, as ciências, as filosofias têm carregado essa chama. Despertar a espiritualidade do homem é o caminho para promover a evolução moral, despertar a reflexão, a consciência da necessidade de viver de forma autêntica e livre e de ter uma vida bem analisada. Esses são alguns elementos que nos põem no caminho da felicidade e da conquista da paz e da força interior e nos fazem capazes de usar bem e desenvolver os potenciais da alma possíveis à nossa condição evolutiva.

Acreditar que somos inferiores, pecadores, indignos do olhar de Deus, incapazes de dialogar com Ele, necessitados de que Ele derrogue suas leis para atender às nossas súplicas, que existam seres especiais, privilegiados — seja para o bem ou para o mal —, que o caminho para a felicidade não está na Terra e no uso e gozo do que esse lar oferece, mas além, muito além, e que, para alcançá-la, é preciso negar completamente a vida material e suas necessidades é disseminar o mais poderoso vírus corrosivo da autoestima. Sem ela, a evolução espiritual patina e a doença se alastra. É literalmente a mensagem do anticristo, pois a maior de todas as lições de Jesus é amar a Deus sobre todas as coisas e ao próximo como a si mesmo.

Lolek fortalecera aquelas ideias e ainda lançara mão do medo e da culpa. Despertar essas crenças e esses sentimentos, aliados à negação de uma autoestima saudável, geradora de força interior, que torna o homem capaz de viver e progredir sem bengalas, muletas ou amuletos de efeito psicológico é desastroso, e ele fez uso político de uma multidão de tal forma contaminada.

Certamente influenciado pelas lembranças da época que Lolek relatava, dei-me conta de que comparava a ação dele à bomba atômica lançada sobre Hiroshima e Nagasaki, que despedaçou milhões de corpos em minutos. Os efeitos radioativos têm um prazo determinado de ação, mas as ideias tóxicas... são imprevisíveis.

— Você quer pensar sobre isso, Lolek? — perguntou Georges rompendo o silêncio. — Eu posso retornar mais tarde. Gostaria de sugerir que passeasse pelos jardins, mas a prudência me impede. Por isso, prefiro sair e retornar depois.

Lolek encarou-o, e, pela primeira vez, vimos o olhar dele modificado. Não tinha o costumeiro brilho azul frio e penetrante; expressava confusão. Sua expressão bonachona e simpática estava desfeita. Identifiquei laivos de culpa.

Georges considerou a permanência do silêncio e o que via na face de Lolek como aceitação à sua oferta. Pegou seu material, retirou rapidamente suas anotações e ofereceu-o ao paciente.

— Lolek, deixarei material para você escrever. É algo que gosta. É um excelente exercício para organizar nossas ideias, nossa mente. Ajuda-nos a adquirir uma visão clara das coisas. Peço-lhe que escreva suas respostas aos meus questionamentos.

Lolek olhou o material e indagou:

— Não tem papel e caneta? Eu prefiro. Minha concentração é maior e mais fácil se ligo o pensamento diretamente às mãos.

— Claro. Providenciarei que lhe entreguem.

Imediatamente, peguei o que tinha comigo e disponibilizei na frente dele. Ele percebeu minha presença e olhou-me confuso. Depois, voltou a atenção a Georges e comentou:

— Seus servidores são extremamente rápidos e bem treinados. Você deve ser muito severo.

Georges riu e retrucou brincando e repetindo um velho dito popular:

— "Manda quem pode, obedece quem tem juízo" — depois, explicou serenamente: — Ele não é meu servidor. Não tenho servidores; tenho colaboradores voluntários, e trabalhamos juntos. O que faço é coordenar algumas atividades em razão de possuir conhecimentos específicos, o que me torna mais responsável do que eles. Quem lhe alcançou papel e caneta foi José Antônio, um amigo que tem acompanhado a mim e Ricardo no seu tratamento.

Lolek olhou-me indiferente, mas agradeceu educadamente meu auxílio.

No nosso retorno, questionei Georges sobre a culpa que vira na expressão de Lolek.

— Eu notei. Ele vai provar do próprio veneno. Além disso, não fez e não falou tudo o que sabemos. Não usou essas ideias impunemente. Elas se gravaram na mente dele e geraram a autotortura que vimos, a necessidade inconsciente de punição. Confrontei-o na esperança de que essa culpa aflore, pois só assim poderemos ter esperança de trabalhá-la, direcionando-a a uma expressão natural e saudável de responsabilidade, quiçá um saudável arrependimento. Creio, no entanto, que seja esperar muito. Ficarei satisfeito com a consciência de sentir-se culpado, de crer que merece ser punido, sofrer. Enfim, essa "noia" toda, como dizem nossos amigos encarnados. Desconstruir a partir daí para que ele se descubra como alguém responsável, que será capaz de lidar com as consequências do que fez e de repará-las. Esse é o arrependimento que conduz ao progresso. Ladainha, culpa, remorso é trocar uma "noia" por outra. Para isso, ele necessitará de tempo. Não irei procurá-lo; esperarei que ele me chame. Lolek necessita da solidão para refletir, se descobrir.

— Se autodescobrir? — questionei.

— Não, se descobrir mesmo. No sentido de tirar de cima, de desnudar-se, entende?

— Acho que sim.

— Bem, enquanto ele faz o trabalho dele, façamos o nosso, José. Temos muito a fazer. Eu o avisarei quando ele chamar. Agora, vire-se com a sua curiosidade, meu querido — brincou Georges, despedindo-se de mim com um tapinha gentil em meu braço e entrando em um dos corredores da ala.

Suportei a curiosidade por um tempo considerável, o equivalente há alguns meses. Um dia, surpreendi-me ao atender a porta e ver Ricardo segurando duas pastas semelhantes ao dossiê Código Vermelho, mas com capa verde e o título "A pessoa atuante – Minha vida oculta, autodeterminação e vontade".

— Lolek enviou uma para você e outra para Georges — informou-me Ricardo entregando-me uma cópia.

— Estou surpreso. Não esperava isso — confessei a Ricardo.

— Eu converso diariamente com Lolek — minha expressão deve ter sido reveladora, pois Ricardo riu e continuou descontraído: — Sim, conversamos muito. Ele está ciente do tipo de organização que somos, do que nossa instituição faz. Tenho usado muito a janela alta do quarto dele. Digamos que temos espiado o mundo onde ele está. Dei-lhe um exemplar de *O Bispo* para ele entender melhor quem é você, qual é seu trabalho, como me ajudou, o que tenho feito e como tenho melhorado ao longo do tempo em que estou aqui. Acredito que foi um bom incentivo ou um reforço positivo, pois há algum tempo ele entregou-me esse material pedindo que uma cópia lhe fosse encaminhada.

Escorei-me no marco da porta, feliz com a surpresa. Mesmo antes de lê-lo, entendi que era uma autorização tácita para que eu escrevesse sobre as experiências dele.

— Ricardo, você disse "há algum tempo"? E...

— Eu precisava ler — interrompeu Ricardo rindo. Ele piscou um olho e prosseguiu: — Considerei que tinha esse direito, afinal, eu o trouxe. Adeus, amigo! Preciso levar a cópia de Georges. Ah! Sugiro que refaça a redação. Lolek quer e pensa ser um escritor, mas ainda não tem condições. Precisa de ajuda!

Baixei os olhos para a grande quantidade de páginas, lancei um olhar ao meu trabalho inacabado, que repousava sobre o dossiê Código Vermelho de Ricardo em um canto da minha mesa. Sim, havia muito com que me ocupar. Tornei a erguer os olhos e só vi a barra da saia da batina de Ricardo. Ele andava em direção ao jardim.

Retornei à minha mesa, sentei-me e abri o texto de Lolek.

CAPÍTULO 36
A PESSOA ATUANTE

Saudações de Lolek a Georges.

Escrevo-lhe fragmentos de minhas memórias à guisa de resposta aos seus questionamentos e nelas incluo algumas reflexões despertadas nesse momento. Confio que as entenderá e, se não me julgar for impossível, peço-lhe que seja brando.

Hoje, reconheço meu maior erro: não ter sido quem eu sou e não ter vivido plena e autenticamente minha verdade. Guardo a confiança, renascida durante nossas conversas, de que um dia Padre Pio cumprirá sua palavra. Ele dizia que aguardaria todos os seus filhos à porta do paraíso. Ele não entraria enquanto houvesse um ainda na Terra. Espero que isso signifique uma nova oportunidade de aprender com ele. Padre Pio sabia que o paraíso é uma metáfora, não um lugar real, por isso, dizia que esperaria à porta. Nem dentro, nem fora, mas em um local que lhe permitisse esperar e acudir. Ele foi um presidiário sábio. Aprendeu a usar as palavras para codificar a verdade na mensagem fictícia, obrigatória no ambiente onde viveu e padeceu. Espero encontrar o caminho que me permita vê-lo aguardando-me à porta.

Construí um personagem, no entanto, minhas falas e atitudes não eram totalmente estranhas à minha vontade ou ao meu pensamento. Por muito tempo, construí um roteiro que agradava e respondia ao ambiente em que eu me movia. Não havia em meu íntimo mais do que o desejo de sobrevivência, de manutenção. Eu queria agradar e ser protegido. Esse é um sentimento que demorei muito a identificar e somente agora o admito e reconheço. Agi movido por um medo inconsciente, que me impulsionava a buscar proteção. Medo que talvez tenha se originado com a morte de minha mãe, se agravado com a progressiva solidão na minha juventude e com a consciência de que estava só no mundo. Em um mundo hostil e violento, onde não havia espaço para um jovem sonhador, apaixonado por arte dramática e filosofia. Talvez eu tenha buscado na Santa Madre Igreja os braços amorosos de minha mãe para proteger-me. Talvez Maria vivesse lá e me amparasse. Uma vez aceito, eu fiz de tudo para não perder essa proteção.

Não fui o mais fiel de seus filhos, pois tinha necessidades humanas, sexuais, que uma mãe não pode suprir. Então, nosso relacionamento sofria algum desgaste. Rigorosa, ela impunha-me sua vontade e seu amor possessivo pelo menino casto a quem um dia dera à luz e lhe pertencia, e, eu no meu amor infantil por ela, desejoso de agradá-la, sempre a traí e cedi. Não ousei crescer nessa relação materna. Essa dicotomia interna refletiu-se em minha vida oculta e em minha vida pública, projetou-se e materializou-se no meu sacerdócio. A vontade dos meus bispos era ouvida como a vontade dessa mãe interna, cuja proteção era vital para mim. Eu desobedecia e, quando descoberto, ficava envergonhado, tornava-me obediente, submisso, mas a necessidade era maior que o medo. Ela vence e vencia-me.

Durante o período de seminarista e doutorando, descobri com meus irmãos que travessuras eram bem toleradas, desde que a sociedade nada soubesse e desde que, publicamente, eu fosse um bom menino, um exemplo. Na intimidade, a conversa era outra. Primeira lição foi o início do personagem, de experimentar uma vida real oculta, de mascarar o medo e as necessidades.

Eu tinha uma necessidade de ser amado e creio que ela era mais sufocada pela solidão e pelo medo. Tive relacionamentos fugazes durante a guerra e o pós-guerra e não me permitia perceber essa ânsia, essa carência. Sobreviver era imperativo, contudo, quando conquistei um pouco de estabilidade e liberdade, *precisei ser amado. Foi quando encontrei Irena. A necessidade venceu-me.*

Ela me amou muito e desinteressadamente. Conheceu-me quando eu era um anônimo. Acreditou que eu fosse um professor de filosofia, um homem livre, sem compromisso. Sua única preocupação era que eu não fosse casado. E eu não era, então, não era uma completa mentira. Era comprometido com a Igreja. Nossa relação foi intensa e profunda. Ao lado dela recuperei a vida familiar, o pertencimento a alguém.

Sei que conhece nossa história. A Igreja nos afastou como uma sogra ciumenta. Foi traumática para Irena a revelação do meu segredo. Reencontramo-nos quando nosso filho era um bebê aprendendo a dar os primeiros passos, e eu era o novo bispo de uma grande diocese. Ela estava casada com um homem de pouquíssima inteligência, a quem arrumaram um emprego em uma das escolas da ordem do bispo Basiak. Deram a Irena uma casa confortável e um emprego em outra cidade, além de uma ajuda para a educação do menino. Ela, contudo, estava triste e doente. Reginaldo supervisionava-os, e dom Basiak determinara ao padre da paróquia onde ela residia que a vigiasse. A paixão dela por mim foi maior que a revolta, o que a fez perdoar-me por não ter lhe revelado que eu pertencia ao clero e não poderia me casar. Com a complacência do bispo Basiak, então meu cardeal, retomamos nosso relacionamento. Reginaldo encarregava-se de conduzi-la pessoalmente ao meu apartamento. Basiak conheceu-a e convenceu-se da sinceridade do amor de Irena por mim. Ele julgou que seria mais prudente que eu mantivesse um relacionamento com ela do que me arriscar a ser surpreendido com um escândalo.

Porém, a pressão sobre ela aumentou proporcionalmente à minha fama e ao crescimento no clero polonês. A cada dia, ela e o menino precisavam, mais e mais, tornarem-se invisíveis, e nosso relacionamento passou a se ressentir com tantas proibições. Por outro lado, o marido arranjado começou a tornar-se um problema. Alcoolizado, temiam a língua dele. Embora nada soubesse, ele talvez desconfiasse das relações tão próximas entre o alto clero polonês e sua "esposa", orgulhosa descendente de judeus, mas católica não praticante. Algumas vezes, eu o vi olhar-me e ao meu menino, que era cópia fiel do pai, a quem chamava de tio. Ele passou a brigar muito com Irena, ofendê-la e tentou extorquir dinheiro da Igreja. Morreu alguns dias depois. Encontraram-no morto numa calçada com sinais de embriaguez e encoberto pela neve. Oficialmente, a causa mortis foi hipotermia.

Irena assustou-se, pois temia muito pelo nosso filho e sentia-se culpada pela morte do marido. Disse-me que se odiava por não conseguir deixar-me para proteger o próprio filho. Tornou-se nervosa, irritada, dominada pelo medo e acreditava-se excessivamente perseguida e vigiada. Passou a odiar a Igreja. Começamos a brigar frequentemente, o que me deixava infeliz.

Nessa ocasião, eu adoeci. O bispo Basiak indicou para tratar-me a doutora Wanda, excelente e bonita médica, casada e mãe de quatro meninas. O casamento dela mantinha-se por interesses econômicos, pois ela descobrira que o marido era bissexual e não conseguira conviver com a descoberta de que ele tinha um amante. Então, viviam juntos para manter as aparências, os negócios do casal e pelo bem das filhas. Wanda, contudo, julgava-se uma mulher livre e agia como tal. Não fui seu único amante.

Wanda era uma mulher culta, também interessada em fenomenologia. Minha relação com ela tornou-se mais satisfatória do que com Irena, embora eu continuasse a vê-la e ao meu filho. Nosso relacionamento esfriou muito, e ela desconfiou e descobriu sobre Wanda. Tivemos brigas horríveis. Nessa época, meu filho já era adolescente.

Eu crescera perante o Vaticano como representante do clero polonês e da Igreja sob o comunismo, o que para Irena e o menino significava mais sofrimento e vigilância. Depois da morte do "marido", Irena também fechou seu círculo de relações sociais; dizia que não queria ser responsável por outras mortes. Sentia-se como uma Medusa, amaldiçoada por um crime que não tinha cometido, banida da sociedade, perseguida pela Igreja e capaz de causar a morte das pessoas que conviviam com ela. Estava emocional e mentalmente perturbada, o que a tornou dependente de barbitúricos e álcool.

Dom Basiak considerava-a, nessa época, um problema para minha carreira e para nossos planos de ação no país. Um dia, durante um sínodo em Roma, Reginaldo informou-me por telefone que ela cometera suicídio e que meu filho seria levado para estudar em uma universidade católica fora da Polônia.

Prossegui meu relacionamento com Wanda, que era satisfatório sob todos os aspectos. Ela era católica devota e praticante, uma mulher abastada, com bom conceito social, mãe de família, bonita e inteligente. Nosso relacionamento não tinha segredos. Ela estava satisfeita e me satisfazia. Depois dos últimos anos de uma desgastante relação com Irena, a amizade de Wanda satisfazia-me plenamente.

Tornei-me arcebispo nos anos 1960. Poucos anos depois, Tereza e suas longas e maravilhosas pernas entraram em minha vida.

CAPÍTULO 37
A PESSOA ATUANTE NA POLÍTICA

Eu gosto muito de datas. São emblemáticas, marcantes. Prestam-se à mobilização social, aliás, essa é uma das razões de ser delas. Renovam e reafirmam convicções. A Igreja usa-as bastante, e eu usei-as quando tive a oportunidade de pôr em prática o que toda a vida defendi como forma de acabar com o socialismo soviético: mobilização de massa com caráter religioso.

Como cardeal, eu não necessitava de autorização ou concordância de quem quer que fosse para executar minhas ideias. Tinha poder de mando absoluto sobre o rebanho e a parte do clero a mim submetido.

Quando assumi o cardinalato, tinha o apoio da maioria dos bispos poloneses e de alguns cardeais, mas nosso primaz não me aprovava. Ele defendia a linha de ação de Adam, e eu seguia o bispo Basiak e, por pendor próprio, me afastava daquela linha de confronto aberto com o regime soviético.

O governo polonês viu na minha eleição a escolha de um político fraco, consideravam-me alguém extremamente intelectualizado, mas sem capacidade de mobilização e organização administrativa, quiçá política, por isso, foram complacentes comigo. Apostaram e agiram explorando a antipatia do Primaz pelo meu trabalho. Um racha entre nós seria uma brecha excelente para o partido comunista.

Eu sabia disso, embora eles pensassem o contrário. A grande cartada deles foi negarem ao Primaz um visto para deixar o país para participar de um sínodo em Roma. Meu pedido para viajar no mesmo dia e com o mesmo propósito foi concedido. Quando soube do ocorrido, identifiquei a armadilha. Senhor de boa agilidade mental, expedi um comunicado a todos os órgãos e todas as pessoas interessadas na questão, dando ciência da minha irrestrita solidariedade ao Cardeal Primaz, razão pela qual eu não participaria do sínodo. Foi o marco inicial da minha ação política na Polônia. Era a mensagem do clero católico polonês unido contra o sistema governamental e o comunismo soviético. E eu era seu porta-voz.

Mudei o teor de minhas pregações. Antes, eu pregava a liberdade e a busca do melhor dos mundos entre os muros comunistas e sob a política da cortina de ferro. Para eles, isso não era perigo. Não viram o que eu e dom Basiak havíamos construído. Nós tínhamos milhões de seguidores e éramos ouvidos no Ocidente.

A situação social era caótica. O preço dos alimentos era altíssimo, havia desabastecimento, especialmente dos itens mais consumidos pelos trabalhadores braçais das minas e dos portos, como a carne. Um trabalhador polonês sem carne em seu prato tornava-se uma fera, e a carne estava escassa e muito, muito, cara. Isso revoltava e gerava fome. Não a fome de não ter nenhum alimento, mas a fome de não ter as necessidades saciadas. As pessoas tornam-se irritadas em qualquer situação em que suas necessidades básicas não sejam satisfeitas. Dia a dia, os preços altos, os salários baixos, o trabalho forçado e a escassez alimentar geravam feras nas entranhas da população. A ira popular acendia-se e ameaçava o regime. Era o momento ideal de catalisar e capitalizar aqueles sentimentos em torno de um novo líder que se apresentasse com uma mensagem de libertação.

Fui sincero nessa luta, pois realmente odeio o comunismo e tudo o que ele fez com a vida de milhões de pessoas. Odeio o genocídio, os campos de concentração de presos políticos, a vida vigiada, a boca controlada, a escolha do que comer ou não comer. Pessoalmente, sofri isso antes de ingressar no clero, mas nunca esqueci e me compadecia da população. Até o meado de 1966, eu, contudo, tolerava a situação, pois era somente um bispo muito conhecido e popular, filósofo e professor universitário, orador da Igreja. Fazia oposição ao regime intramuros do clero, defendendo que a Igreja deveria fazer silêncio, não enfrentar, mas fortalecer a si mesma e erguer-se como império. E nada seria melhor do que o bom e velho teatro monumental.

O papa Pio XII era minha inspiração e lembrança constantes. Apesar de todas as críticas, ele salvara a Igreja e a conduzira em segurança para além de uma longa guerra. João XXIII foi a resposta da época a essas críticas e à busca por recuperar fiéis, por crer na sociedade. Eu o via como a continuidade. Ele queria mudanças litúrgicas e outras que desagradavam à cúria. Seu papado foi curto. Aliás, a duração de um papado tem mais a ver com a habilidade política do papa em se relacionar com a cúria e às muitas facções da Igreja do que com sua saúde. Quem se senta no trono de São Pedro sabe que sua saúde depende dos seus irmãos e da satisfação deles. Essa é a duração de seu papado.

Enquanto na Polônia a convulsão social crescia, em Roma a insatisfação apontava para o fim do papado de João XXIII. Em 1963, o cardeal Montini foi eleito papa. Eu tinha boa relação com ele e tratei de intensificá-la. Ele deu continuidade ao Concílio Vaticano II com o intuito de liquidá-lo e acalmar os movimentos internos do clero que queriam reformas. Sempre há mentes exaltadas em busca das verdades históricas fazendo arqueologia nas relíquias da Igreja. Lugar que não se presta a isso. E com base nessas ideias defendiam posturas cristãs diversas da teologia dominante no Vaticano. Ideias de um Cristo rebelde, revolucionário começaram a surgir e a inspirar uma atuação política do clero. Aproximava-se perigosamente do comunismo, e sabíamos que havia infiltração de políticos comunistas que eram militantes católicos entre aquela parcela do clero. Ergueram-se vozes discutindo o papel da mulher na Igreja, acusando-nos de sermos uma instituição sexista, machista. Não enxergam que a Igreja é dos homens, é o poder masculino.

Ah, como são cansativas essas discussões. As mulheres são aceitas no papel delas, têm suas congregações, podem atuar nas comunidades, mas pertencer ao clero com poder de mando é trair a tradição sagrada, como todas fundadas em um mito: a história dos apóstolos. O voto de castidade e a proibição do casamento de sacerdotes foi outro tema que debatiam. Esse tem sérias implicações econômicas e sociais. A maior barreira é a perda do mito de que um sacerdote é um homem de Deus, alguém que vive no limiar entre a Terra e o Paraíso Celeste, um intercessor indispensável ao homem comum no caminho para Deus, para viver as agruras da vida humana e transcendê-las. A castidade é a marca desse dom divino, desse homem eleito. Ele precisa se diferenciar do homem comum. E que meio pode ser melhor do que a renúncia à vida sexual, ao amor conjugal, à constituição de uma família?

Mas estou me desviando da ideia original. Embora minha fidelidade a esse mito tenha sido clara e incansavelmente defendida na minha regência, eu sabia da importância dele na minha própria vida. Desconstruí-lo era desconstruir a mim mesmo e a milenar história da Igreja. Essa teologia era tão utópica como o socialismo e sua ideia de que todos teriam suas necessidades satisfeitas. Desvelada mentira para encobrir ditaduras!

Tive uma relação extremamente próxima com o cardeal Montini, o papa Paulo VI. Ele fez-me cardeal. Eu era um de seus conselheiros, um príncipe da Igreja com 47 anos. Eu me sobressaía, pois aparentava juventude, força, tinha o corpo atlético, era uma presença atraente e carismática. Meu personagem era um sucesso de público garantido. Público é poder, e na guerra fria não foi diferente. Montini também apreciava meus discursos eclesiásticos. Eu dava-lhes um tom apocalíptico, dramático, descrevia um cenário decadente e cruel, o que exaltava a ação salvadora da Igreja. O acolhimento dos desesperados e a condução deles davam-nos autoridade, popularidade diante dos governos em todo o mundo.

Então, em 1966, recusei, como bispo, a liberdade que me oferecia o governo comunista da Polônia e não viajei a Roma para o sínodo, hipotecando solidariedade ao meu Primaz, que, até então, não gostava muito de mim. Poucos meses depois, usei, contudo, o benefício e viajei a Roma para receber meu chapéu cardinalício, tomando assento entre os conselheiros do papa e os condutores da Igreja. Enfronhei-me na política do Vaticano e minha vida dividiu-se entre a Polônia e Roma.

Como cardeal, comecei a chamar a atenção para as datas significativas mais próximas: o advento do terceiro milênio (faltavam três décadas, mas era preciso explorar) e a comemoração do primeiro milênio de presença católica, portanto do Cristianismo, na Polônia. Essas datas davam a desculpa perfeita para grandes celebrações e discussões, e, de quebra, o terceiro milênio teria, como todos tiveram, aquele tom de fim dos tempos, o que recrudesceria a necessidade da salvação e a corrida aos templos. Isso é histórico! Não seria diferente com o advento do ano 2000. A diferença era quem estaria preparado para o cíclico fenômeno de massa e o ajudaria e quem não daria importância a ele. Paulo VI foi sensível à minha voz.

Como cardeal na Polônia, minha primeira ação foi promover grandes celebrações ininterruptas ao longo daquele ano. Combinei liturgias, peregrinações, missas, festas e procissões de todos os tipos. Nossa Senhora ajudou-me sobejamente. Ela é a "Rainha da Polônia" e quem melhor do que ela poderia opor-se ao regime que escravizava e maltratava seu povo? Quem poderia matá-la? Quem recusaria o amor e a proteção de sua rainha, trocando-a por um político humano?

Nossos "presidentes" e "líderes partidários" não viram que eu desfilava com a rainha e que minha rainha era a maior de todas. Era inatingível! Qualquer agressão a ela seria uma imensa estupidez e a faria crescer, destruindo o ousado e insensato agressor. Como fez!

Mandei fazer uma cópia da imagem de Nossa Senhora de Czestochowa para percorrer em procissão todas as paróquias do país. Em toda parte, ela reacendeu a devoção religiosa naquele caldo social em ebulição de raiva e insatisfação. Peregrinações ao Santuário de Nossa Senhora de Czestochowa levaram milhões de peregrinos à presença da imagem sagrada original. Eu estive presente nas maiores celebrações, e, em todas as demais, o clero polonês obedeceu meu comando.

Minha unidade com o Primaz fora selada poucos meses antes. A política da facção que ele representava perdia terreno, e ele fora sábio o suficiente para dar-me espaço. Ele queria o bem do povo, a libertação do jugo soviético. Procurava construir isso no campo das ideias, das consciências, tal como Adam. Não era o caminho. Ele dizia que minha proposta era manipular as massas, usar seus sentimentos, não a libertar de fato. Que a libertação só viria com a erradicação do pensamento, da teoria. Eu argumentava que isso adviria depois e que, destronados, eles estariam mortos. Como a situação social tornou-se uma calamidade, ele deu-me seu apoio em 1966.

Nossa Senhora retomou seu reinado polonês, e eu, como seu mais fiel devoto e escudeiro, a acompanhei. Falei em seu nome para multidões, exortando-os ao amor a Maria e enaltecendo as infinitas graças que ela prodigalizara ao nosso povo no passado, razão pela qual era a Rainha da Polônia. Em meio a isso, eu comentava a situação do momento. Maria estava triste com os acontecimentos, com o sofrimento do povo, insatisfeita e pronta a auxiliar. Ela chamava o povo a uma insurgência moral não violenta. Como minha voz ecoava no Ocidente e eu tinha assento junto ao papa, reuni muitas influências políticas, econômicas e militares, que, se necessário fosse, apoiariam minha ação contra o regime comunista. Rapidamente, um grande poder concentrou-se em minhas mãos: eu tinha apoio popular, apoio da Igreja e apoio internacional. Eu era o arauto da Rainha da Polônia.

O regime comunista não percebeu minha construção e reagiu tarde. Eles acreditavam-me sem capacidade política, não pensavam em mim como um articulador, afinal, eu não me movia abertamente no cenário político estatal. Eu era um líder religioso — algo que eles abominavam — e simplesmente estava grande quando eles viram e responderam exatamente como eu previra e provocara. Eles ousaram bater em Nossa Senhora Czestochowa. Eu não mordera a isca deles, mas eles engoliram a minha com anzol e tudo.

O contra-ataque político foi lançando mão do circo que manipulavam: o esporte e as artes. Tentaram minar meus eventos, promovendo grandes eventos esportivos e artísticos na mesma data e hora. Estávamos disputando o público, o domínio e a condução do pensamento popular. Eles apelavam ao entretenimento, à diversão, à exaltação nacional, em resumo, ao prazer imediato e catártico das emoções. Eu apelava à devoção religiosa e à promessa de amparo e felicidade. Contrapunha a monarquia divina e sacerdotal ao regime ditatorial comunista.

Eles bateram em Nossa Senhora Czestochowa, que se mostrou mais poderosa que todos os atletas e artistas escalados para fazer frente às minhas cerimônias. Nossa Senhora reunia multidões. O regime não tolerou o fracasso na disputa e baixou um decreto proibindo as peregrinações da imagem. Ordenaram que o culto cessasse e que a imagem retornasse ao seu mosteiro de origem. Eles deram-me a vitória com esse ato. Sou expert em reverter situações difíceis a meu favor, algo que não sabiam. Eu, contudo, provocara aquela situação. Sob meu comando, o clero obedeceu, mas denunciou a ordem estatal em todos os altares e por todos os meios ao nosso alcance em todo país. A rede da Igreja é poderosa. A imagem de Nossa Senhora Czestochowa recolheu-se, porém, as peregrinações continuaram e cresceram. Sutilmente chegou à população, e pareceu uma atitude espontânea a ideia de levarem nas procissões e cultuarem molduras vazias representando Nossa Senhora, que era uma "vítima política" do regime.

Esse episódio foi lenha seca nas brasas da ira que pessoas carregavam no íntimo, e o clero polonês assoprou com força e vontade como ordenei. Labaredas, então, ergueram-se.

Nas universidades, nas escolas e nos movimentos jovens criados nas paróquias e dioceses católicas informávamos os jovens sobre as conquistas dos movimentos de protesto no Ocidente. De todas as formas que pude, reavivei a reação de resistência e oposição usando o teatro. Encenaram peças antissoviéticas no melhor estilo da nossa tradição: de forma subliminar. Foram proibidas. Os estudantes reagiram, foram para rua imitando os protestos ocidentais, denunciando a censura e a ditadura do regime. A violência tomou conta das ruas, muitos foram espancados, várias universidades foram fechadas, muitos foram presos e levados para os "campos de concentração".

A represália foi brutal, e culparam os judeus. Nada novo no leste europeu. Expulsaram todos os judeus das carreiras civis públicas e do magistério na Polônia. No ano de 1968, o cenário internacional próximo da Polônia trouxe-me uma grata surpresa: a Primavera de Praga. Nossa população reagiu enfurecida ao envio de tropas polonesas para conter a onda de reformas sociais na Checoslováquia, outro país sob dominação soviética. Reformas que muito nos interessavam, em resumo, significavam o que na época se chamava "desestalinizar", ou seja, tirar Stalin, acabar com o autoritarismo, a tirania comunista. Fizemos com que isso repercutisse muito na Polônia.

Os preços dos alimentos continuavam aumentando, o desabastecimento era grande, os salários não tinham reajustes e as ruas estavam convulsionadas por várias manifestações de insatisfação: políticas, estudantis e religiosas. Faltavam os trabalhadores.

E isso ocorreu nos estaleiros de Danzigue em 1970. A greve dos operários foi violentamente massacrada pelo exército. Houve confronto armado, e muitos operários foram mortos e presos. Gdansk é o maior porto polonês. O conflito gerava grandes perdas econômicas, e o governo não tinha interesse em manter um longo embate, mas entendeu a coisa mais elementar em política: não fazer mártires. Ao menos, não publicamente. A situação atraía a atenção dos meios de comunicação internacionais, porque a denunciávamos no Ocidente, gerando, assim, pressão interna e externa ao mesmo tempo. Foi o embrião do Solidarność[11].

Na época, Lech Wałęsa era um eletricista dos estaleiros. Católico praticante e militante, não demorou a perceber o caminho político que eu secretamente abrigava na Igreja e cresceu sob meu chapéu cardinalício. Nós começamos a defender os direitos humanos para diferentes públicos. Tínhamos grande

---

11 O Sindicato Autônomo Solidariedade era uma federação sindical polonesa, que foi fundada em 31 de agosto de 1980. Foi um dos mais importantes agentes de oposição ao governo comunista local. Seu líder, Lesch Wałęsa, recebeu o prêmio Nobel da Paz em 1983 e foi presidente da Polônia de 1990 a 1995, contribuindo com a transição do país de um regime socialista para uma economia de mercado tipicamente europeia. Fonte: https://www.infoescola.com

afinidade, ambos éramos duplos, tínhamos vidas ocultas e um objetivo em comum.

A década seguinte foi incendiada de greves e manifestações de toda ordem, e envolvi-me secretamente com o KOR, um comitê para defesa dos trabalhadores. Financiei muitas de suas atividades e apoiei a conexão das redes paroquiais com a organização dos trabalhadores, promovendo seminários sobre direitos humanos, atacando a censura, defendendo a liberdade de expressão e insuflando o povo à insurgência civil não violenta. Tudo sob o amparo e patrocínio da fé.

O governo comunista militar reagiu sempre, e nessa década a reação foi tentar dar ao povo o que ele pedia. Desenvolveram uma política econômica populista, tomando grandes empréstimos no Ocidente para mantê-la e afundaram o país em dívidas. Quanto mais eu sabia que eles tomavam empréstimos, mais dinheiro pedia para a Igreja e direcionava ao financiamento das atividades secretas. Eu pedia e pressionava para construir novas igrejas, monumentos religiosos, escolas, mosteiros, qualquer coisa, porque isso os enlouquecia. Eles me temiam. O serviço secreto me espionava, mas não tinham provas de nada. Publicamente, eu era o arauto da Rainha da Polônia, um religioso defendendo o povo, os direitos humanos. Passei a enfrentá-los abertamente todas as vezes em que eles tomavam medidas de repressão contra a Igreja, como quando promoveram o fechamento das classes de catecismo e o serviço militar obrigatório para os seminaristas.

Trabalhei muito nesse período e fui extremamente feliz e realizado nessa atividade política. Como Churchill, eu cochilava 10 minutos após o almoço. Era sagrado. Não importava o que estivesse acontecendo. Viajei muito, tanto no meu país quanto ao exterior. Não tinha tempo sequer para ler os jornais, no entanto, confesso que não me interessavam. O editor de um jornal católico e amigo particular enviava-me diariamente um sumário das principais notícias do mundo. Enquanto percorria as estradas da Polônia de carro, eu trabalhava. Meu carro tinha uma mesa de trabalho adaptada e lâmpada de leitura, pois, em meio a todo caos que eu construía para derrubar o comunismo, continuava escrevendo e crescendo como intelectual da Igreja. Nessas viagens trabalhava em minha obra literária.

Meus encontros com Wanda aconteciam frequentemente nos santuários retirados, nas colinas, para onde eu ia em determinadas noites.

CAPÍTULO 38
"NÃO TENHAM MEDO!"

Meu trabalho como cardeal-arcebispo prosseguiu sem tréguas. Em meados dos anos 1970, conheci Tereza. Ela era a realização de um sonho em minha vida.

Tereza procurou-me por causa do meu trabalho filosófico, da minha obra literária. Ela era filha de uma família rica e influente da extinta nobreza da minha terra natal. Uma mulher bela, loira, elegante, inteligente... e filósofa. Era uma mulher cosmopolita. Tinha vivido a ocupação e a Segunda Guerra na Polônia, porém, tinha saído do país para estudar nas melhores universidades da Europa e da América. Quando a conheci, estava casada com um economista americano, vivia e lecionava nos Estados Unidos, onde criara um instituto filosófico para estudo e pesquisa da fenomenologia. Era católica. Ela tinha um pensamento claro, lúcido e escrevia muito bem. Eu a conheci em Nápoles, durante uma conferência em 1974.

Depois disso, Tereza procurou-me na Polônia interessada em editar minhas obras, especialmente a mais recente à época: Pessoa e ato, traduzindo-as para o inglês.

Nosso encontro nasceu de uma ligação de mentes e almas, eu costumava dizer, e, por ser a mulher mais sensível, ela foi ao meu encontro. Meu pensamento atraiu-a. Tereza vivia nos Estados Unidos e era mulher no mundo, agia de acordo com sua época, vestia-se conforme a moda americana.

Tornamo-nos inseparáveis. Ela ajudou-me com seus contatos políticos e intelectuais e com suas ideias e a presença dela refletiu-se em tudo em minha vida. Foi meu amor maduro e invadiu minha vida com seus olhos brilhantes, suas minissaias, seus cabelos loiros, presos em um rabo de cavalo. Não usava cabelos longos na época, mas chegavam à altura dos ombros. Eu era hipnotizado pelas pernas dela. Tereza era uma mulher fascinante em todos os sentidos e muito decidida. Ela sabia o que queria. Queria meu livro, com emendas necessárias. Queria traduzi-lo, mas desejava fazer isso ao meu lado. Queria o autor. Aceitei a proposta dela sem titubear; aceitaria qualquer coisa para mantê-la próxima de mim.

Todas as facilidades e todos os interesses somavam-se para tornar nossa amizade cada vez mais próxima. Tereza, como eu a chamava, conhecia minha obra escrita e tinha interesse em divulgá-la. Reconhecia meu valor como filósofo, admirava-me como político, embora não soubesse tudo o que eu fazia. Ganhou assento no banco do meu carro e acompanhou-me em muitas viagens pela Polônia quando trabalhávamos juntos no livro. Ela foi uma boa ouvinte e conselheira política. Discutíamos muito sobre autodeterminação e cooperação social e inevitavelmente conversávamos sobre os regimes político-econômicos sob os quais cada um de nós vivia. Ela nos Estados Unidos e na Europa Ocidental, países ditos de primeiro mundo, defensores da democracia e do capitalismo e apresentados ao bloco comunista, ou ao segundo mundo, como sociedades individualistas, egoístas e gananciosas. Tereza mostrou-me a outra face: a liberdade, a oportunidade, o pluralismo, os muitos povos em um mesmo território.

Ela patrocinou minha aproximação com os Estados Unidos, promovendo minhas viagens acompanhado de alguns bispos poloneses. Proferimos palestras em universidades, estreitamos laços com a Igreja americana, e ela muito nos ajudou com os contatos americanos que nos transmitiram valiosas informações sobre as ações do governo polonês na época. Ajudaram-me financeiramente, e eu fiz relacionamentos preciosos com os bispos e cardeais americanos. Tereza mostrou-se a anfitriã perfeita para nossas reuniões informais e sigilosas com o clero americano, com diplomatas, políticos e com agentes especiais. Realizavam--se em uma belíssima propriedade dela em Vermont, onde eu me permitia descansar da agitação social da Polônia, mas sem descuidar-me da situação. Era uma propriedade ampla, com todas as coisas de que eu gostava: local para natação, trilhas para caminhadas ao ar livre, ginásio para atividades físicas. Eu usufruí e aprendi a gostar daquele estilo de vida aristocrático, sem batina. Ao lado de Tereza, eu era realmente verdadeiro: era o filósofo, o político e um homem encantado com sua amante, que usufruía do melhor da vida. Fui extremamente feliz naquela década. Um homem realizado e satisfeito, que atingia o sucesso em tudo o que desejava.

Nosso relacionamento era facilitado pela privilegiada situação financeira de Tereza, que me acompanhava em viagens à Itália e aos Estados Unidos. Ela sentia-se em casa em qualquer lugar do mundo, e isso me encantava. A vida ao lado dela era perfeita. Não era diária nem cotidiana. Passávamos alguns meses do ano juntos. Não enjoávamos da companhia um do outro, não nos entediávamos. A distância protegia nossa relação em todos os aspectos. Eram períodos revigorantes, em que me restabelecia dos embates na Polônia e que me davam segurança. Ela confessou-me que, quando me conheceu, tivera uma grande curiosidade: pelo que lera, conhecia meu pensamento sobre amor e sexo e acreditava-me um ingênuo sexual. Foi uma curiosidade que tive prazer de saciar.

Eu gozava de grande prestígio com Paulo VI e ajudei-o a compor muitas de suas encíclicas numa época em que os ventos do Concílio Vaticano II sopravam pedindo mudanças na Igreja, que começava a mover-se em um mundo globalizado. Havia movimentos no Ocidente pedindo liberalização do aborto, movimento feminista, guerra fria e corrida espacial e armamentista e havia problemas na América Latina, um território que ganhava visibilidade em Roma e onde se concentrava a maior população católica do mundo. A Europa, marcada pelas questões da última guerra e pela ação da Igreja, sofria um esvaziamento de fiéis, e as igrejas ameaçavam tornar-se apenas pontos turísticos. O clero estava insurgente. Tínhamos freiras feministas e sacerdotes envolvidos em rituais e crenças dos movimentos da "Nova Era"! Paulo VI sofria muitos ataques por sua política de não liberalização do aborto, dos meios contraceptivos, da aceitação dos divorciados, enfim, da moral sexual defendida em seu pontificado e de acordo com a tradição. O mundo vivia a geração afrodisíaca, como chamávamos. Era um embate muito sério, pois pilares da crença e moral católicos estavam virando pó entre a juventude. Era o legado de Pio XII, que me alertava sobre o cuidado com a infância e a juventude, afinal, naquelas mentes estava a continuidade da Igreja. Precisávamos mantê-las próximas.

Como político, Paulo VI defendia o diálogo com os opositores. Esse era um ponto em que discordávamos. Eu defendia que dialogar com todos era imprescindível, mas que havia situações em que somente a ação resolveria. Esse era o caso da questão soviética e da influência comunista. Sob esse aspecto, Paulo VI lembrava-me Adam. Iludidos!

Nos últimos anos da vida de Paulo VI, nós fomos muito próximos. Ele delegava-me tarefas no Vaticano. Ele sofria de um câncer de próstata e tinha problemas cardíacos havia muitos anos. Era um homem frágil e aparentava ter mais idade do que realmente tinha. Eu, ao contrário, tinha a saúde de um touro, o corpo atlético e, para os padrões romanos, eu era jovem. Sabia que os cardeais da Cúria me observavam de perto naqueles tempos e meu nome era citado como papabile, no entanto, havia um empecilho imenso: eu era estrangeiro. A Igreja não elegia um estrangeiro desde os anos 1500, desde o famoso papa Bórgia, Alexandre VI. Os cardeais comparavam nossas biografias. Ambos eram reconhecidos estrategistas políticos, com ligações internacionais poderosas, carismáticos, bonitos e apaixonados por mulheres. Temiam escândalos. Minha vida oculta não era totalmente oculta para alguns deles e eles queriam alguém que pudessem manipular e não causasse problemas naquele momento delicado.

Consolei Paulo VI nos seus últimos anos de vida. Eu era "um pastor de uma terra", polonês, eslavo. Não havia como mudar isso. Minha biografia poderia ser trabalhada, mas não minhas origens. O clero romano não me aceitaria.

O papa morreu, e veio o conclave para eleger seu sucessor. Obviamente, eu tinha interesse nisso. Não tinha trabalhado com aquele propósito, mas, já que a oportunidade estava à minha frente, era boa e me interessava, eu a queria. Tinha o apoio da Igreja americana e alemã, e isso pesava muito. A tradição e o clero romano, contudo, ainda pesavam mais. A universalidade da Igreja era somente no nome ao se dizer católica. Na época, ela era, acima de tudo, romana.

Eu e o grupo que me apoiava sabíamos que eles queriam eleger uma figura que se tornasse popular, carismática e que fosse manipulável, mas não queriam quebrar a tradição ou renunciar ao poder centralizado; queriam eleger um italiano. Era uma questão de raça, de nacionalidade, causa de vivermos uma Europa ainda se recuperando do caos da Segunda Guerra Mundial e sob a guerra fria, dividida entre Oriental e Ocidental. Um mundo dividido entre comunismo e capitalismo. Enfim, aquele era um período de divisões, e a Igreja também estava rachada. Entre as renovações pretendidas não estava a abolição do papa italiano.

Então, elegeram o patriarca de Veneza, o cardeal Luciani. Ele era uma figura simplória, sem ambição, um membro simpático e carismático do clero italiano. Era um padre avesso à política, que se interessava por jornalismo. Era completamente desajeitado, atrapalhado, um homem sem sofisticação alguma. Não conhecia o Vaticano mais do que um turista leigo e acabou tendo vida curta em Roma. Tirou férias de Veneza para morrer em Roma. Após a eleição, ele se desesperou. Não se habituava com a função burocrática, não sabia sequer onde ficavam e para que serviam os diversos órgãos da Cúria. Não era um chefe de Estado. Era tão estabanado que, na segunda semana de seu reinado, os cardeais romanos já se mostravam arrependidos e admitiam pelos corredores que tinham feito a besteira de eleger Peter Sellers papa. Comparavam Luciani não ao ator, mas ao personagem que o tornara famoso: o cômico inspetor Clouseau, do filme A Pantera Cor-de-Rosa. Ele estava esmagado pela responsabilidade do cargo. A sentença mortal foi proferida quando ele declarou publicamente que Deus, Todo Poderoso, tinha mais de mamma do que de papa.

A providência, ou o acaso, salvaram a Santa Madre e a Cúria. O atrapalhado Luciani morreu antes de completar um mês de reinado — um dos mais curtos da história. Após esse desastre, eles mesmos refizeram o caminho. Em um conclave breve, sem discussões, conquistei 103 dos 106 votos necessários. Meus colegas praticamente me aclamaram.

O clero polonês comemorou comigo. Meu Primaz tornava-se meu súdito, mas a luta social em nossa pátria transformara nossa relação ao longo daqueles conturbados últimos dezoito anos desde 1960 até aquele outubro em que alcancei o topo da minha carreira.

Quando apareci ao mundo como o novo papa, eu era um desconhecido para milhões de pessoas. Eu era a quebra de uma tradição de mais de quatrocentos anos, a novidade. O clero da Cúria abaixo dos cardeais ficaria atônito. Para os políticos poloneses, eu era conhecido e, naquele momento, devo ter-lhes parecido um anjo vingador vestido de branco. O que poderiam esperar agora que me tornara um líder mundial? Eu estava inatingível a eles.

O serviço secreto russo jamais conseguiu explicar como minha eleição tinha acontecido. Atribuíram-na à interferência do governo dos Estados Unidos e um conluio do clero germano-americano (não estavam totalmente errados), mas eles confiaram cegamente na força da tradição e nos boatos de que a Igreja procurava um renovador e nada fizeram para impedir minha ascensão. Para eles, meu perfil não era o de um renovador; era de um líder centralizador, conservador e sanguinário.

A Igreja ameaçava afundar no caos generalizado e estava desgovernada, cambaleante. O orgulho e a insensatez de um grupo tinham-na colocado à beira do abismo. Desde Pio XII, ela penava frustrada, ainda sonhando, ainda no limiar de uma era irrealizada de graça e renovado vigor. Precisava recuperar poder, popularidade e influência.

Eu sabia disso, e esse contexto me dizia que, quando fosse anunciado como o novo papa, o mundo me receberia com medo. Muitos por não me conhecerem; outros exatamente pelo contrário. Por isso, eu só poderia saudá-los dizendo: "Não tenham medo!".

CAPÍTULO 39
MEU REINADO

O Papado consagrou meu personagem. Foi um período de grande realização pessoal. Satisfação!

Implantei em Roma minha norma de trabalho polonesa, minha marca e meu estilo pessoal. Ordenei a renovação da residência de verão com instalação de piscina, sauna e ginásio de esportes, aos moldes da propriedade de Tereza, ainda mais luxuosos. Convoquei todos os meus servidores de Cracóvia, inclusive a equipe de freiras que era responsável pelo trabalho doméstico, e comecei a me movimentar por aquela Igreja desgovernada e distante de sua estrutura. Provei que havia sido um bom aprendiz de Pio XII, honrei a estrutura de Igreja que ele criou, bem como usei a dramaturgia, o que fiz muito melhor que ele.

Tornei-me uma celebridade, um popstar da Igreja. Chamei as câmeras cinematográficas e fotográficas. A imprensa oficial e a leiga em especial foram munidas com a história do meu mito, e cada aparição minha era uma apoteose. Como isso era fácil!

Ninguém questionou como o homem que declarara ao mundo "Não tenham medo!" poderia ser recebido nove meses depois por um milhão de pessoas na Praça da Vitória em Varsóvia, onde, no seio do sistema comunista, invoquei o poder e as bênçãos do Espírito Santo sobre aquele povo. A multidão respondeu como um coral bem ensaiado, e em toda a Polônia ressoaram os sinos das igrejas. Foi uma demonstração poderosa! Ou como apenas um *ano depois 75 mil jovens nos Estados Unidos me receberam gritando: "Nós te amamos!". E esse grito ecoou pelo mundo. Nos lugares aos quais eu chegava era recebido com demonstrações de devoção irrestrita. Ninguém questionou a espontaneidade daquele teatro monumental.*

Questionavam e criticavam minhas constantes e longas viagens. Diziam que o papa deveria permanecer em Roma, proteger Roma, e eu respondia que não era mais pastor de um povo ou de uma terra, como fora na Polônia; eu era o pastor universal. Como poderia deixar de viajar se, em cada lugar aonde chegava, as pessoas me acolhiam dando graças a Deus pela minha chegada? Elas sentiam meu interesse, minha disposição de visitá-las, de conhecê-las. Compareciam em massa católicos e não católicos, multidões atraídas pela cerimônia monumental. Então, eu dizia a esses críticos que os bispos de Roma não deveriam mais se considerarem apenas sucessores de Pedro, mas também deveriam suceder a Paulo, que estava em constante movimento propagando o cristianismo.

Os fiéis me adoravam, por isso o clero não me fazia oposição. Eu dava à Igreja a era de graça e renovação que há tanto ela esperava.

Dei também a era da prosperidade financeira. Fiz mais santos do que todos os meus antecessores juntos desde os primórdios da Igreja. Nosso banco agia livremente, e logo os romanos entenderam que somente meu discurso era puritano e conservador. Meus olhos eram extremamente tolerantes a tudo e a todos e eu conhecia a importância do dinheiro. Isso garantiu-nos uma relação de confortável vizinhança. Coloquei-me acima do clero e o protegi, por isso, ele me aceitou.

Impus a ordem e governei com firmeza. Muitos estranhavam quando me encontravam trabalhando sem as vestes eclesiásticas ou descomposto (com a batina aberta, o peito exposto, sem o solidéu e os sapatos que eu detestava). Eu bebia cerveja, vinho, champanhe, comia do bom e do melhor e convidava-os a partilhar a mesa comigo. Promovia como chefe de estado reuniões durante jantares e almoços. Esse era o real. O religioso e toda a história criada sobre ele eram uma representação. Era meu personagem agora em escala mundial. A única coisa real nele era a devoção a Maria.

Portanto, até quando a saúde física me permitiu, viajei e promovi cerimônias monumentais. Provei que estava certo em dizer que era assim que venceríamos o comunismo — e o venci.

Como papa polonês, protegi minha terra e, a partir de Roma, continuei atuando na questão, em alguns casos me opondo ao Primaz, como quando na década de 1980 as greves do Solidarność atingiram o auge. Eles se reuniam em missa ao redor da cruz que tinha sido erigida em homenagem aos mortos da greve de Gdansk em 1970. Estavam em greve e protestando. O Primaz pediu que eles voltassem ao trabalho, pois temia as tropas soviéticas estacionadas nas fronteiras da Polônia, e eu gritei de Roma, na manhã seguinte, que não. Que eles deveriam continuar em greve e resistir até que seus direitos fossem atendidos. O clero polonês novamente se uniu a mim, e eu escrevi ao líder soviético lembrando-o de que cometeria violação de vários tratados internacionais, persuadindo-o a retroceder de sua intenção de invadir a Polônia.

Apoiei o Solidarność e isso quase me custou a vida. Os soviéticos não tinham agido para impedir minha ascensão ao papado, mas podiam agir para remover-me dele. Sofri um atentado, e nos corredores todos sabiam que a ordem fora soviética mancomunada com o governo polonês. Matar-me era secar a fonte financiadora da oposição.

Eu transferia recursos ao Solidarność via banqueiros da Máfia. Isso era muito prático, o sigilo era absoluto, pois, se qualquer vazamento ocorresse, sabia-se que eles apareceriam enforcados sob qualquer uma das pontes da Europa.

Ronald Regan foi um grande aliado e um ator excepcional. Contracenávamos muito bem publicamente, nos entendíamos na esfera privada e fizemos uma cruzada contra o comunismo. Eu tinha acesso às informações do serviço secreto americano. Assim, eu informava Lech Wałęsa do que poderia ou deveria fazer na Polônia. Em contrapartida, não vi nem comentei a colocação de mísseis nucleares da OTAN na Europa ou as negociações para derrubarem governos na América Central. Nessa época, minha *terra vivia sob império de lei marcial, com tanques do exército nas ruas e o velho e conhecido caldeirão social em ebulição, e eu continuava atiçando fogo. Jamais me perguntei quantas pessoas morreram ou o quanto sofreram meus conterrâneos e outras pessoas em consequência dos meus atos. Eu não lia jornais, somente sumários.*

Como papa, trabalhei muito pela queda do comunismo, especialmente pela libertação da Polônia do jugo soviético. Esse foi meu propósito de vida, minha ação consciente. E finalmente Regan e eu, dois atores, implodimos o regime comunista com atos de grande concentração popular e muita ação dos serviços secretos. Red Code[12], por causa dos meus odiados, mas poderosos sapatos, era minha identificação secreta, bem ao estilo dos filmes de espionagem da época. Nós sacudimos a árvore até cair.

Em 1990, a Polônia estava livre. Lech Wałęsa tornou-se o primeiro presidente dessa nova fase. O mundo estava livre do comunismo, a Igreja vivia sua era de graças, e eu me considerava o homem mais feliz da Terra, mantendo minha vida com Tereza, após alguns percalços iniciais com a Cúria, resolvidos facilmente com acertos financeiros.

O vento estava soprando a meu favor até que começou o declínio provocado pela doença da qual já lhe falei e que culminou em meu último ato.

Hoje, me encontro aqui, escondido, protegido, do monstro que eu mesmo criei. Entendo isso.

Não sei qual será meu futuro, mas contei-lhes o que julguei que responderia às suas questões.

Haveria, com certeza, muito mais a falar, no entanto, paro aqui. Sinto minha alma liberta, embora não saiba do quê. Talvez de suas incômodas perguntas. A sensação de libertação faz-me muito bem. Espiando pela janela da porta, eu leio sempre a mesma frase escrita na parede e lembro-me da que está em sua sala. Você gosta de arte urbana.

Há uma relação entre conhecer nossa verdade interior e libertação. Embora você diga que este mundo espiritual é o

---

12   Código Vermelho em inglês.

primordial e que, portanto, não é novo, eu sinto tudo como novidade. Se onde estou tivesse um espelho, eu me olharia e diria: "Não tenha medo, Lolek!".
  Adeus!

  P.S: Segue cópia ao seu amigo José Antônio.

CAPÍTULO 40
A SOLUÇÃO

Eu meditava sobre a extensa carta-confissão de Lolek, quando senti a presença de Georges. Ele estava parado em frente à ampla janela que dava vista ao jardim da instituição, sorriu-me e perguntou:

— Vim avisá-lo de que teremos uma reunião mais tarde com o orientador sobre o caso Lolek. Terminou a leitura da carta autobiográfica dele?

— Obrigado. Sim, terminei. Fiz uma seleção do texto e o adaptei ao meu trabalho. Dava para sentir o cheiro de sexo e sangue nas páginas dele, embora eu não tenha captado na narrativa um mínimo de reflexão a respeito de toda violência, morte, dor e todo sofrimento que ele causou. Lolek limitou-se a reconhecer seus medos e suas necessidades de amor como causa para algumas atitudes de sua vida afetivossexual. O restante era um texto prolixo e empolado, para usar o mesmo linguajar, repetitivo e escorregadio na intenção de responder aos seus questionamentos. Transformou-se rapidamente numa autobiografia, em que ele contou seus feitos e exaltou a si mesmo.

— Concordo com você. É a expressão da vaidade que ele abriga. Lolek está coberto de sangue e sofrimento, mas não percebe. Ele não questionou a repercussão de suas atitudes, de suas ideias e, por que não dizer, de suas ações. Ele foi a mão por detrás de milhares de mortes de civis na Polônia e em muitos países, insuflando ações para destruir o comunismo e destruindo governos. Veja, ele não disse para libertar o povo. Não notei preocupações sociais reais. Era uma guerra filosófica. Ele provocou e agravou situações de caos social, contudo, não se privou de nada. Ao contrário, buscou e conseguiu uma vida de facilidades e privilégios. As consequências de suas ações repercutiam na vida de milhões de pessoas sem rosto, sem identidade para ele. O comunismo era o inimigo da Igreja, e tornou-se a obsessão dele destruí-lo usando o teatro monumental, mesmo mecanismo dos nazistas para ascender ao poder. É possível dizer que se tornara uma "questão de honra", no sentido mais vulgar e corriqueiro que a expressão possui. Eu diria: soberba. A boa e velha reunião do orgulho, da vaidade e do egoísmo produzindo atitudes. Iludir, manipular o sentimento das pessoas, usar o estado irrefletido da maioria em benefício próprio, apresentar-se como um líder, salvador e condutor de almas, pregando ideias insensatas de moral exterior. Em particular, ter outro procedimento, o extremo oposto do que pregava. Some-se a isso a questão da África e, por que não dizer, de uma ação contrária à saúde pública em todo o mundo entre seus seguidores na questão de prevenção da disseminação do vírus HIV. E ainda temos a exploração da fé e o cultivo do estado de ignorância de milhões de pessoas. É! Ele não fez pouco!

— Bem, agora ele está lúcido, pois cessou a perturbação após o desencarne. Está isolado, fora da vista dos que o amaram e dos que o odiaram. Fora do alcance de suas vítimas iradas e dos que suplicam suas bênçãos. Ele é endurecido, Georges. As atividades que você lhe deu colocaram o pensamento em uma rota de equilíbrio e permitiram cessar as crises. Quanto tempo permanecerá assim? O que você pretende fazer?

— Eu? Não sei. Tratarei disso na reunião, José, contudo, não vejo como meu trabalho possa ajudá-lo a avançar neste momento.

— Ele não apresenta os problemas que cogitamos inicialmente, não é mesmo? — questionei.

— Não. Ele não possui dupla personalidade, traumas ou feridas emocionais. Ele não sofre intimamente nem por si, nem pelos outros. Teve muito medo por anos a fio numa fase delicada da reencarnação, porém, sobrepujou o medo tornando-se um agressor. Com o passar dos anos, a soberba tornou-se o escudo duro ao redor dele. Ela engessa a consciência e as expressões emocionais construtivas. Ele perdeu-se do próprio caminho e carrega uma soberba imensa, que desconfio tenha sido muito bem cultivada no seu passado espiritual, porque eclodiu na existência que comentamos em tamanho grande. A soberba age no íntimo humano de forma semelhante à fascinação. Ele é fascinado por si mesmo e, como vimos, recusa-se à reflexão, ao questionamento da consciência. Lolek desenvolveu o intelecto, isso é inegável, mas o que fez com ele? Ergueu a ferramenta contra o Criador e atingiu grande parte de suas criaturas. Se eu precisasse avaliar em uma escala moral, diria que ele está em graus iniciais e com muitos comprometimentos. É trabalho para séculos — declarou Georges, sério.

Percebi que ele lamentava aquele "diagnóstico da condição do paciente", porque era sinônimo de sofrimento à frente, sem perspectiva de aprendizado a curto prazo.

Pensei em qual seria o encaminhamento para Lolek. Mantê-lo conosco seria abrigar um barril de pólvora pronto a explodir no meio social. Teria um potencial desastroso. Em nossa instituição ou em qualquer outra, o problema seria o mesmo. Entendi a tristeza de Georges.

Surpreendi-me ao entrar na sala do nosso orientador e deparar-me com um espírito de aparência feminina e em trajes da Roma antiga. Aparência agradável, expressão serena e nobre, olhar inteligente. Ela sorriu ao encarar-me, quando Ricardo me acenou e lhe disse quem eu era.

— Sou Alessa. Estava curiosa para conhecê-lo. Ricardo falava-me a seu respeito. Você faz um trabalho no qual tenho muito interesse — disse-me ela.

Eu sorri e respondi:

— Já sabe quem eu sou e o que faço aqui. Está em vantagem, Alessa.

O orientador interrompeu nossa conversa e convidou-nos a sentar. Por fim, esclareceu:

— Alessa tem sido a mentora de Lolek há algumas existências. Desde que ele foi trazido para cá, ela tem mantido contato comigo, portanto, conhece como temos trabalhado com seu protegido.

— Meu rebelde tutelado — corrigiu Alessa de forma simpática, sem crítica — perdeu-se seriamente nessa existência. Desde que se tornou bispo, nossa relação está muito distante. Ele foi avesso a todos os meus conselhos, a todos os alertas, e, nem mesmo durante o sono físico, era possível uma aproximação com ele, pois suas paixões o conduziam a verdadeiros antros de sexo e política. Contra a vontade e a força não há aprendizado possível. Restou-me aguardar e, com pesar, ver o que ele fazia da oportunidade reencarnatória. Ele luta contra a vaidade e a soberba há séculos. Adquiriu esse caráter autoritário, centralizador, em experiências militares e nelas também desenvolveu a vaidade, a necessidade de ser idolatrado. Em suas últimas existências, esteve envolvido com comando, batalhas e lutas políticas. Também gostava de escrever! Marco Aurélio e Sun Tzu inspiraram sua vida mental reiteradas vezes nas últimas oportunidades. Infelizmente, ele não aprendeu a essência das lições que esses espíritos desejaram ensinar e fez um uso muito material delas, que, contudo, serviram para despertar-lhe o gosto pela literatura e pelas artes. Assim é que foi aprimorando seus dons artísticos. Quando reencarnou como Lolek em uma família humilde, distante das questões político-militares, e composta por pessoas pacíficas, tudo foi planejado para que ele se inclinasse ao aprimoramento da sensibilidade, dedicando-se ao teatro, às artes, à dramaturgia. Vocês estão conhecendo-o e fizeram uma sadia análise da personalidade dele, então, compreenderão que o propósito da encarnação de Lolek era trabalhar e desenvolver a sensibilidade, os sentimentos, as virtudes e os valores morais, por isso, toda a ênfase foi dada ao teatro. Nossa proposta, minha e dele, era bastante simples: o foco seria trabalhar o desenvolvimento emocional. A solidão familiar estava prevista e era mais uma tentativa de sensibilização, de reflexão, de despertar a empatia com o sofrimento alheio. Seria a dor a burilar o talento, a promover reflexão sobre a vida, a buscar transcender as questões materiais.

Ele tem um pensamento extremamente místico e fascina-se pela materialidade do misticismo, uma questão de afinidade. Bem, penso que todos compreendem que meu protegido é um típico caso de falência reencarnatória, de desvio do caminho, de deixar-se levar pelas tendências que deveriam ser transformadas. Recebo-o de volta, no mesmo estágio de evolução moral, porém, acrescido de muito comprometimento.

— Fico feliz em conhecê-la — falou Georges. — Sua presença me tranquiliza. Confesso que o presente e o futuro de Lolek me afligiam. Eu não vejo como possa ajudá-lo a libertar-se dessa rigidez emocional causada pela soberba. Ele fascinou-se por si mesmo e crê-se um vencedor. Conseguimos retirá-lo da crise de angústia provocada pela recepção das vibrações emitidas pelos encarnados que o "idolatraram", que o "santificaram" e estabeleceram um culto. Ele tem consciência de que sofre as crises como consequência do que ele mesmo construiu e que arca com o resultado de ter feito de si mesmo um mito, porém, essa consciência é frágil. Limita-se ao próprio bem-estar. Ele aderiu às minhas propostas somente para aliviar o sofrimento imediato causado pelas crises. É o único "incômodo" que ele reconhece e desejou trabalhar. O resto, Alessa, é tão superficial que eu diria que não consegui nada, além de construir para mim uma imagem clara da problemática pessoal dele. Eu lamento muito, porém, admito que não tenho como ajudar seu protegido. Ele nem ao menos se reconhece como alguém que necessita de ajuda.

— Sim, eu sei. Agradeço-lhe pelo que fez, pela disposição de auxiliar e pela caridade honesta de admitir a impossibilidade do momento. Somos suficientemente experientes para reconhecer que há muito trabalho a ser feito. É ele quem precisa encontrar a própria consciência.

— Com certeza! — concordou Georges. — Mas preciso saber: quais são seus planos imediatos para ele? Porque eu tenho um sério problema: não posso colocá-lo junto dos outros atendidos e mantê-lo trancado é um absurdo. Não ajudará em nada sua evolução. A repercussão do mito não cessará rapidamente, pois há cultuadores e exploradores interessados em manter a lenda. As crises retornarão, não há como evitá-las. Sofrimento por sofrimento também não gera evolução.

Alessa sorriu, porém, seus olhos escuros expressavam tristeza. Ela entendia o dilema de Georges e já discutira o problema com o orientador da instituição.

— A solução é óbvia. Vejo-me na obrigação de promover uma reencarnação compulsória do meu tutelado. Será preciso colocar em prática a lição de Jesus: "Se a tua mão ou o teu pé te fizerem cair em pecado, corta-os e lança-os fora de ti; pois melhor é entrares na vida, mutilado ou aleijado, do que, tendo as duas mãos ou os dois pés, seres atirado no fogo eterno"[13]. Será a continuação das condições em que terminou a última existência. Ele renascerá brevemente com grandes dificuldades de expressão física e mental.

— A bênção incompreendida, a prisão física — murmurei fitando nosso orientador. — Um tempo de isolamento, de reflexão para o espírito, o império da necessidade de submissão. Desenvolver a humildade na dependência do outro.

O brilho úmido nos olhos amendoados do orientador revelou o desprazer[14] daquela decisão, mas ele suspirou, estendeu a mão tocando gentilmente a mão de Alessa e falou:

— Sou solidário à sua dor. Você é sábia e forte. É o melhor para ele, dado o resultado funesto dessa existência. O que pretende fazer? Há algo em que nosso grupo possa ajudá-la?

— Não. Eu só tenho a agradecer a assistência de todos. Eu o levarei à Casa de Abrigo do Sofrimento. Lá ele aguardará a próxima reencarnação, que será em breve. Sob orientação do espírito bondoso de Padre Pio, com quem ele recentemente conviveu na matéria, o trabalho que vocês iniciaram continuará e, espero, possa acrescentar-lhe um pouco mais de consciência antes do retorno. A transferência está acertada. Partiremos após esta reunião.

Sério e pensativo, Georges balançou a cabeça e por fim perguntou:

---

13 Mt 18:8.
14 Os bons espíritos não têm nenhum prazer no sofrimento. Não é o sofrimento que gera evolução, é o aprendizado. O sofrimento é a consequência do não aprendizado.

— Temos algo mais a tratar sobre Lolek? Precisarão de minha presença?

— Não — respondeu Alessa. — É meu trabalho. Agradeço a ajuda. Somente me resta autorizar o trabalho de José Antônio. Confio no trabalho do grupo. Será uma grande ajuda à recuperação de Lolek a reflexão dos leitores sobre esses "fenômenos mitológicos". Acabar com o mito, revelar a criatura e o criador. Promover amadurecimento e reflexão em todos. Será um grande auxílio ao meu trabalho e uma prova para Lolek ser visto como é: sem máscaras. Conclua-o, por favor.

Concordei com um gesto. A reunião encerrou-se, e eu e Georges saímos.

Dias depois, coloquei o ponto final na história de Lolek. Ele não estava mais em nossa instituição. Meu trabalho estava concluído, mas era impossível não refletir sobre seu destino.

Que aprenda a ser dócil! Que Deus o abençoe! Um dia, no futuro, será um espírito redimido de tudo que fez e viveu.

José Antônio

O BISPO

amor e sexualidade face a face

Venha conhecer a história de Ricardo, um religioso orgulhoso e ambicioso, que ocupa um cargo de destaque na Igreja católica. Em uma época em que as aparências e os preceitos religiosos eram determinantes, ele revela suas mais surpreendentes memórias após uma vida de crimes, intrigas e seduções, na busca pela redenção e pelo perdão.

Este e outros sucessos, você encontra nas livrarias e em nossa loja:

www.vidaeconsciencia.com.br/lojavirtual

GRANDES SUCESSOS DE
ZIBIA GASPARETTO

Com 18 milhões de títulos vendidos, a autora tem contribuído para o fortalecimento da literatura espiritualista no mercado editorial e para a popularização da espiritualidade. Conheça os sucessos da escritora.

Romances
pelo espírito Lucius

A verdade de cada um
A vida sabe o que faz
Ela confiou na vida
Entre o amor e a guerra
Esmeralda
Espinhos do tempo
Laços eternos
Nada é por acaso
Ninguém é de ninguém
O advogado de Deus
O amanhã a Deus pertence
O amor venceu
O encontro inesperado
O fio do destino
O poder da escolha

O matuto
O morro das ilusões
Onde está Teresa?
Pelas portas do coração
Quando a vida escolhe
Quando chega a hora
Quando é preciso voltar
Se abrindo pra vida
Sem medo de viver
Só o amor consegue
Somos todos inocentes
Tudo tem seu preço
Tudo valeu a pena
Um amor de verdade
Vencendo o passado

Crônicas

A hora é agora!
Bate-papo com o Além
Contos do dia a dia
Conversando Contigo!
Pare de sofrer
Pedaços do cotidiano
O mundo em que eu vivo
Voltas que a vida dá
Você sempre ganha!

Coletânea

Eu comigo!
Recados de Zibia Gasparetto
Reflexões diárias

Desenvolvimento pessoal

Em busca de respostas
Grandes frases
O poder da vida
Vá em frente!

Fatos e estudos

Eles continuam entre nós vol. 1
Eles continuam entre nós vol. 2

Sucessos
Editora Vida & Consciência

Amadeu Ribeiro

A herança
A visita da verdade
Juntos na eternidade
Laços de amor
O amor não tem limites
O amor nunca diz adeus

O preço da conquista
Reencontros
Segredos que a vida oculta vol.1
A beleza e seus mistérios vol.2
Amores escondidos vol. 3

Ana Cristina Vargas
pelos espíritos Layla e José Antônio

A morte é uma farsa
Almas de aço
Código vermelho
Em busca de uma nova vida
Em tempos de liberdade
Encontrando a paz
Escravo da ilusão

Ídolos de barro
Intensa como o mar
Loucuras da alma
O bispo
O quarto crescente
Sinfonia da alma

Carlos Torres

A mão amiga
Passageiros da eternidade
Querido Joseph (pelos espírito Jon)
Uma razão para viver

Cristina Cimminiello

A voz do coração (pelo espírito Lauro)
As joias de Rovena (pelo espírito Amira)
O segredo do anjo de pedra (pelo espírito Amadeu)

Eduardo França
A escolha
A força do perdão
Do fundo do coração
Enfim, a felicidade
Vestindo a verdade
Vidas entrelaçadas

Evaldo Ribeiro
Aprendendo a receber
O amor abre todas as portas (pelo espírito Maruna Martins)

Floriano Serra
A grande mudança
A outra face
Amar é para sempre
Ninguém tira o que é seu
Nunca é tarde
O mistério do reencontro
Quando menos se espera...

Gilvanize Balbino
De volta pra vida (pelo espírito Saul)
Horizonte das cotovias (pelo espírito Ferdinando)
O homem que viveu demais (pelo espírito Pedro)
O símbolo da vida (pelos espíritos Ferdinando e Bernard)
Salmos de redenção (pelo espírito Ferdinando)

Jeaney Calabria
Uma nova chance (pelo espírito Benedito)

Juliano Fagundes
Nos bastidores da alma (pelo espírito Célia)
O símbolo da felicidade (pelo espírito Aires)

Lucimara Gallicia
pelo espírito Moacyr

Ao encontro do destino
Sem medo do amanhã

Marcelo Cezar
pelo espírito Marco Aurélio

A última chance
A vida sempre vence
Coragem para viver
Ela só queria casar...
Medo de amar
Nada é como parece
Nunca estamos sós
O amor é para os fortes
O preço da paz
O próximo passo
O que importa é o amor
Para sempre comigo
Só Deus sabe
Treze almas
Tudo tem um porquê
Um sopro de ternura
Você faz o amanhã

Márcio Fiorillo
pelo espírito Madalena

Lições do coração
Nas esquinas da vida

Maura de Albanesi
pelo espírito Joseph

O guardião do Sétimo Portal
Coleção Tô a fim

Maurício de Castro

Caminhos cruzados (pelo espírito Hermes)

Meire Campezzi Marques
pelo espírito Thomas

A felicidade é uma escolha
Cada um é o que é
Na vida ninguém perde
Uma promessa além da vida

Mônica de Castro
pelo espírito Leonel

A força do destino
A atriz
Apesar de tudo...
Até que a vida os separe
Com o amor não se brinca
De bem com a vida
De frente com a verdade
De todo o meu ser
Desejo – Até onde ele pode te levar? (pelos espíritos Daniela e Leonel)
Gêmeas
Giselle – A amante do inquisidor
Greta
Impulsos do coração
Jurema das matas
Lembranças que o vento traz
O preço de ser diferente
Segredos da alma
Sentindo na própria pele
Só por amor
Uma história de ontem
Virando o jogo

Rose Elizabeth Mello

Como esquecer
Desafiando o destino
Livres para recomeçar
Os amores de uma vida
Verdadeiros Laços

Sérgio Chimatti
pelo espírito Anele

Lado a lado
Os protegidos
Um amor de quatro patas

Thiago Trindade

As portas do tempo (pelo espírito Joaquim)

Conheça mais sobre espiritualidade com outros sucessos.

vidaeconsciencia.com.br   /vidaeconsciencia   @vidaeconsciencia

Rua Agostinho Gomes, 2.312 — SP
55 11 3577-3200

contato@vidaeconsciencia.com.br
www.vidaeconsciencia.com.br